权威·前沿·原创

皮书系列为
"十二五""十三五"国家重点图书出版规划项目

GREEN BOOK

智 库 成 果 出 版 与 传 播 平 台

人口与劳动绿皮书
GREEN BOOK OF POPULATION AND LABOR

中国人口与劳动问题报告 No.22

REPORT ON CHINA'S POPULATION AND LABOR No.22

迈向现代化的中国城镇化

主　编 / 张车伟

副主编 / 蔡翼飞

社会科学文献出版社
SOCIAL SCIENCES ACADEMIC PRESS（CHINA）

图书在版编目（CIP）数据

中国人口与劳动问题报告. No. 22，迈向现代化的中国城镇化/张车伟主编. －－北京：社会科学文献出版社，2021. 12
（人口与劳动绿皮书）
ISBN 978 － 7 － 5201 － 9436 － 5

Ⅰ. ①中… Ⅱ. ①张… Ⅲ. ①人口 － 问题 － 研究报告 － 中国②城市化 － 研究报告 － 中国 Ⅳ. ①C924. 24 ②F299. 21

中国版本图书馆 CIP 数据核字（2021）第 249366 号

人口与劳动绿皮书
中国人口与劳动问题报告 No. 22
—— 迈向现代化的中国城镇化

主　　编／张车伟
副 主 编／蔡翼飞

出 版 人／王利民
责任编辑／陈　颖
责任印制／王京美

出　　版／社会科学文献出版社·皮书出版分社（010）59367127
　　　　　　地址：北京市北三环中路甲 29 号院华龙大厦　邮编：100029
　　　　　　网址：www. ssap. com. cn
发　　行／市场营销中心（010）59367081　59367083
印　　装／三河市东方印刷有限公司

规　　格／开本：787mm × 1092mm　1/16
　　　　　　印　张：19　字　数：249 千字
版　　次／2021 年 12 月第 1 版　2021 年 12 月第 1 次印刷
书　　号／ISBN 978 － 7 － 5201 － 9436 － 5
定　　价／158. 00 元

本书如有印装质量问题，请与读者服务中心（010 － 59367028）联系

作者简介

张车伟　中国社会科学院人口与劳动经济研究所所长，研究员，博士生导师。中国劳动经济学会会长，中国人口学会副会长，享受国务院政府特殊津贴，国家新世纪百千万人才工程国家级人选，国家文化名家暨"四个一批"人才，国家万人计划哲学社会科学领军人才。迄今为止，获得包括孙冶方经济科学奖在内的 20 余项省部级以上学术奖励。主要研究方向为劳动经济学、人口经济学，重点关注新型城镇化、乡村振兴、就业和收入分配、社会保障、人口老龄化和大健康产业发展等方面问题的研究。

蔡翼飞　中国社会科学院人口与劳动经济研究所人力资源研究室副主任，副研究员。中国劳动经济学会副秘书长。主要研究方向为劳动经济学、人口经济学，重点关注城镇化与城乡融合发展。曾在国内权威和核心期刊上发表论文几十篇，主持过国家社科基金项目，获得省部级奖励 6 项。

摘　要

推进城镇化是实现现代化的必由之路，对于构建新发展格局、建设生态文明和促进共同富裕都具有重要意义。党的十八大以来，城镇化建设取得积极成效，在推进农业转移人口市民化、优化城镇化空间格局、提升城市可持续发展能力和促进城乡融合发展上取得实质性进展。但也应看到城镇化领域的一些问题还没有根本解决，例如部分城市落户门槛较高、城乡公共服务差距较大、城镇节点人口变动两极分化等，这些问题制约了城镇化的高质量发展。当前，我国已经进入全面建设社会主义现代化国家的新发展阶段，在迈向现代化的过程中，如何将新型城镇化推向深入，提升城镇化发展质量，是一个需要研究的重大问题。党的十九届五中全会建议提出推进以人为核心的新型城镇化，其中"人"在数量上就体现为人口，以人为核心就要将人口作为基本参照对象。本书以人的城镇化为主线，通过国际比较和历史回顾，对中国城镇化进程进行了定位，总结分析了城镇化的经验和问题，多角度预测了城镇化的趋势，在此基础上探讨了推进城镇化高质量发展的重要领域、总体思路和改革重点。具体内容包括以下几个方面。

一是预测分析了城镇化的未来趋势。预测结果显示，中国将在"十四五"期间出现城镇化由高速推进向逐步放缓的"拐点"，"十四五"期间直至 2035 年，城镇化推进速度将不断放缓；2035 年后进入一个相对稳定发展阶段，城镇化率的峰值大概率会出现在 75% ~ 80%。尽管城镇化推进速度会放缓，但到 2035 年还将有约 1.6 亿农

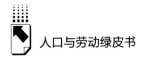

村人口转移到城镇，这些人口将会对城镇人口分布格局产生显著影响，需要谋划好产业、基础设施和公共服务的布局与供给。

二是考察了人口流动的新形势、新问题，提出了应对策略。从整体城乡人口流动看，近年来农民工永久返乡现象逐步凸显，可能会对城乡发展带来一些挑战。农民工回流是中国经济发展阶段转变和城乡制度约束共同作用的结果，通过户籍制度和土地制度协同改革，能够有效降低农民工回流比例，稳定城镇劳动力供给。城市中的流动人口特征也出现新的变化，"城－乡"人口流动仍占主导，但比重呈下降趋势，"城－城"人口流动比重逐步上升；"城－乡"流动人口留居意愿显著小于"城－城"流动人口。为促进城乡人口均衡流动，应逐步完善就业优先的政策体系，畅通城乡要素流动通道，加快建立覆盖流动人口的统一的城乡社会保障体系。

三是研究了公共服务与新型城镇化的关系。随着城市建设和居民收入水平的提高，流动人口越来越看重城市的公共服务水平，教育、医疗和住房等对于吸引和留住流动人口具有越来越重要的作用。为促进城市发展成果共享，应构建以人为核心的新型城镇化质量评价指标体系，将常住人口特别是流动人口实际享受到的城市公共服务作为评价城镇化质量的重要标准，以"城市公共服务覆盖率"作为现有城镇化评价的关键核心指标。

四是探讨了城镇化空间格局变动和优化方向。分区域看，城镇化水平存在明显梯度差异，呈现自东向西逐步降低态势；分城市规模看，城市人口扩张呈现明显的规模正相关特征，即人口规模越大的城市扩张越快，规模越小的城市扩张越缓慢。就大城市而言，虽然其人口规模扩张较快，但其辐射带动作用还有待提升，同时一些超大特大城市的"城市病"问题也比较突出，需要在都市圈和城市群范围内统一规划加以解决。

关键词： 现代化　城镇化　城乡融合发展　城镇化格局　人口流动

目 录

皮书数据库阅读使用指南

总 报 告
General Report

G.1

中国迈向现代化的城镇化趋势分析与预测

张车伟 蔡翼飞 *

摘 要： 在迈向现代化的过程中，高质量推进城镇化对构建新发展格局、建设生态文明和促进共同富裕都具有重要意义。本报告在对中国城镇化进行国际比较、对城镇化历史进程进行回顾和对城镇化发展经验进行总结的基础上，对城镇化趋势进行了预测。根据预测，中国将在"十四五"期间出现城镇化由快速推进向逐步放缓的"拐点"，"十四五"期间直至2035年，城镇化推进速度将不断下降；2035年后城镇化将进入一个相对稳定发展阶段，城镇化率最大值大概率将出现在75%～80%。在总结中国城镇化经验的基础上，我们从提高农业转移人口市民化质量、优化城镇化空

* 张车伟，中国社会科学院人口与劳动经济研究所所长，研究员、博士生导师，主要研究方向为劳动经济学、人口经济学；蔡翼飞，中国社会科学院人口与劳动经济研究所副研究员，主要研究方向为人口经济学、劳动经济学。

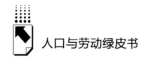
间格局和增强城镇化要素支撑方面提出了一些改革建议。

关键词： 现代化　城镇化　城乡融合发展　空间格局　农业转
移人口

一　在新发展阶段推进城镇化的重大意义

我国已经进入全面建设社会主义现代化国家的新发展阶段。推进
城镇化高质量发展，并完成城镇化历史使命，是实现现代化的必要条
件和重要标志。

（一）提升城镇化质量是构建新发展格局的重要途径

加快构建以国内大循环为主、国内国际双循环相互促进的新发展格
局，是关系我国发展全局的一项重大战略任务，将贯穿现代化建设的全
过程。构建新发展格局要改变过去"两头在外、大进大出"的生产方式，
更多依靠国内需求，培育和挖掘国内市场潜力。城镇化是内需最大潜力
之所在，每年上千万农村人口进入城镇，将带动消费和投资需求的增长。
一方面，农业转移人口市民化和原有城镇居民生活质量改善，对城市基础
设施建设、产业发展提出更高要求，会激发有效投资需求；另一方面，随
着基本公共服务均等化水平的提高，农业转移人口和城镇居民的生活成本
将大大降低，这将有助于释放城镇居民的消费潜力。

（二）转变城镇化推进方式是建设生态文明的基本要求

生态文明建设是实现现代化的重要保障。改革开放以来，特别是20
世纪90年代中期以来，伴随着快速的工业化和经济增长，中国城镇化也
经历了高速发展过程，过去很长时间里城镇化推进主要依靠要素投入驱

动。然而，大规模城镇化使得人类活动空间大幅度扩张，压缩了生态空间，同时城镇化建设也刺激了钢铁、化工、能源、原材料等重工业部门的迅速扩张，一定程度上造成了环境污染。在迈向现代化的进程中，原有的城镇化推进方式已难以为继，也与社会主义生态文明建设理念相悖，因而应大力推动城镇化的绿色发展，审慎扩张空间、科学编制规划，减少占用耕地和生态空间，普及绿色技术，降低能耗和排放。

（三）城镇化与乡村振兴协调推进是实现共同富裕的必由路径

共同富裕是社会主义的本质要求，也是实现现代化的重要任务和关键性标志。整体贫富差距由城乡差距、区域差距和收入差距组成，我国发展最大的不平衡是城乡发展不平衡，最大的不充分是农村发展不充分，促进共同富裕，最艰巨最繁重的任务仍然在农村。城镇化不仅是城镇发展的过程，也是一个城乡关系重塑的过程。在共同富裕的导向下，乡村振兴要与城镇化协调推进，通过不断破除要素城乡流动的壁垒、推进基本公共服务和基础设施一体化配置、搭建城乡要素发展平台，构建以城带乡、以工促农、城乡融合的发展格局。

二 城镇化进程的国际比较与分析

放眼世界，实现现代化的国家无不完成了城镇化，参考借鉴世界各国城镇化过程的经验，有助于我们更清晰地了解中国城镇化的历史方位，也有助于明确城镇化存在的问题和政策导向。

（一）城镇化水平变动趋势

从主要发达国家城市（镇）化[①]的历史经验来看，城镇化率随着

---

① 国外一般称为城市化，中国称城镇化，为表述方便，以下统称城镇化。

时间的变化呈现"S"形。诺瑟姆提出城镇化率的"S形曲线"假说，该假说认为，在城镇化处于较低水平时，城镇化进展比较缓慢，当超过30%后，城镇化加速推进，当城镇化率超过80%后，城镇化进入一个相对稳定的状态。主要发达国家城镇化率变化历史也显示，当城镇化率达到60%～70%后，出现明显减速迹象，特别是美国、日本①、德国这样的大国，减速尤为明显（见图1）。从中国的情况看，过去几十年城镇化率呈现昂首向上的态势，其他国家在与中国相似发展阶段呈现的状态类似，但其都在此之后很快进入减速区间，从这一规律看，中国的城镇化也很可能即将步入减速区间。

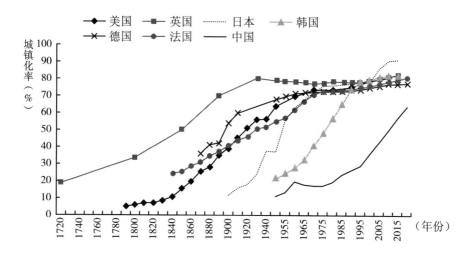

图1　中国与主要发达国家城镇化率长期趋势

资料来源：根据各国统计局网站、世界银行网站以及 Demographia 数据库（www. demographia. com）中的数据计算。

---

①　需要注意的是，日本城镇化率在20世纪90年代中期又开始持续提升，2015年已经超过90%，但从经济发展上看日本80年代后就陷入经济停滞，即所谓"逝去的三十年"，理论上说城镇化也应停滞，出现上述悖论很可能是人口统计口径变化导致，并不是城镇化又开始加快。

观察发展中国家城镇化历程，可以使我们更全面地了解城镇化过程。这里选择美洲的巴西、墨西哥、阿根廷，东欧的波兰，中亚的哈萨克斯坦，南亚的印度、巴基斯坦，东南亚的印尼、泰国、马来西亚和越南等国作为考察对象①。这些发展中国家城镇化路径大体可划分为两大类：一类是城镇化基本停滞的国家，如巴西、墨西哥、阿根廷、波兰和哈萨克斯坦；另一类是城镇化在持续不断推进的国家，如印尼、泰国、马来西亚、印度、巴基斯坦和越南。

首先来看城镇化基本停滞的国家，这类国家又可进一步分为两个小类：一是已经实现高度的城镇化，如巴西、阿根廷和墨西哥，这些国家是典型的落入"中等收入陷阱"的国家，虽然城镇化水平比较高，但经济增长停滞、贫富差距不断拉大、人民生活水平长期得不到提高等问题并没有在城镇化过程中得到缓解；二是城镇化在较低水平上停滞的国家，如哈萨克斯坦和波兰，这两个国家曾经很接近完成工业化，但由于产业结构不合理、政治动荡等原因，经济增长乏力，城镇化率也陷于停滞。

其次来看城镇化在持续不断推进的国家，这类国家同样也可以划分为两个小类：一是城镇化推进较快且达到较高水平，如马来西亚、泰国和印尼等东南亚国家，这些国家工业化进展相对顺利，其中马来西亚城镇化率目前已经接近80%，达到发达国家平均水平；二是城镇化缓慢推进的国家，例如印度、巴基斯坦和越南，这些国家虽然已经开启工业化进程，但面临体制机制、政治不稳定等问题，其城镇化进程相对迟缓（见图2）。

对比中国城镇化的进程，2020年中国常住人口城镇化率达到

---

① 选择这些国家一是由于其人口规模较大，相比一些小国特别是城市型国家更有可比性；二是这些国家覆盖各大洲和重要类型区域；三是这些国家人口规模较大且已经开启工业化进程。

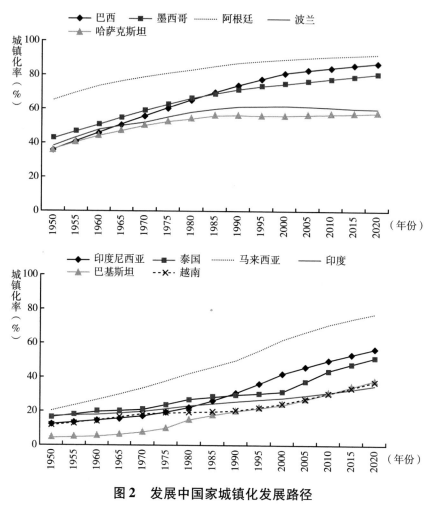

图2　发展中国家城镇化发展路径

资料来源：根据联合国人口司数据计算，www. un. org/development/desa/pd。

63.89%，根据发达国家和发展中国家的历史经验，超过60%意味着快速城镇化进入尾声，大概率将从高速推进转向中高速。

（二）城镇化空间形态演变

城镇体系由大大小小的城镇节点组成，城镇化的过程就是这些节点人口规模扩大的过程。由于不同节点人口规模和增长速度不同，因而城镇人口在空间分布上呈现特定形态。城镇化空间形态是生产力布局的集中体现，对资源和要素配置效率、经济发展格局都有着重要影响。

城镇节点规模千差万别，为使分析更简洁，我们将城镇节点按其规模进行"三分法"划分，人口规模 30 万人以下的城市、30 万 ~ 300 万人的城市和 300 万人以上的城市，分别代表较小规模城市、中间规模城市和较大规模城市，为表述方便分别简称为小城市、中等城市和大城市①。所谓"大、中、小"之分只是对相对规模的描述，主要基于城镇节点规模在城镇体系中的分位数确定。

各国自然地理条件不同、生产力发展水平也不同，其人口和经济集聚空间形态存在很大差异，导致城镇化的空间形态也不同。我们选取了 7 个国家（经济体），其中包括 3 个发达国家/地区（美国、欧盟和日本）和 4 个发展中国家（印度、巴西、墨西哥和中国），测算了其 2010 年大、中、小城市人口占本国城镇总人口的比重情况（见表 1），以考察城镇化空间形态演变的规律性特征。

表 1　2010 年部分国家不同类型城市人口占全部城市人口比重

单位：%

城市类型	发达国家或地区			发展中国家			
	美国	欧盟	日本	印度	巴西	墨西哥	中国
小城市	26.61	58.98	21.54	42.93	43.23	28.52	34.12

---

① 全世界没有统一的城市规模类型划分，为使分析更为清晰，我们这里采用三分法划分城市，划分的依据主要是对城市体系分布特征的认知，并考虑到资料来源的完整性。将人口规模 30 万人以下城市定为小城市，因为这一类城市体量不大、处于城市体系的下层，30 万人以下城市节点不仅包括很多小城市，还包括大量的小城镇。联合国人口司搜集了全世界各国 30 万人以上城市人口数据，也给出了各国城镇总人口数据，将各国城镇人口总量减去 30 万人以上人口城市的人口，可得到 30 万人以下人口城市和城镇的人口。将 300 万人以上定位为大城市，这是考虑到各国对大城市界定不一，一些人口大国对大城市的标准定得可能高一些，而小国可能低一些，从城市人口分布来看，规模在 300 万人以上的城市无论大国小国都可以被称为大城市。

续表

城市类型	发达国家或地区			发展中国家			
	美国	欧盟	日本	印度	巴西	墨西哥	中国
中等城市	37.19	28.74	17.82	30.02	19.82	40.05	38.60
大城市	36.20	12.28	60.64	27.05	36.95	31.43	27.28

资料来源：根据联合国人口司数据计算，www. un. org/development/desa/pd/data – landing – page。

美国三类城市人口分布比较均衡，都在三成左右；欧盟小城市人口占比较大，接近六成，大城市人口占比偏少，仅有12.28%，中等城市人口占比接近1/3；日本大城市人口占比明显较高，超过六成，中、小城市人口占比不足四成。从发展中国家情况看，印度和墨西哥三类城市人口分布相对均衡，大约都在1/3上下，巴西的中等城市人口规模明显偏小。

由表1可见，各个国家大、中、小城市的人口占比并没有一定之规，这可能与各国的自然地理特征、文化传统、生产方式或者综合因素有关。例如，美国国土面积广大，自然条件优越，大部分地区适宜居住，因而人口分布相对均匀，各类城市发育也比较均衡；欧盟并不是一个国家，行政分割、语言和文化还存在差异，导致市场并不统一，难以支撑大量大城市的形成。日本大城市人口占比更高与其自然地理特征有关，日本是岛国且多山，适宜大规模工业化开发的区域仅在面向太平洋一侧的沿海地区，因此人口高度集中在这些地区，形成了世界级的大都市区。印度和墨西哥国内土地平坦、农业生产条件优越，因而大、中、小城市发展也相对均衡。巴西城市体系的两端人口规模较大，在气候适宜、地势平坦的东南部沿海地区人口相对集中，形成圣保罗和里约热内卢等超大城市，而广大内陆地区受制于巨大河流和热带雨林的阻隔人口少而分散，难以支撑大城市的发展，因而主要形成的是大城市和小城市。比较而言，中国的大中小城市人口分布相对均衡，人口占比也大致在 1/3 左右，与美国、印度这样的大国比较接近。但与美国、日本相比，中国大城市人口占比还偏低，对区域辐射带动作用还不强。

从城市人口占比变动来看，发达国家中等城市规模在提升，大城市先上升后下降，美国和日本大约在 1970 年前后出现人口占比从升到降的"拐点"，小城市人口占比呈不断下降趋势（见图 3）。发展中国家在快速工业化时期，大城市和中等城市人口明显扩张，而小城市人口相对规模在下降；当经济陷入停滞时，大城市人口占比会明显下降，小城市人口占比止跌回升，中等城市人口占比明显提高。中国与这些国家相比，各类城市人口占比波动更为剧烈，大城市呈现先下降后上升趋势，小城市先上升后下降，拐点出现在 1990 年，中等城市则总体呈上升趋势。1990 年以前中国与其他国家城市人口占比变化都不一样，之后开始出现与其他国家类似的趋势。这可能是因为，1990 年以前中国市场经济未建立起来，计划经济占主导，要素集聚效应不强，1990 年以后，市场经济主导地位逐步确立，要素集聚效应开始不断增强，并带动人口向大城市集聚。

特大城市在各国城镇化过程中起着引领带动作用，因此考察其人口增长趋势，有助于更深入地了解这些国家的城镇化发展动力。我们这里选择了伦敦、巴黎、纽约、东京、首尔和多伦多几个发达国家的大都市作为考察对象。

发达国家大都市人口也呈现"S"形的发展轨迹，城市人口扩张最终会进入"平台期"。工业革命以前的漫长历史中，缓慢增长期占据了城市历史的大部分时间，这一时期，传统产业占据主导，经济发展十分缓慢，导致人口聚集程度较低。进入工业化阶段后，制造业开始向城市大规模集聚，并带动了人口集聚，城市进入人口快速扩张期。纽约在 1890～1930 年、东京在 1900～1960 年、首尔在 1955～1985 年都出现明显的人口快速聚集过程，这一时期的时间跨度在 30～60 年。

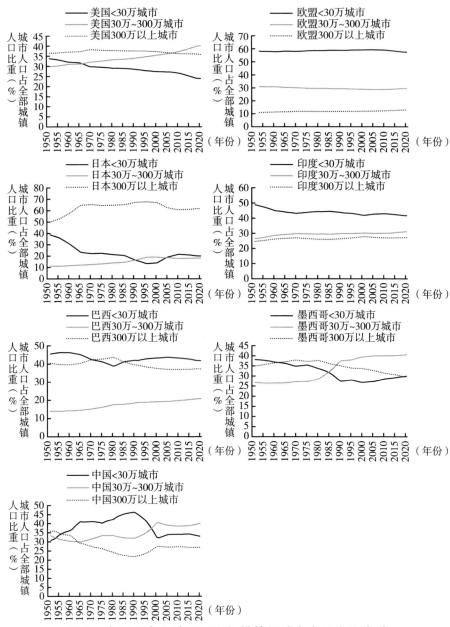

图3 主要国家和地区不同规模等级城市人口占比变动

注：（1）城市人口占比是指城市人口占全部30万人以上城市人口的比重。（2）大中小城市依据2010年城镇人口数据将各城市划分类型，再测算其人口变化。

资料来源：根据联合国人口司数据计算，www. un. org/development/desa/pd。

在这个时期内城市基本完成了人口聚集过程，一个城市成为国际大都市所要具备的规模基础，就是在这一时期奠定的。工业化完成后，城市人口进入缓慢增长阶段，很多城市甚至出现了人口下降的过程，即所谓的"逆城市化"现象。如图4所示，巴黎在1920年、伦敦在1940年、纽约在1950年、东京在1970年、首尔在1985年后，人口增长都有明显转折点出现。

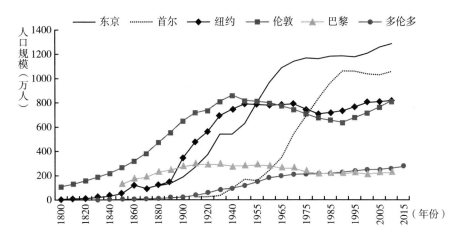

图4 发达国家大都市人口增长长期趋势

资料来源：根据各国国家统计局网站数据和各城市统计网站数据计算。

从中国的大都市来看，人口规模变化总体也呈现不断扩张的态势，但2010年后北京和上海与发达国家大都市一样人口扩张显著放缓，2014年以来进入了"平台期"，2014～2020年人口分别增长了18万人和20万人，年均增长率分别为0.82%和0.81%，而广州和深圳则依然保持了快速增长的势头，2014～2020年人口增长了411万人和537万人，年均增长率为27%和41.8%（见图5）。

大城市快速扩张往往会超越行政区域范围，人口出现的增长停滞可能是因为城市人口聚集空间范围超过了城市行政区域范围，而人口统计又是以行政区为基本单元的，超出之外的人口无法统计为该城市

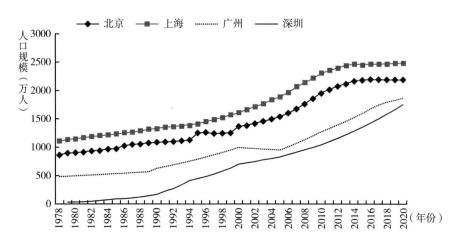

图5　1978～2020年北上广深人口增长中长期趋势

资料来源：根据各城市2020年统计年鉴与其第七次人口普查数据计算。

人口。但真实的情况可能是人口向大都市聚集依然在进行，而新聚集的人口分布在了城市行政区之外，形成了更广大的城镇化区域。因此以都市圈维度来衡量城市真正的范围，可能更能反映城市人口聚集的规模。都市圈发展过程也大致呈"S"形过程，但与大都市中心相比，都市圈没有出现明显的平台期，人口依然在增长，只是增长的速度开始放缓（见图6），各都市圈人口规模出现放缓的时间分别是：纽约和巴黎在1970年、东京在1985年、首尔在1990年。比较特殊的是伦敦，1940年以后其人口出现下降，但1990年后又开始扩张，到2010年基本恢复到20世纪40年代人口最高峰时的水平。

综合以上分析，可以得到几点结论。一是无论是已实现工业化的发达国家还是未实现工业化的发展中国家，人口都在向大城市聚集，其人口绝对规模在不断增加。二是从变动趋势来看，在工业化快速推进阶段，大城市增长更快一些，人口向大城市集中趋势更为明显；当经济增长减速时，大城市人口增长明显放缓，小城市人口占比会止跌企稳，甚至上升，这可能意味着人口从大城市中心向中小城市回流。

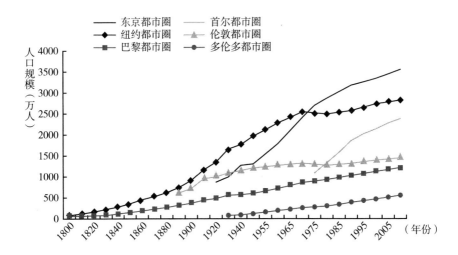

图6　发达国家都市圈人口增长的长期趋势

资料来源：根据各国国家统计局网站数据和各城市统计网站数据计算。

三是多数国家中等城市人口占比相对稳定，这可能是因为中等城市比小城市更具人口和要素聚集优势，而随着工业化的完成，大城市经济扩散效应明显增强，在要素和产业梯度扩散作用下，中等城市更多地承接要素和产业转移。四是人口不断向都市圈集聚，虽然中心城市人口扩张受空间限制最终会停止，但向都市圈集中的过程并未结束，说明空间集聚效应在后工业化时代依然支配着人口的流动。

（三）城镇化的推进动力：人口—经济匹配度

城市是人口与产业集聚到一定密度的区域，城镇化就是人口和产业不断集聚的过程。城镇规模扩张的主要来源是城乡人口流动，人口流动的动力主要来自城乡收入差距，收入差距越大，人口流入城市的动力越强，在没有壁垒的情况下，城镇人口规模也将更快增长。假定各地区居民收入占GDP比重相同，收入差距可用人均GDP与全国平均水平之比来反映，经过简单数学变化可知，这一指数等于各地区GDP占全国份额与人口占全国份额之比，我们称之为人口－经济匹

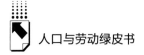
配度（简称匹配度，或 R 指数）。匹配度实际上反映了一个城市的增长潜在动力，匹配度越大，意味着该城市人口流入的动力越强，匹配度等于 1 或者低于 1 就意味着该城市聚集人口的动力减弱或者消失。因此，通过匹配度指数既可以观察各国城镇化的驱动力，研判城镇化未来发展趋势，也可以观察典型城市人口增长过程。

根据 OECD 数据，选取美国、英国和德国 3 个发达国家，我们计算了 2001 年以来其都市区（MSA）人口份额与匹配度的变化[①]。图 7 中上图显示了匹配度变动，下图显示了都市区人口份额变动。可以看到，三国大都市区的 R 指数都高于 1，这表明大都市经济产出份额高于人口份额。其中美国的 R 指数最高，在 1.12 左右，德国在 1.05 ~ 1.10，英国在 1.02 ~ 1.06。R 指数高也就意味着人口聚集的动力更大，人口相对规模增长也应该更快。人口增长快慢与匹配度指数位序基本一致，美国 R 指数更高，人口相对增长也最快，英国 R 指数最接近于 1，人口相对增长也最慢，德国二者都居于中间水平。

为使分析结论更具普遍意义，这里也尝试考察发展中国家的情况。由于缺乏统计数据，我们选择波兰和智利两个统计数据相对齐全的国家作为研究对象，尽管其代表性有限，但至少能佐证发展中国家人口增长与匹配度可能存在关系。图 8 上图显示，波兰的 R 指数从 2001 年的 1.48 提高到 2017 年的 1.55，人口份额从 30.8% 提高到 32.6%。智利 R 指数在 0.95 到 0.98 之间波动，R 指数小于 1 说明整体上都市区人口增长动力不足；分阶段来看，2009 ~ 2013 年 R 指数不断提升，其人口份额也随之提高，2015 年后 R 指数明显下降，人口份额也在达到峰值后开始出现下降。不难看出，匹配度变化和城市人口变动之间存在较强的一致性。

---

① 都市区可以认为是城镇体系中规模较大的城市，而大、中城市是各国城镇化的主力，因而对都市区匹配度的考察也大体能够判断各国城市化动力及发展趋势。

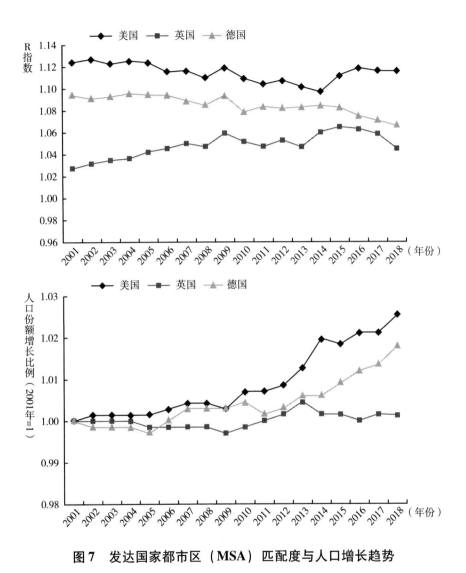

图7　发达国家都市区（MSA）匹配度与人口增长趋势

资料来源：OECD 网站数据，http：//stats. oecd. org/。

我们进一步尝试从都市圈角度考察 R 指数与人口增长的关系，考察对象为东京、首尔、纽约和伦敦 4 个国际大都市圈。从东京圈情况看，1955～1980 年 R 指数呈现逐步下降的走势，而人口净增长先提高后迅速下降；1980 年后 R 指数先提高再下降，1990 年出现一个

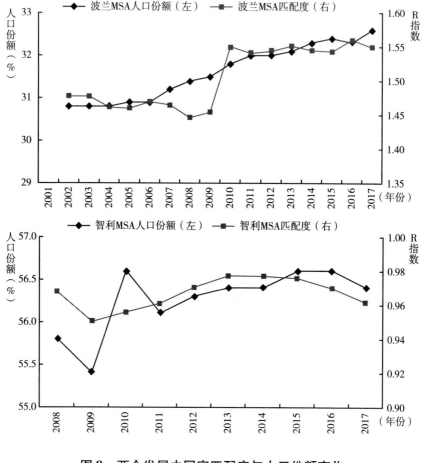

图8 两个发展中国家匹配度与人口份额变化

资料来源：OECD 网站数据，http：//stats. oecd. org/。

小高峰，之后开始稳定下降，1980～1995 年人口净增长与 R 指数变动基本一致。首尔都市圈 R 指数自 1985 年以来持续下降，与此同时，人口增长规模也持续下降，二者呈现比较高的相关性。纽约和伦敦都市圈的 R 指数与人口净增长变化一致性也非常高（见图9）。都市圈的事实说明城市人口聚集显著受到匹配度的影响。

为与世界大都市圈进行对比，我们选择中国的京津冀、长三角、

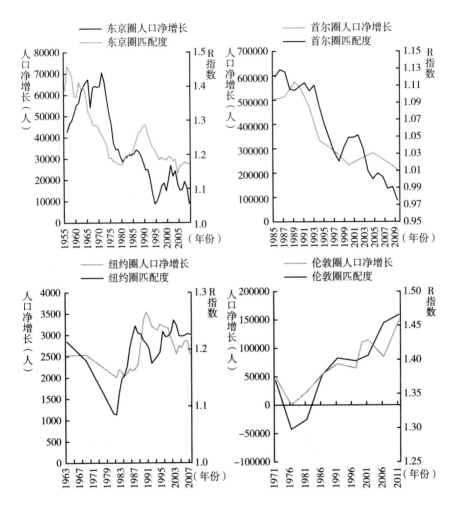

图9 世界几个大都市圈人口增长与匹配度关系

资料来源：纽约数据来自美国统计局网站，www. census. gov／；东京数据来自日本统计局网站，https：／／www. e‐stat. go. jp／en；伦敦数据来自伦敦政府网站，https：／／data. london. gov. uk／dataset／；首尔数据来自韩国统计信息服务网站，https：／／kosis. kr／eng／。

珠三角（以广东数据代替）和成渝4个城市群区域，考察其R指数与人口增长的变化。由图10可以发现，我国城市群区域R指数与人口增长相关度也很高，京津冀、长三角和珠三角R指数都在下降，其人口增长量也在下降。成渝略有不同，其 R 指数在升高，人口份额初期先下降后升高，后期也下降，这可能是因为成渝区域范围比较大，人口流动主要为区域内流动，而区域人口的自身转变过程导致人口增长开始下降；如果将考察范围缩小到城镇节点区域，则二者关系将更为明显。

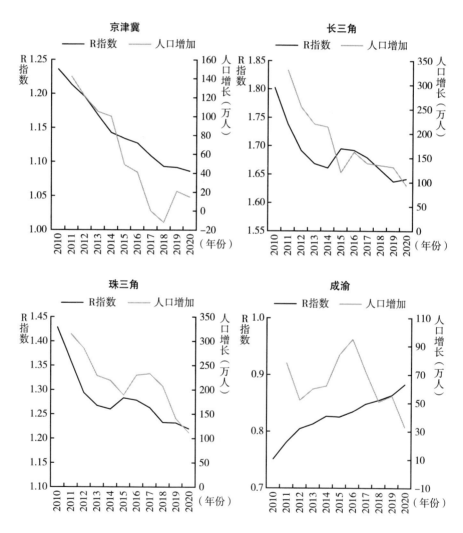

图 10　2010～2020 年中国 4 个主要城市群区域
人口增长与匹配度关系

资料来源：根据国家统计局网站数据计算。

综上可知，人口－经济匹配度是反映城镇化推进动力的重要变量，当 R 指数较高时，人口在收入差距和生活水平差距的影响下，向城市地区特别是城市群都市圈集聚；当 R 指数不断下降时，意味着城市对人口的吸引力下降，人口流入和人口增长下降，城镇化推进速度也会降低。

三　中国城镇化的历程分析

回顾新中国成立以来中国城镇化的历程，剖析城镇化变动背后原因，对把握迈向现代化进程中城镇化战略大方向、制定科学合理的政策具有重要指导意义。

（一）城镇化变动原因的分析框架

如果仅从城镇化水平自身变动出发来考察城镇化进程，而不分析其背后变动的原因和机理，就不会对城镇化进程有更深入的认识。因此，我们这里尝试根据城镇化的影响因素和影响途径，构建一个分析城镇化变动机制的简单框架。

影响城镇化变动的因素主要由三个方面构成：经济因素、社会因素和政策因素。经济因素主要是指工业化和经济增长；社会因素是指公共服务、文化传统、社会网络、城市治理等"软件"方面的因素；政策因素主要是政府提供的落户政策、要素支撑和城市规划等。

城镇人口变动主要通过三条途径实现。一是城镇人口自然增长，即在城镇空间范围不变的条件下，城镇人口出生死亡抵消后的人口净增加（或减少）。二是城乡人口流动，即农村人口因特定原因离开农村到城镇长期居住，其中有的人落户变为城镇户籍居民，有的人户籍仍然留在农村变为农业转移人口。三是城镇空间规模扩张，随着经济和人口的集聚，城市周边的农村地区逐步被纳入城镇范围，当这些农村地区与城镇连接紧密到一定程度时，就会被纳入城镇的范围，这些农村地区的人口也就直接转变为城镇人口。

三类影响因素通过作用于三条途径影响城镇人口和城镇化率的变动（见图11）。经济因素影响城镇人口自然增长和城乡人口流动，例如经济增长速度更快导致收入水平更高和就业机会更充分，使人口流入的拉力增强，同时经济发展水平提高后人们的生育意愿下降，导致人口自然增长率下降；但经济因素并不直接导致城镇空间规模扩张。社会因素直接影响城镇人口自然增长和城乡人口流动，例如包容的地域文化、良好的治安环境都有助于外来人口融入当地，公共服务均等化提高也会降低外来人口生活成本，从而提升城镇化水平；但社会因素并不直接导致城镇空间规模扩张。政策因素影响城乡人口流动和城镇空间规模扩张，例如落户制度放松导致人口流入拉力增强，再如土地指标控制放松会促进城镇空间扩张；但政策因素对城镇人口自然增长一般没有直接影响。以下我们在对城镇化历程回顾中将使用这一框架考察城镇化率变动背后的原因。

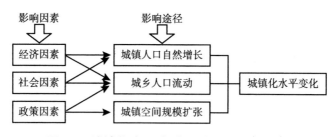

图11 城镇化水平变动影响机制分析框架

（二）城镇化的发展历程

划分阶段是考察城镇化发展历程的一种比较有效的方式。城镇化阶段划分主要基于两点：一是城镇化自身变化特征，二是对城镇化有重大影响的历史事件。如果在某个时点前后城镇化率变化呈现显著的差异，而且在一定时间段内这种特征比较稳定，那么就可将其划分为一个发展阶段；同时，阶段性特征的背后必然是经济社会环境、国家战略和政策发生重大改变。

中国城镇化率从1949年的10.6%，提高至2020年的63.9%，城镇化率提高53.3个百分点，平均每年提高0.75个百分点，城镇人口增加8.4亿，每年增加1189万人。图12描绘了70多年来中国城镇化率变动和城镇人口增长趋势，这一历程可以划分为4个增长态势明显不同的阶段：第一个阶段是新中国成立之初到1965年，第二个阶段是1966~1978年，第三个阶段是1979~1995年，第四个阶段是1996~2020年。4个阶段城镇化率每年分别提高0.46个、0个、0.63个和1.39个百分点。三个关键节点年份分别对应新中国成立后三个重大历史事件：1966年是"文化大革命"运动起始年份，1978年是改革开放开始之年，1995年大致对应邓小平南方谈话的时间（虽没有完全对应，但时间相隔不大）。这三个历史事件都深刻影响了中国经济社会发展走势，也必然会影响中国的城镇化进程。以下我们将按照这一划分结果，对每一个阶段影响城镇化特征的原因进行深入分析。

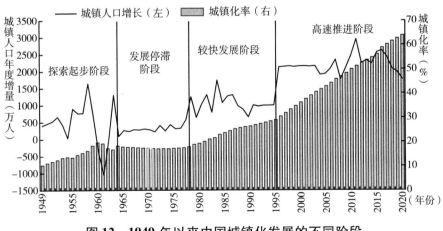

图12 1949年以来中国城镇化发展的不同阶段

资料来源：国家数据库，https：//data. stats. gov. cn/。

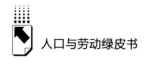

1. 探索起步阶段：1949～1965 年

1949～1965 年，中国城镇化率从 10.64% 提高到 17.98%，提高了 7.34 个百分点，平均每年提高 0.46 个百分点；城镇人口从 5765 万人提高至 13045 万人，增长了 7280 万人，年均增长率为 5.24%。从人口迁移来看，这一时期人口迁移规模呈现先提高后下降的过程，在 1960 年以前，迁入规模大于迁出，城镇中的非户籍人口规模不断扩大；1960 年以后，迁入大幅下滑，净迁移率由正转负，进城人口大量返回到原籍。

再来分析城镇化进程的影响因素。从经济因素看，新中国成立之初，经济社会秩序重建，人口开始流向城镇。1953 年，我国开始实施第一个五年计划，156 项大型项目的建设，奠定了中国工业化的基石；"一五"期间，工业增加值年均增长 22.7%，第二产业就业人员增长超过 300%。在工业化的带动下，城镇农村人口向城镇迁移开始加快，1954～1960 年，人口每年净迁移近 200 万，其中主要是农村净流入城镇的人口。

1958～1965 年中国经济经历了比较大的挫折。新中国成立初期，我国工业化主要效仿苏联发展模式，但随着中苏关系恶化，中国开始探索符合本国国情的发展道路。1958 年开始，受"大跃进"思想的影响，为追求经济高增长片面依赖投入，导致产业结构失调、经济效益低下，"二五"后期经济增长出现大幅回落（见图 13）。"二五"前期，大量农业人口流入城镇，城市规模增长迅速，1958 年，城镇化率提高 3.5 个百分点；"二五"后期由于经济发展受挫，城镇人口开始快速减少。

从政策因素看，我国也在探索建立与经济发展需要相适应的人口管理制度体系。新中国成立初期，乡村破产农民为谋求生路大量涌入城市，导致城镇失业比较严重，但为促进城镇工商业发展，国家对已进城农民总体上采取了较为宽容的态度。1950 年《中央人

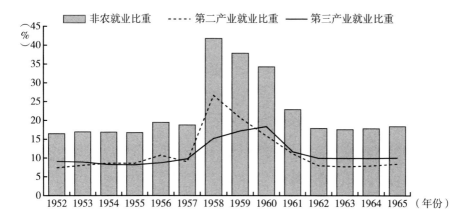

图 13　非农产业就业比重变化：1952～1965 年

资料来源：根据《新中国 55 年统计资料汇编》计算。

民政府政务院关于救济失业工人的指示》提出，一部分农民是以国家计划招工的方式进城工作，更多自发进城的农民是通过当临时工或是小商小贩的方式在城内谋得生计。1952 年《政务院关于劳动就业问题的决定》提出，农村中大量的剩余劳动力不同于城市的失业半失业人员，其潜在劳动力没有发挥出来，应该积极设法使之发挥到生产上来。在新中国成立初期经济生产快速恢复和比较宽容的城镇人口管理政策下，城镇化呈现欣欣向荣的景象，各类城市都有所发展，大城市人口增长尤为迅速，根据《新中国城市 50 年》数据，1952～1958 年大城市人口增长了 0.9 倍，中小城市增长了 0.5 倍。

　　然而，城镇人口规模扩张过快，导致城镇化速度超过了当时经济承受能力，加上遭遇自然灾害，粮食产出大幅下降，无法满足城镇人口的需要，人口政策开始收紧。1961 年制定了《关于减少城镇人口和压缩城镇粮食销量的九条办法》，决定在 1960 年底城镇人口 1.29 亿的基数上，3 年内减少城镇人口 2000 万以上。这一时期，通过落户政策限制人口流动的制度框架逐步确立。1962 年的《关于处理户口迁移问题的通知》指出要严格控制农村人口迁入城市；同年《关于加强户口管理工作的意见》提出对农村迁往城市的人口必须严格控制，城市迁往农村的人口应一律准予落户，但迁往大城市的要适当控制。另外，限制城市数量增长成为减少城镇人口更为直接的办法，1963 年《中共中央、国务院关于调整市镇建制、缩小城市郊区的指示》提出，要严格设市标准、缩小市郊区范围，减少城镇数量和控制规模。一批城市和建制镇被撤销，城市数量开始下降，从 1961 年最高值的 206 个下降到 1964 年的 165 个，减少了 41 个，建制镇的数量减少了近一半。

这一时期，在经济环境和政策的综合影响下，"二五"后期及之后的几年，大量进城人口返回乡村，导致 1961～1963 年全国城镇人口压缩 2600 万人①，城镇化率由 19.75% 下降至 17.98%。从影响因素来看，城镇化率和城镇人口变化是经济因素和政策因素共同作用的结果，前者是主因、后者是辅因，但由于城镇化刚开始起步，社会因素的影响还不大。

2. 发展停滞阶段：1966～1978 年

这一时期中国经历了"文化大革命"运动，城镇化几乎处于停滞状态。1966～1978 年，城镇化率从 17.86% 略提高至 17.92%，10 多年时间仅提高了 0.06 个百分点，城镇人口规模从 1.33 亿增加到 1.72 亿，仅增长 3932 万人。从人口迁移流动看，这一时期是中国人口迁移的低谷阶段，净迁移率在 1968～1970 年为负，1971 年提高到 2.5‰，之后逐渐收敛至 1‰的水平（见图 14）。

20 世纪 70 年代以后城镇人口增长主要是自然增长所致。根据

---

① 中国中共党史学会编《中国共产党历史系列辞典》，中共党史出版社、党建读物出版社，2019。

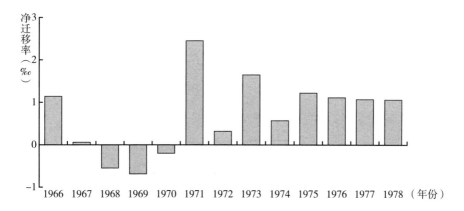

图 14 人口净迁移率变化：1966～1978 年

资料来源：《中华人民共和国人口统计资料汇编 1949－1985》。

《中华人民共和国人口统计资料汇编 1949－1985》数据计算，1971～1978 年城市人口自然增长 890 万人，由于 1966～1970 年数据缺失，参考 1965 年人口自然增长 200 万人的规模，1966～1978 年城市人口自然增长 1500 万～1900 万人，也就是说，这一时期城镇人口增加中有接近一半来自人口自然增长。

从经济因素来看，这一时期经济增长相对缓慢，重化工业优先的发展道路限制了人口流入。"一五"时期形成的重工业优先发展战略在这一时期延续下来，1966～1970 年重工业基本建设投资占工业投资比重达到 92.1%，1971～1975 年为 89.5%。重工业是资本密集型产业，吸纳就业有限，同时有限的资源倾向于重工业也抑制了轻工业和劳动密集型产业的发展，导致经济增长的就业创造能力比较低。从就业结构看，非农就业占比提高 11 个百分点，其中第二产业贡献了 8.6 个百分点，第三产业仅贡献了 2.4 个百分点，非农就业增长主要来自第二产业（见图 15）。"三五"时期和"四五"时期每年非农就业人数增幅分别为 269 万人和 418 万人，属于历史较低水平，增长幅度仅高于"二五"时期。

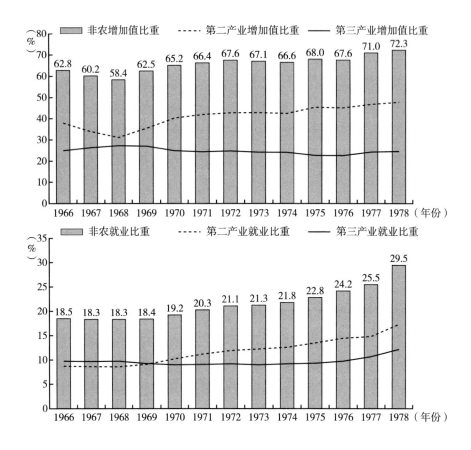

图15 分产业增加值和就业结构变化：1966～1978年

资料来源：国家数据库，https：//data. stats. gov. cn/。

从政策因素看，为配合经济发展战略，"文化大革命"时期也延续了较为严格的户籍管理制度，限制了人口流动的规模，经济和政策双方面原因都使得城镇化率难以有效提升。

3. 较快发展阶段：1979～1995年

1978年，党的十一届三中全会召开，经济建设重回全党全国工作的中心位置。随着各项改革的推进，经济增长速度不断加快，停滞的城镇化也开始重启。1979～1995年，城镇人口从1.85亿提高至

3.52 亿，增加 1.67 亿；城镇化率从 18.96% 提高到 29.04%，提高 10.08 个百分点，年均提高 0.63 个百分点。

从城镇人口扩张的途径看，人口流动的规模不断扩大，从 1982 年的 657 万人增加到 1995 年的 5058 万人，年均增长率为 17.0%；单从增速上看，这一时期是新中国成立 70 多年来最快的时期。从自然增长率来看，1979 ~ 1995 年城镇人口自然增长了 3755 万人[①]，仅相当于同期城镇人口增长总量的 22%。城镇建成区面积迅速扩大，从 1981 年的 7348 平方公里扩大到 1995 年的 19264 平方公里，增长 1.6 倍。这一时期大量城市周边农村区域被城镇所覆盖，大量农村人口被囊括进城镇人口。由于缺乏相关统计数据，无法估计这部分人口规模，但从逻辑上说，这一时期城镇空间扩张对城镇人口增长贡献比之前大为提高。

从城镇化的推动因素看，在经济方面，改革开放后，我国工业化道路逐渐从过去单一公有制和以计划经济为基础转变为以市场经济为基础多种经济成分并存，从优先发展重工业的倾斜战略转变为农轻重并举的均衡发展战略[②]。经济发展不再是过去重工业一枝独秀，劳动密集型产业和服务业开始蓬勃发展。从产业增加值结构看，第二产业比重基本稳定，第三产业比重提高 11.3 个百分点；从产业就业结构看，1994 年第三产业就业规模超过了第二产业（见图 16）。在第二产业内部，1979 ~ 1995 年轻工业和重工业固定资产净值年均增长率分别为 19.6% 和 16.4%，前者明

[①] 推算城镇人口自然增长需要首先计算城镇人口自然增长率，根据《中华人民共和国人口统计资料汇编 1949 – 1985》、《全国 1% 人口抽样调查资料》（1987 年、1995 年）、《全国人口普查资料》（1982 年、1990 年）中的市镇出生和死亡人口计算得到城镇人口自然增长率，然后用城镇常住人口规模乘以自然增长率，得到城镇自然增长人口规模。

[②] 武力：《中国工业化路径转换的历史分析》，《中国经济史研究》2005 年第 4 期，第 10 页。

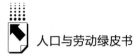
显超过后者，轻工业固定资产净值占比从1979年的13.91%提高到1995年的19.89%（见表2）。轻工业和服务业的快速发展，使城镇吸纳就业的能力提高，为大规模城乡人口流动提供了产业条件。

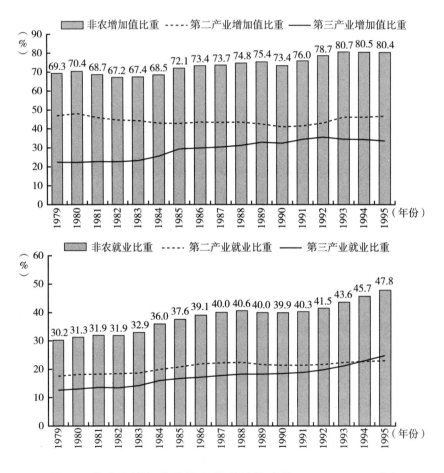

图16　分产业增加值结构和就业结构变化：1979～1995年

资料来源：国家数据库，https：//data. stats. gov. cn/。

表 2　轻重工业固定资产净值变化：1979～1995 年

年份	全部工业固定资产净值（亿元）	轻工业固定资产净值		重工业固定资产净值	
		规模（亿元）	占比（%）	规模（亿元）	占比（%）
1979	2630	366	13.91	2264	86.09
1980	2825	420	14.87	2405	85.13
1981	3055	496	16.23	2559	83.77
1982	3310	585	17.69	2724	82.31
1983	3608	702	19.45	2907	80.55
1984	3915	812	20.75	3102	79.25
1985	4725	838	17.75	3886	82.25
1986	5417	971	17.93	4445	82.07
1987	6347	1210	19.06	5137	80.94
1988	7420	1456	19.62	5964	80.38
1989	8752	1756	20.06	6996	79.94
1990	10139	2060	20.31	8079	79.69
1991	12020	2472	20.57	9548	79.43
1992	14118	2840	20.12	11278	79.88
1993	18428	3629	19.69	14799	80.31
1994	23627	4712	19.94	18915	80.06
1995	32287	6422	19.89	25865	80.11

资料来源：根据《中国工业交通能源 50 年统计资料汇编》计算。

在政策因素上，改革开放后，市场经济制度逐步确立，生产发展需要要素进行市场化配置，特别是要求劳动力能够自由流动，客观上产生了改革户籍制度的动力。1980 年颁布实施了《关于解决部分专业技术干部的农村家属迁往城镇由国家供应粮食问题的规定》，这是户籍制度改革的先声；1985 年《公安部关于城镇暂住人口管理的暂行规定》发布，标志着身份证制度开始建立；1992 年《关于实行当地有效城镇居民户口制度的通知》颁布，标志开始试行当地有效城镇居民户口制度。随着一系列政策出台，二元户籍制度开始被突破，农民进入小城镇口子放开，户粮挂钩、劳动合同、医疗等相关配套制度也开始松动。城乡人口流动开始迅速增长，流动人口规模从 1982

年的 657 万人增长到 1995 年的 5052 万人，增长了 6.7 倍，外出农民
工数量从 1986 年的 900 万人增加到 1995 年的 3000 万人，增长了 2.3
倍（见图 17 和图 18）。

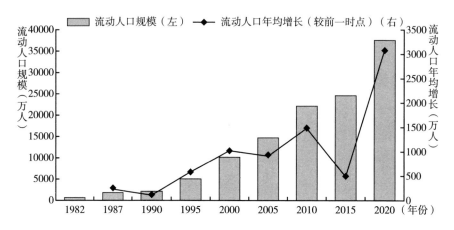

图 17　流动人口规模变化：1982～2020 年

资料来源：根据历次人口普查和1%人口抽样调查数据计算。

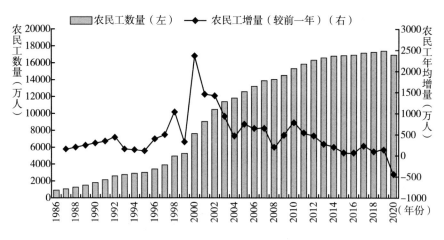

图 18　农民工年度规模和增量：1986～2020 年

资料来源：2006 年以前农民工数据来自盛来运《流动还是迁移：中国农村劳
动力流动过程的经济学分析》，上海远东出版社，2008；2009 年以来数据来自各
年《农民工监测报告》，2007、2008 年的数据为趋势推测值。

从社会因素看，这一时期其对城乡人口流动的影响可能仍然不显著。改革开放初期，城乡发展差距巨大，农村劳动力过剩问题突出，农村劳动力流入城市的主要目的是摆脱贫困、获得更高收入，而对其他诸如权利平等、优质公共服务的追求还不是那么迫切。

4. 高速推进阶段：1996～2020年

1996～2020年是中国自新中国成立以来城镇化推进速度最快的一个时期。这一时期，经济增长迅猛，GDP平均每年增长9.1%，工业和服务业增加值年均增长率分别为9.4%和9.9%。在快速经济增长带动下，城镇化率从30.48%提高到63.89%，年均提高1.39个百分点；城镇人口规模增加了5.3亿人，平均每年增加2204万人，较前一时期（1979～1990年）的1042万人，增加了1倍多。

从城乡人口流动来看，流动的规模在不断扩大，1995～2020年每年增加2108万人，比1982～1995年（每年增加657万人）大幅增加。1995～2020年外出农民工平均每年增加558万人，是1986～1995年的2.4倍；但2010年后，外出农民工数量增长明显下降，2010～2020年年均增加162万人，比1995～2010年年均增加822万人的规模有大幅下降（见图17、图18）。

对比人口流动与农民工的增长趋势可以发现，2000年以前，流动人口与农民工增长趋势是一致的，但在后期开始偏离，出现这一情况的原因可能有两方面：一是流动人口中包含了人口城乡和城城迁移，随着城镇人口规模日益庞大，城城人口迁移数量越来越大；二是近年来农村剩余劳动力几近枯竭，人口城乡流动中因工作就业的比重出现下降，而为追求更好生活质量和公共服务的流动人口，如学习培训和随同迁移的比例有不同程度的提升（见表3）。由此可见，这一时期城乡流动人口增长的来源更加多样化。

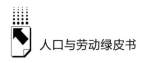
表3 城市流动人口按迁移原因划分的数量占比

单位：%

迁移原因	1990 年	2000 年	2010 年	2015 年
工作就业	36.97	35.02	48.47	45.59
学习培训	12.13	11.66	12.14	13.44
为子女就学	—	—	—	2.05
婚姻嫁娶	13.93	12.02	3.40	5.34
拆迁搬家	—	14.52	10.26	9.97
随同迁移	10.43	12.85	14.46	16.60
投亲靠友	9.85	5.03	4.01	—

资料来源：根据历次人口普查数据计算。

从城镇空间扩张来看，1996～2019 年城镇建成区面积从 41046 平方公里增加至 123274 平方公里，增长了 2 倍，其中城市建成区增长 2.13 倍，县城增长 1.6 倍，小城镇增长 2.05 倍。这一时期城镇空间扩张速度进一步加快，必然会有更多的乡村人口因城乡区划变动而成为城镇人口。

从人口自然增长来看，1995～2015 年城镇人口自然增长 5623 万人，平均每年增加 281 万人，与前一阶段（1978～1995 年）相差不大，但占城镇人口增加的比重则下降为 10.2%。

由此可见，随着人口自然增长放缓，其对城镇人口增加和城镇化的影响不断降低，这一时期城镇化率提升的主要动力来自城乡人口流动与城镇空间扩张。

进一步我们来分析城镇化的推动因素。从经济因素看，1992 年邓小平南方谈话提出了"三个有利于"标准，同年党的十四大确定我国建立社会主义市场经济体制的改革目标[1]，中国经济驶入快速增

---

[1] 中共中央党史和文献研究院编《中华人民共和国大事记（1949 年 10 月—2019 年 9 月）》，人民出版社，2019。

长通道。1997 年后国内告别"短缺时代"、2000 年中国加入 WTO，为中国的新型工业化道路奠定了基础①。经过改革开放 10 多年的调整，三次产业间、不同注册类型单位间、轻重工业之间的失衡状况得到了很大缓解。1994 年后第三产业就业比重超过了第二产业，成为吸纳就业的主要部门，这提升了经济增长的就业创造能力。市场化改革深入也激发了民营经济活力，使其成为带动就业增长的重要力量，2019 年城镇个体私营企业就业数量超过 2.3 亿，占城镇就业总量的比重从 1996 年的 11.7% 攀升至 2019 年的 58.0%（见图 19）。

从政策因素看，这一时期的户籍改革进一步走向深入，从最初在小城镇突破逐渐向城镇体系上层拓展，从只注重城镇自身户籍改革向建立城乡一体化户籍制度转变。在改革推进次序上，户籍制度从小城镇开始。1997 年国务院出台《小城镇户籍管理制度改革试点方案》和《关于完善农村户籍管理制度的意见》，允许农村人口在小城镇办理城镇常住户口，以促进农村剩余劳动力就近、有序地向小城镇转移，促进小城镇和农村的全面发展；2001 年的《关于推进小城镇户籍管理制度改革的意见》提出凡在小城镇居住人口可根据本人意愿办理城镇常住户口，这标志着小城镇已经基本废除城乡分割的户籍制度。

21 世纪以来，户籍改革开始向城市推进，放宽落户限制的城市层级越来越高。2008 年《中共中央关于推进农村改革发展若干重大问题的决定》提出，放宽中小城市落户条件，全国多地取消二元户口；2014 年《国务院关于进一步推进户籍制度改革的意见》提出，全面放开建制镇和小城市落户限制、有序放开中等城市落户限制、合理确定大城市落户条件，统一城乡户口登记制度，建立居住证制度。

① 武力：《中国工业化路径转换的历史分析》，《中国经济史研究》2005 年第 4 期，第 10 页。

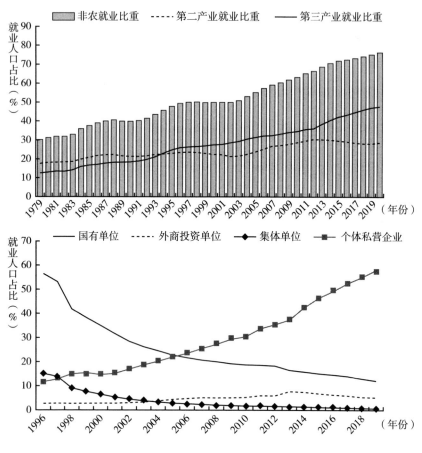

图19 分产业与分不同注册类型企业的就业比重变化

资料来源：国家数据库，https：//data. stats. gov. cn/。

在放开户籍的同时，国家也注重户籍政策与公共服务改革协同推进。《国家新型城镇化规划（2014—2020年）》《推动1亿非户籍人口在城市落户方案》除提出放开落户限制外，还提出统筹推进户籍制度改革和基本公共服务均等化。

近年来，改革逐渐摆脱就城市论城市的格局，开始向协调城乡关系、促进城乡融合发展延伸。2019年《中共中央 国务院关于建立健全城乡融合发展体制机制和政策体系的指导意见》提出，要加快实现城镇基本公共服务常住人口全覆盖，维护进城落户农民在农村的权益，支持引导其依法自愿有偿转让这些权益。

从社会因素看，城乡居民在公共服务上的差距较大。农村基础设施和公共服务设施历史欠账仍然较多，与城市差距比较大。城市的污水处理率为95%，农村仅为22%；城市的生活垃圾处理率为97%，农村仅为60%；城市的每千人卫生技术人员数为10.9人，农村仅为4.3人。个体为了获得更好的发展机会，需要接受更好的教育，教育对人口流动的影响日益增强。但整体上看，城乡教育资源在质量上的差异依然很大。约有20%的县级区域还未达到城乡均衡的要求[1]，一些规模较小的乡村学校基本办学条件非常薄弱，难以满足教育教学基本需求，也难以吸引和留住优秀乡村教师，乡村教师队伍建设亟待加强[2]。从教育经费支出来看，2018年义务教育阶段生均教育经费支出的城乡差距值为1453元，占城镇生均教育经费的11.8%（见表4）。

表4　义务教育阶段城镇和农村生均教育事业费比较

年份	农村（元）	城镇（元）	城乡差距（元）	城乡差距/农村（%）
2012	6415	6967	552	8.60
2013	7328	7797	469	6.40
2014	7859	8621	762	9.70
2015	9108	10106	998	10.96
2016	9852	11023	1171	11.89
2017	10481	11752	1271	12.13
2018	10848	12301	1453	13.39

资料来源：根据《中国统计年鉴》（各年）进行计算。

---

① 《2017年全国义务教育均衡发展督导评估工作报告》。
② 董洪亮、张烁：《义务教育：破解"乡村弱""城镇挤"——统筹推进县域内城乡义务教育一体化改革发展的成效与启示》，《人民日报》2018年8月30日。

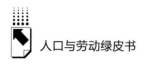

四 城镇化的中国经验

新中国成立以来，中国城镇化取得了世界瞩目的成就，在70多年时间里走过了发达国家用100~200年才能走完的城镇化道路。中国的城镇化在实现量的增长的同时，也实现了质的提高，特别是在经济增长、就业与居民收入、基础设施和基本公共服务等领域都有很大提升。尽管中国城镇化率与多数发达国家相比还有10个百分点左右的差距，但从硬件设施看，很多中国城市已经与发达国家城市相差不大，部分领域甚至有所超越；与拉美、南亚等国城市普遍存在的大规模贫民窟、收入和公共服务两极分化、社会治安和城市管理混乱等问题相比，中国城市具有明显优势。总体来说，中国的城镇化道路是符合中国国情和时代要求的。站在迈向现代化的新起点上，总结提炼城镇化的中国经验，有助于更好地为城镇化理论研究和实践探索指明方向。

（一）制定科学的城镇化发展战略与规划

用发展战略和中长期发展规划指导经济发展，是党领导人民治国理政的一种重要方式。实践证明，发展战略和规划是一种有效的治理方式，既有利于发挥市场在资源配置中的决定性作用，又能够更好地发挥政府作用，这些作用在推动城镇化方面也不例外。1953年以来，我国已经编制实施了14个五年规划（计划），其中很多都涉及城镇化内容，而且城镇化地位越发凸显。

从第一个五年计划到第六个五年计划，城镇化没有单独提出来，但已涉及与其相关的人口管理和土地制度改革内容。"一五"计划到"五五"计划都不同程度地提出要限制城乡人口流动，"六五"计划开始放松农村人口到集镇落户。从五年规划①意图转变看，前期限制人口流动是为保障重工业化优先战略的实施，完成经济起飞的物质积累；后期放松城乡人口流动甚至加快人口流动则既是为满足工业化快速推进和经济高速增长对劳动力的需要，也是为了使更广泛的人民享有城镇发展成果的需要。

"七五"计划后开始涉及城镇化空间格局的内容，从"七五"计划到"九五"计划提出要控制大中城市、积极发展小城市，"十五"计划提出大中小城市和小城镇协调发展，"十一五"规划提出要以城市群为主要形态推进城镇化，"十四五"规划提出推进城市群一体化发展、建设现代化都市圈。五年规划对城镇化空间格局论述的改变反映了城镇人口空间分布的发展现实：城市发展初期大多呈单中心集聚形态；随着人口规模扩张，城市中心的人口与要素开始向郊区新城、卫星城等外围区域扩散，形成经济生活高度一体化的都市圈；进一步发展会将周边小城市和小城镇纳入辐射范围，从而形成紧密分工的城市群。

"十二五"以来，城镇化上升至国家战略高度，2014年国家印发实施《国家新型城镇化规划（2014－2020年）》，"十四五"规划进一步提出完善新型城镇化战略、提升城镇化发展质量。城镇化在国家战略和中长期规划中的地位越来越凸显，这与城镇化在经济发展和社会进步中日益重要的地位是相符的。五年规划中推进城镇化方向和思路的转变，与城镇化发展现实高度契合，有利于支撑城镇化的健康持续推进。

（二）工业化与城镇化基本协同、适度领先

工业化和城镇化是经济发展的两翼，二者相互支撑、相互促进，

---

① "十五"及之前称"五年计划"。从"十一五"开始称"五年规划"。以下统称为五年规划。

工业化从生产、消费需求和经济结构转变等方面对城镇化产生带动作用。工业化并不是仅仅意味着工业或者第二产业产出比重的提高，从更一般的意义上说，工业化是产业结构向现代化转型的过程，其中包括了工业和服务业在国民经济中相继占主导地位的不同阶段。在不同阶段，工业化与城镇化互动关系表现也可能不同：工业化初期，工业集聚直接拉动城镇化水平提高，工业化中后期，对城镇化的带动作用由集聚效应转变为产业结构和消费结构升级，体现为服务业对城镇化率带动效应提高[1]。尽管不同阶段影响途径和具体表现可能不同，但工业化是城镇化变动的先导力量和基础原因这一点得到普遍认同。工业化发挥先导作用，一方面使城镇创造的就业供给与城镇人口增长产生的就业需求基本匹配，避免产生大规模城镇失业问题；另一方面使新增财富更多流向生产领域，促进城镇劳动生产率增长，促进工业化进程顺利推进，反过来为城镇化提供更坚实的物质基础。

从就业与城镇化的关系看，除 1957～1960 年外，非农就业占比与城镇化率之比的变化基本稳定，该指标值大于 1 意味着城镇就业相对规模高于人口的规模，该指标从 20 世纪 60 年代初的 1 左右，提高到 1979～1995 年的 1.5 左右，此后逐步下降到 1.2 的水平（见图 20），这就意味着改革开放以来城镇就业分布与人口分布越来越一致。

一些研究认为中国城镇化滞后于工业化[2]，导致出现农村人地关系紧张、农业生产率提高缓慢等问题。然而，如果以就业结构来衡量工业化，我国城镇化并没有严重滞后于工业化，城镇化偏低主要是因服务业发展严重滞后，这是工业化自身内部结构性偏差造成的，而不是城镇

---

[1] "工业化与城市化协调发展研究"课题组：《工业化与城市化关系的经济学分析》，《中国社会科学》2002 年第 2 期，第 44～45 页。

[2] 持此观点的研究包括李文：《城市化滞后的经济后果分析》，《中国社会科学》2001 年第 4 期，第 64～75 页；简新华、黄锟：《中国城镇化水平和速度的实证分析与前景预测》，《经济研究》2010 年第 3 期，第 12 页等。

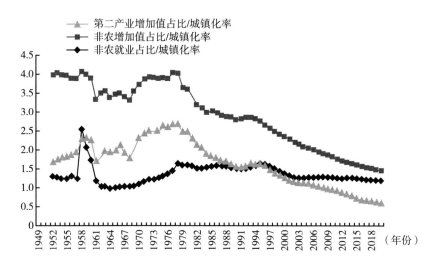

图 20　产业结构变动与城镇化率

资料来源：国家数据库，https：//data. stats. gov. cn/。

化滞后的问题①。诚然，过去中国城镇化水平很长时期里与同等发展水平国家相比的确偏低，但这一方面是因为统计口径不同，有些国家城镇化率被高估了，另一方面是特定历史环境和国情下的必然选择。就后一种解释来看，不同于西方发达国家工业化可以利用全世界的资源和市场，新中国成立以来中国经济长期被西方国家孤立，无法融入世界市场，工业化所需资本只能依靠自身积累，为加快工业化进程、尽快实现经济赶超，不得已走了一条抑制农业、轻工业和服务业，偏向重工业的发展路子。尽管这种发展道路无法大量带动人口进城，但其为国民经济长远发展积累了物质基础，我国当前完整的工业体系基础就是在当时奠定的。从其影响来看，改革开放后我国经济结构迅速走向均衡，城镇化高速推进，目前已经与经济发展阶段大致匹配；而如果我们没有选择工业化率先发展的路径，不仅城镇化甚至经济增长都可能会面临更大的障碍。

---

① "工业化与城市化协调发展研究"课题组：《工业化与城市化关系的经济学分析》，《中国社会科学》2002 年第 2 期，第 44～45 页。

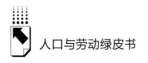

（三）城镇基础设施建设适度超前布局

基础设施是城镇化可持续推进的重要依托。城镇基础设施建设能够有效拉动投资需求增长，而基础设施改善又有助于降低生产成本和居民生活成本，从而刺激企业和居民消费增长；基础设施影响不同产业的生产成本，因而会影响产业结构，而产业结构变动又会影响就业和居民收入，进而影响人口流动和城镇化进程。可以说，没有良好的基础设施，就不会有高质量的城镇化。

城市基础设施包含的内容很多，市政建设是其中重要的领域。我们计算了改革开放以来城市市政公用设施固定资产投资占全社会固定资产投资比重和国内生产总值的比重变化情况，如图21所示。市政公用设施固定资产投资占全社会固定资产投资比重呈现明显山峰形状，1978～2003年不断提升，峰值出现在2003年，达到8%，随后降至2018年的3.6%；市政公用设施固定资产投资占国内生产总值的比重变动也是先提高再下降的过程，但变化比前者更平稳，2010年以前基本处于不断提高趋势，最高达到3.2%左右，2019年降至2.03%。从整体来看，改革开放以来，市政公用设施投入大部分时间是快于经济增长和投资增长速度的，2003年以来市政建设减速可能是市政公用设施体系逐步完善、投资需求增长相对放缓所致。

为衡量中国城市基础设施相对水平，我们选择几个发展中国家作为参照对象。在对比指标上，选择千人医院床位数、垃圾无害化处理比例和家庭宽带接入率反映公共服务设施、环境卫生设施和互联网基础设施的建设水平；选择这三个指标的另一个考虑是数据的可获得性和可比性。2016年，中国千人医院床位数为5.32个，大大高于墨西哥、印度、南非和土耳其，仅低于波兰的水平；垃圾无害化处理比例也明显高于墨西哥、印度；中国的家庭宽带接入率为

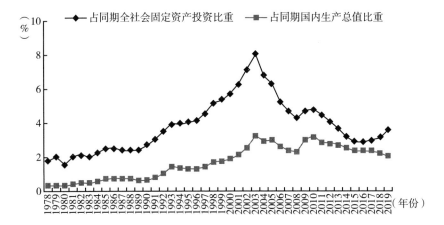

图 21 1978~2019 年全国市政公用设施固定资产投资占比

资料来源：根据《中国城乡建设统计年鉴（2019）》计算。

60%，超过多数发展中国家（见表5）。城市整体基础设施建设水平
已经超过大多数发展中国家，北京、上海这样的国际大都市的城市
建设水平已经远远超越发展中国家的城市，与发达国家大都市相比
也毫不逊色。

表 5 2016 年部分国家城市基础设施比较

国家（城市）	千人医院床位数 （个）	垃圾无害化处理比例 （%）	家庭宽带接入率 （%）
墨西哥	1.00	68	47
墨西哥城	0.70	77	45
印度	0.5	60	—
智利	1.43	—	75
圣地亚哥	1.15	—	77
南非	2.10	—	9
约翰内斯堡	—	—	7
波兰	6.62	100	76
华沙	6.58	100	77
土耳其	2.75	92	46
伊斯坦布尔	2.45	94	63

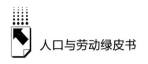

续表

国家（城市）	千人医院床位数 （个）	垃圾无害化处理比例 （%）	家庭宽带接入率 （%）
中国	5.32	97	60
城市平均	4.60	99	77
北京	5.85	100	95
上海	5.71	100	96

资料来源：国外数据来自 OECD 数据库、世界银行数据库，国内数据来自中经网统计数据库。

（四）户籍制度适时调整以保障人口有序转移

新中国成立之初，户籍制度建立是与我国基本国情和文化历史传统相适应的，对初创期的新中国政权巩固和经济社会恢复起到了重要支撑作用。但随着整体形势的变化，特别是改革开放以来经济社会迅速发展，城乡二元户籍制度调整一度滞后于社会生产力的发展。但纵观新中国发展历程，户籍制度还是做出很大贡献，对其历史贡献给予客观评价，才能明确户籍制度改革的方向。

从历史进程看，户籍制度在新中国成立之初重构了社会秩序。一是使一个经历长期战乱的国家迅速稳定下来，为经济发展提供了一个稳定的环境。新中国成立初期，政治环境不稳，试图颠覆政权的活动时有发生，城市居民基本生活得不到保障，户籍制度的建立有效地解决了这些问题。二是支撑了国家重工业优先的战略实施，建立了相对完整的工业体系，为改革开放后经济崛起奠定了基础。在国内人口多、经济基础薄弱，国际上发达国家对中国严格经济封锁的环境下搞工业化，必须依靠农业剩余补贴工业发展。没有户籍制度，就没有工业体系的建立，也就没有目前中国世界工厂的地位。三是保障了城镇化的有序推进，避免了南亚、拉美国家城市发展中出现的大量贫民窟问题。户籍制度一方面使人口城乡迁移能够按照国家计划进行，避免了人口大规模向城市特别是向大城市涌入；另一方面以户籍为基础的土地分配制度为农民提供了最基本的保障，使进城农民面临生活困境时有路可退。

（五）城镇化进程中农业基础地位得到巩固

国以民为本、民以食为天，对中国这样一个有 14 亿人口的发展中大国，农业是国民经济的基础和支撑，也是新型城镇化的重要依托，没有农业提供的粮食、原材料、劳动力，城镇化推进也难以持续。农业发展的重要意义有以下几个方面：一是粮食产量不断增长为城镇人口规模扩张提供了食品安全保障；二是农产品种类不断丰富、结构不断优化为城镇居民日益多样化的需求提供了更多的选择；三是农业产出增长为工业发展输送了源源不断的原材料。

总体来看，新中国成立以来特别是改革开放以来，农业的发展取得了长足的进步，发展基础不断夯实、农业生产效率不断提升。

首先，农产品生产规模快速增长，基本满足了国内特别是城镇人口扩张的需求。新中国成立以来，我国粮食、油料、水果、蔬菜和肉类的人均产量都有不同程度的提高（见图 22），特别是改革开放以来，农产品产量增长速度明显加速，其中水果人均产量增长最为迅速，1952～2019 年增长了 6.9 倍，肉类和油料作物人均产量增长次之，分别增长 4.0 和 2.4 倍，粮食和蔬菜人均产量增长相对慢一些，1978～2019 年增长了 0.64 倍。

将中国农产品与世界其他国家相比，可以更清楚地看到中国农业的进步。如表 6 所示，中国人均谷物产量 2018 年为 440 千克，相当于美国的 31%、欧盟的 72%、高收入国家平均水平的 63%，却是印度的 1.87 倍、中等收入国家的 1.24 倍和低收入国家的 2.95 倍。从人均谷物产量来看，中国与发达国家相差还比较大，但从增长速度上看，已经超过世界上大多数经济体，1961～2018 年间中国提高 165%，美国、欧盟提高了 61% 和 85%，而印度仅提高 24%。土地是相对固定的，提

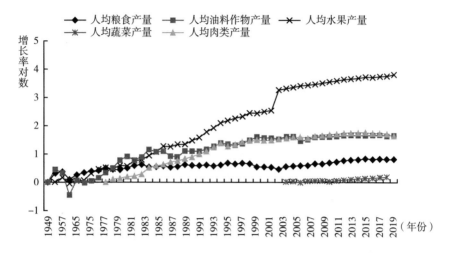

图22 新中国成立以来中国农产品人均产量变化

资料来源：国家数据库，https://data.stats.gov.cn/。

高人均粮食产量就必须提高土地种植效率，即提高单位面积土地上的粮食产量，中国2018年每公顷谷物产量为6081千克，比欧盟和高收入国家平均水平要高；与发展中国家相比，相当于印度的近2倍，相当于低收入国家的4.6倍。尽管人均粮食产量还与发达国家相比有差距，但在土地生产效率上已经达到发达国家平均水平。

表6 中国与世界主要经济体谷物生产情况比较

国家	人均谷物产量（千克/人）				地均谷物产量（千克/公顷）			
	1961年	1980年	2000年	2018年	1961年	1980年	2000年	2018年
中国	166	286	323	440	1211	2949	4756	6081
美国	891	1188	1214	1432	2522	3772	5854	8692
欧盟	331	514	596	614	1932	3552	4398	5240
印度	190	201	222	235	947	1350	2294	3248
低收入国家	167	152	103	149	861	1154	974	1316
中等收入国家	178	233	277	354	1136	1968	2744	3914
高收入国家	438	599	675	699	2160	3313	4694	6075

资料来源：世界银行数据库。

其次，农业发展也满足了城镇居民日益多样化的消费需求。随着生活水平的提高，城镇居民食品结构日益多样化，农业生产数量和种类不断增加，基本适应了城镇居民多样化的消费需求。从城镇居民人均消费品消费量来看，城镇居民人均消费的粮食量在下降，但猪肉、食用油、干鲜瓜果等高蛋白质、高维生素的食品消费量在提升（见表7）。城镇居民生活从"吃得饱"向"吃得好"转变，而这种转变是以农业发展特别是粮食产量提高为基础的。

表7　城镇居民人均主要消费品消费量

单位：千克

种类	1981	1990	2000	2010	2019
粮食	145.4	130.7	82.3	81.5	70.1
猪肉	16.9	18.5	16.7	20.7	20.3
食用油	4.8	6.4	8.2	8.8	8.7
干鲜瓜果	21.2	41.1	57.5	54.2	66.8
蔬菜	152.3	138.7	114.7	116.1	105.8

资料来源：国家数据库，https：//data.stats.gov.cn/。

最后，农业发展对城镇工业发挥着基础作用，这种作用直接表现为其为工业生产提供发展所需的原材料。根据投入产出表数据，我们计算了农业提供给工业部门的中间使用与工业增加值之比，1997～2017年，这一比例在0.2～0.3之间波动，而且呈稳中略升态势。这表明工业化进程中，农业作为原料供应源的地位基本稳定（见图23）。

（六）土地制度改革基本适应城镇建设需要

土地是一切经济活动的载体，经济发展的过程也是土地利用结构、土地产权结构变动的过程。城镇化最直观的表现是城镇空间范围的扩张，城镇空间扩张必然要占用更多的土地资源，即非农用地特别

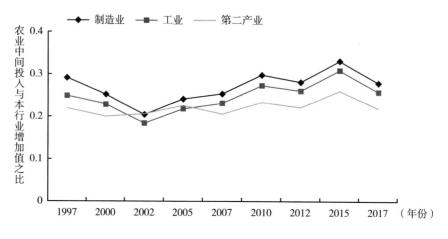

图23 农业在工业部门中间投入中的地位变化

资料来源：国家数据库，https：//data. stats. gov. cn/。

是农用地转化为城镇建设用地。本质上，土地制度是生产关系的范畴，而城镇化是生产力发展的体现，根据生产关系要与生产力相适应的原理，城镇化若要顺利推进，土地制度改革必须要跟上。

新中国成立后很长一段时期，土地资源主要由政府行政命令进行配置，城镇扩张通过征收农村土地实现，这一时期土地配置方式完全与当时的计划经济体制相适应。1978年以前城镇人口增长速度很低，城镇土地扩张也比较缓慢。从省会城市来看，从新中国成立到1990年，城市建成区面积增长率较低。

改革开放后，中国的市场经济逐步建立起来，城市土地制度改革率先在地方进行探索，深圳、上海等地试点了土地有偿使用制度。在各地探索基础上，20世纪80年代《宪法》《土地管理法》确立了土地有偿使用制度，1990年的《城镇国有土地使用权出让和转让暂行条例》、1994的《城市房地产管理法》等法律法规出台，为建立土地市场奠定了制度基础。有了土地市场，土地供给就能够对土地需求做出响应，随着人口和经济的集聚，城市土地扩张速度开始加快。1990年以来特别是 2000 年以后，城市建成区面积扩张明显加快，而且经济越发达的城市，城市土地扩张越快。这恰说明随着土地制度改革，土地供给弹性增强，需求因素在城市土地扩张中的影响变大（见图 24）。

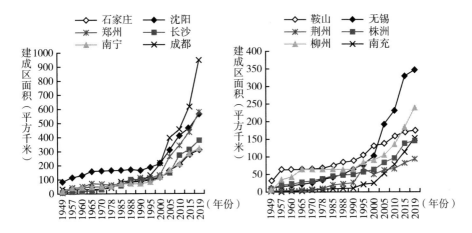

图 24　新中国成立以来典型城市建成区面积扩张

资料来源：《新中国城市 50 年》和《中国城市建设统计年鉴》（各年）。

　　土地不仅是城镇化的基本生产要素，也是一种重要的资产。城市国有土地归全民所有、由政府代表行使所有权，土地的出让、转让、租赁就能够为政府带来收益。由于政府需要承担基础设施建设、公共服务供给的支出，面对巨大的公共基础设施建设投入，地方政府税收收入无力支撑，通过土地出让收入弥补公共财政支出缺口成为一条可行的路径①，并逐步演变为土地财政的模式。尽管土地财政存在一些问题，但客观上说，其对城镇化发展起到了重要支撑作用。

---

①　土地出让收入也主要投向了公共基础设施建设领域。根据《关于调整新增建设用地土地有偿使用费政策等问题的通知》规定，新增建设用地土地有偿使用费实行中央和省两级 3∶7 分成，国有土地使用权出让金主要用于征地拆迁补偿、土地开发、城乡基础设施建设、城镇廉租住房保障等支出。

根据财政部统计数据，地方本级财政收入与地方财政支出的缺口不断扩大，从 1998 年的 2668 亿元扩大到 2020 年的 110368 亿元。土地出让收入占地方财政缺口的比例从 20 世纪末的 20% 左右，提高到 2020 年 76%（见图 25）。这一缺口主要由上级转移支付和土地出让收入来弥补，后者的支撑作用更强。这是中国社会主义土地公有制的优势，也是其他国家所不具备的。

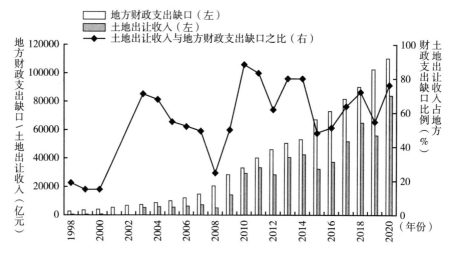

图 25 地方财政支出缺口与土地出让收入变化

资料来源：土地出让收入数据来自《财政收支情况》（各年），财政部网站 www.gks.mof.gov.cn/tongjishuju/；地方财政收入与支出数据来自国家数据库，https://data.stats.gov.cn/。

五 2035 年中国城镇化预测

科学预测城镇化趋势有着重要的决策参考价值。我们这里使用两种预测方法，一是基于人口自身发展变化的预测，二是基于实现城乡融合发展目标的预测。需要说明，我们这里只是概要介绍预测方法与结果，更详细的论证可参见本书相关章节。

（一）基于人口自身发展的预测

城镇化本质是人口的城乡分布的变化，而这主要取决于城镇和乡村人口自身的发展变化，其中主要包括人口自然增长与人口城乡流动。从这个角度看，人口自身发展是城镇化变动的约束条件，决定了城镇化可能达到水平的现实可能性。

1. 预测方法

利用人口自身发展预测城镇化率通常的方法是队列要素模型。队列要素预测模型的基本原理是：基于现有人口性别和年龄结构，假定出生、死亡和迁移模式，逐年递推未来的人口规模与结构。该模型是人口预测中最为重要的方法之一，具有逻辑严密、易于操作的特点，并可进行多区域人口预测，如果假定城镇和乡村为两个区域，就可预测城镇和乡村的常住人口数量，进而计算出城镇化率。城镇和乡村人口变动并非独立，而是受到城乡间人口流动的影响，因此城乡人口预测准确性还取决于对流动人口的设定是否科学。我们以 2015 年 1% 人口抽样调查的分城乡分年龄常住人口数据为基础，预测 2020 ~ 2035 年城镇化率变化趋势。

2. 预测参数设定

生育率参数设定。以历次人口普查和小普查计算的总和生育率为基础，模拟 2010 ~ 2015 年城乡常住人口数据，将模拟值与真实值进行比对反过来对参数不断进行调试，最后推算得到 2010 ~ 2015 年城镇常住人口的总和生育率为 1.2 ~ 1.4，农村常住人口的总和生育率略高，为 1.8 ~ 2。我们设定 2020 ~ 2035 年城镇人口变化的高、中、低三个方案，总和生育率分别为 1.5、1.2、1，农村人口变化只有一个方案，总和生育率为 1.85。

出生性别比、死亡和预期寿命参数设定。假定到 2035 年，全国男性和女性的预期寿命分别为 79 岁和 83 岁，初始年份到预测年份间

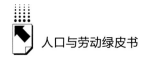

的预期寿命采用线性插值法得到。假定农村出生婴儿男女性别比为118∶100，城镇出生婴儿性别比为104∶100。

分城乡人口迁移率参数设定。城乡人口迁移率根据中国社会科学院人口与劳动经济研究所和南京农业大学对全国7个人口流出大省的微观调查数据计算，并通过模拟2010～2015年城乡常住人口数据进行了调整。

3. 预测结果

根据我们预测，中国将在"十四五"期间出现城镇化由快速推进向逐步放缓的"拐点"，"十四五"期间直至2035年，城镇化推进速度将不断放缓。其中，2020年、2025年、2030年和2035年的城镇化率分别为63.89%（预测值为64.01%）、67.99%、72.13%和75.27%（见图26），在"十四五"期间，城镇化率平均每年提高1.03个百分点，这比"十三五"期间1.35个百分点的年均提高幅度有了较大幅度的下降；这一趋势还将持续，预计"十五五"时期每年提高幅度降至0.83个百分点，"十六五"时期降至0.63个百分点（见表8）。

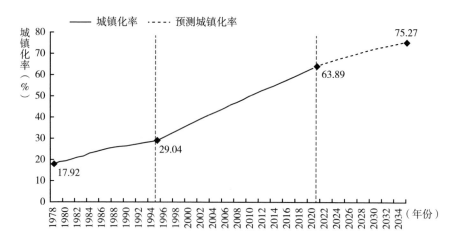

图26　城镇化率趋势预测

表8　不同时期城镇化推进速度

时间段	平均每年提高幅度(个百分点)	城镇人口年均增长(万人)
1981~1985 年	0.86	1190.80
1986~1990 年	0.54	1020.20
1991~1995 年	0.53	995.80
1996~2000 年	1.44	2146.40
2001~2005 年	1.35	2061.20
2006~2010 年	1.39	2153.20
2011~2015 年	1.23	2027.60
2016~2020 年	1.35	2245.29
2021~2025 年	1.03	1717.77
2026~2030 年	0.83	1174.24
2031~2035 年	0.63	731.02

　　城镇人口增长规模能够更为直接地反映城镇化推进动力的变化，根据现有统计数据和我们的预测结果，1978 年以来城镇常住人口年均增量可以很清晰地分为三个阶段，1995 年以前，城镇常住人口年均增量在 1000 万人左右，这一时期是城镇化快速发展阶段；1995 年后，城镇常住人口年均增量跃升至 2000 万人以上，此后 20 多年时间一直维持在年增量 2000 万人以上的水平，这一阶段是城镇化高速推进阶段；2020 年以后，城镇常住人口年均增量将逐步下降，从"十四五"期间的 1718 万人降至"十五五"时期的 1174 万人，再降至"十六五"时期的 731 万人，从"十四五"时期开始，城镇化将进入减速阶段，特别是 2022 年前后将可能出现中国城镇化由高速推进向逐步放缓转变的"拐点"（见图 27）。

（二）基于城乡融合发展目标的预测

　　农业农村发展是现代化建设的薄弱环节，只有补上这一短板，才能实现真正的现代化。农业农村发展的核心是提高农民收入，缩小城

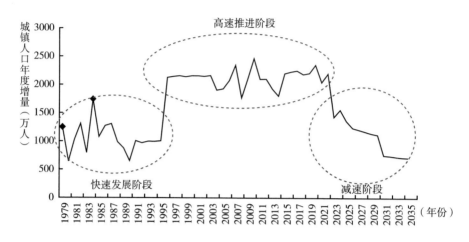

图 27 城镇常住人口年度增量变化

乡收入差距。发展经济学理论指出，农业和非农产业之间劳动生产率不同，要提高农业劳动生产率就要将农业就业人口不断转移出来，特别是通过城镇化来减少农村人口。农村人口减少了，从事农业的劳动力才能占有更多的土地及其他生产资料，才能提高劳动生产率，进而提高收入水平。因此，增加农村人均耕地面积是缩小城乡收入差距、实现城乡融合发展的必要条件。基于这一逻辑，我们可以通过考察实现城乡融合目标所要达到的人均耕地面积，来反推城镇常住人口规模和城镇化率的趋势。

1. 基本方法

缩小城乡收入差距，就必须提高农民的工资性收入和经营性收入。农民工资性和经营性收入主要取决于农业劳动生产率，而农业劳动生产率又主要取决于农业经营户耕种土地面积和农产品产出。因此，设定城乡收入差距的目标，在一定的假设条件下可以反推出人均耕地面积，通过人均耕地面积再推算出农村需要保留的劳动力和人口，进而推出城乡融合发展目标导向下的城镇化水平。按照我国农业与非农产业劳动生产率趋同趋势，我们设计了到 2035 年两个城乡收入差距目标，一是城乡收入差距为 1.8，二是城乡收入差距为 2。

2. 农业与非农部门劳动生产率参数设定

城乡收入比由农业和非农部门劳动生产率决定，我们需要设定农业与非农业劳动生产率，假定到 2025 年、2030 年和 2035 年一二三产劳动生产率之比为：100∶610∶342、100∶619∶320 和 100∶628∶299。但是，考虑到我国不断提高的农业转移劳动力规模，在实施城乡融合发展过程中，未来我国农业和非农部门之间的劳动生产率将会有所缩小。结合国际经验，我们预计未来中国农业部门从业者将进一步进入非农业部门。假定我国农业和非农部门产值占比保持不变，农业就业人员规模按照 1% 的速度不断递减。转移农业劳动力将在工业和服务业部门按照 4∶6 的结构进行分配。预计到 2025 年、2030 年和 2035 年的一二三产劳动生产率之比分别为 100∶448∶276、100∶315∶195 和 100∶198∶124。将此与其他国家对比发现，预计到 2030 年我国农业和非农部门的相对生产效率将与中高收入国家一致（见图 28）。

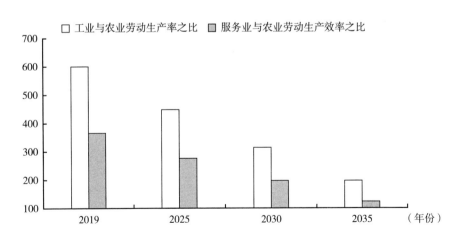

图 28　我国农业和非农部门劳动生产率之比预测

注：2019 年三大产业结构和就业结构数据来自国家统计局。2025 年、2030 年、2035 年就业结构数据为模拟值。

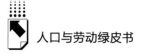

3. 预测结果

表9计算了城乡融合发展目标下反推预测城镇化率的结果。方案一，2035年农村经营户的户均耕地面积为36.75亩。需要说明，作为预测合理性的参照，我们也观察了与中国农业发展模式较为接近的日本耕地情况。根据日本统计局数据，2018年日本户均耕地为35.44亩，与我们预测的结果非常接近，也印证了我们预测结果逻辑上的一致性。在这种情景设定下，2035年中国农村常住人口规模将降至34790万人，届时全国总人口为141779万人，由此计算得到2035年城镇化率为75.46%。方案二，2035年农村经营户的户均耕地面积为35.7亩。中国农村常住人口规模要降至35804万人，2035年城镇化率为74.74%。综合两个方案预测结果，到2035年我国城镇化水平将达到75%左右，这与前文基于人口自身发展预测的城镇化率结果基本一致。

表9　按照农村户均耕地面积推算城镇化率

年份	方案一			方案二		
	农业经营户户均耕地面积（户/亩）	农村人口规模（万人）	城镇化率(%)	农业经营户户均耕地面积（户/亩）	农村人口规模（万人）	城镇化率(%)
2021	25.16	50814.35	64.10	26.0	49177.65	65.26
2022	25.36	50426.34	64.50	26.6	48119.04	66.12
2023	26.09	49011.92	65.59	27.2	47037.18	66.98
2024	26.84	47638.20	66.62	27.8	45979.65	67.78
2025	27.62	46284.91	67.61	28.4	44945.89	68.55
2026	28.43	44980.34	68.55	29.1	43935.38	69.28
2027	29.24	43724.26	69.44	29.8	42947.58	69.98
2028	30.09	42489.68	70.30	30.5	41982.00	70.65
2029	30.96	41293.97	71.12	31.2	41038.12	71.30
2030	31.86	40129.25	71.91	31.9	40115.47	71.92
2031	32.79	38996.43	72.67	32.6	39213.55	72.52
2032	33.73	37902.96	73.40	33.4	38331.92	73.10
2033	34.71	36834.18	74.11	34.1	37470.11	73.66
2034	35.71	35804.77	74.79	34.9	36627.67	74.21
2035	36.75	34790.24	75.46	35.7	35804.18	74.74

（三）农业转移人口趋势的判断

中国城镇化水平不断提高最主要也最直接的来源是城乡人口流动，城乡人口流动造就了大量农业转移人口，因此农业转移人口规模的变化是研究城镇化进程的核心变量。农业转移人口的存在是因城乡二元的户籍制度，随着户籍制度改革不断深入或者基本公共服务均等化的逐步实现，农业转移人口也将逐渐消失。因此，农业转移人口规模变化并不是一个自然变化过程，而是主要取决于制度和政策改革的力度。为对未来相关领域改革提供指引，这里也对农业转移人口进行大致的情景预测分析。

从市民化过程看，2012 年以来，每年农业转移人口落户规模约在 1500 万人左右[①]，但是这并没有显著地缩小农业转移人口规模的存量。农业转移人口总体规模维持在 2.4 亿~2.7 亿，常住人口和户籍人口城镇化率之间的差距从 2012 年的 17.8 个百分点，提高到 2020年的 18.5 个百分点，2012~2020 年农业转移人口规模净增加 1986 万人，平均每年增加 248 万人，相当于农业转移人口规模的 1.1%（见图 29）。这是因为，近年来农村新转移出来的人口规模基本抵消了存量农业转移人口因落户而下降的数量，使得农业转移人口存量"水池"水量基本稳定。

按照过去每年城镇化落户的规模，2020~2035 年每年 1500 万人的存量农业转移人口市民化，新增农业转移人口 900 万人全部进入存量池子，到 2035 年，存量农业转移人口规模仍有 1.7 亿人左右。如果到 2035 年存量农业转移人口全部市民化，则每年要实现 1740 万存

图29　城镇化率和农业转移人口变化情况

资料来源：根据《国家新型城镇化规划（2014－2020年)》、《国家新型城镇化报告（2019)》和《中国统计年鉴2021》中数据计算。

量农业转移人口融入城市，除此之外，还要将每年新增约900万农业转移人口也全部市民化而不能成为存量农业转移人口。

六　推进新型城镇化的建议

（一）提高农业转移人口市民化质量

中国还处于城镇化进程中，根据我们预测，2020～2035年还将有1.6亿左右农村人口要进入城镇，这些人口是农业转移人口的潜在群体，加上现有的2.6亿农业转移人口，到2035年完全实现农业转移人口市民化目标，需要解决超过4亿农业转移人口融入城镇的问题。

首先，促进市民化要兼顾解决增量和消化存量。未来十几年，我国城镇化仍将以中高速发展，每年还将有近千万新增农业转移人口补充进存量池子，要在 2035 年实现农业转移人口全部市民化的目标，就要在消化存量池子的同时兼顾解决新增农业转移人口市民化问题，每年需要使至少 2600 万农业转移人口落户城市或者实现基本公共服务均等化。

其次，全面推进农业转移人口落户城市。深化户籍制度改革，持续放开、放宽落户限制，到 2035 年，除个别超大城市外，其他城市落户全部放开。对不愿或者暂时不能落户的人，通过居住证实现基本公共服务均等化，并不断缩小居住证上附加的公共服务和便利项目与户籍之间的差距。维护进城落户农民的农村权益，建立健全承包地和宅基地市场化退出机制和配套政策，解除农业转移人口落户的"后顾之忧"。

最后，放开落户限制与基本公共服务均等化作为市民化的两个并行路径，放弃单纯以落户为导向的市民化思路。完善城镇基本公共服务提供机制，发挥好城市政府在基本公共服务供给保障中的主体作用。提升农业转移人口技能素质，增强农业转移人口融入城市能力。保障随迁子女在流入地受教育权利，以公办学校为主，将随迁子女全部纳入流入地义务教育保障范围。提高社会保险统筹水平和参保率，加快推进基本养老保险全国统筹。多措并举解决农业转移人口住房需求，加大土地供给力度，研究保障房供给的投融资机制，通过建设共有产权房、集体建设用地建房等多种方式，增加市场住房供给。

（二）优化城镇化空间格局

"十四五"规划《纲要》提出要完善城镇化空间布局，发展壮大城市群和都市圈，分类引导大中小城市发展方向和建设重点，形成疏密有致、分工协作、功能完善的城镇化空间格局。

一是完善"两横三纵"城镇化总体布局，铸造城镇化发展的"骨架"。"两横三纵"是中国经济带的主体构成，包括长江、陇海–

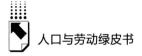

兰新、沿海、京广京哈和包昆5条经济带，贯通了中国半数以上的节点城市、主要的都市圈地区和几乎所有的城市群。经济带建设关键是要打通交通通道、破除行政壁垒，降低货物运输成本和要素交易成本，形成合理的地域和产业分工，带动区域整体协调发展。

二是发展壮大城市群都市圈。城市群是城镇化的主体形态，都市圈是城市群的核心，在城镇化整体格局和国民经济中的地位越来越重要。建立健全城市群一体化协调发展和成本共担、利益共享机制，统筹产业、公共服务、生态环境建设和治理。促进城市群内基础设施互联互通，形成一体化的、合理的产业分工格局。培育发展现代化都市圈，以轨道交通为骨干实现交通有效衔接，推动公共资源共享，探索统一的规划管理体制。

三是推动大中小城市、县城和小城镇协调发展。超大特大城市是国家经济增长和城镇化的"火车头"，应优化提升超大特大城市中心城区功能，有序疏解非必要的功能，增强高端要素资源的聚集能力，提高创新能力和国际竞争力。大中城市是推进新型城镇化的支柱，应推进大中城市承接超特大城市产业转移和疏解，夯实产业基础，优化公共设施布局和功能，提高城市品质。县城是城镇化的重要载体，应加大县城在公共服务、环境卫生、市政设施和产业基础领域的补短板力度，增强综合承载能力。小城镇是城镇体系的"基座"和城乡融合发展的重要支点，应增强小城镇产业支撑能力，缩小与邻近城市或县城在基础设施和基本公共服务上的差距，引导农村人口向小城镇集聚，带动城乡融合发展和乡村振兴。

（三）增强城镇化建设的要素支撑

保障城镇化所需的要素投入是其健康有序推进的基础，要素之中最为关键的是土地和资金。

在土地供给方面，城镇化面临结构性土地供给问题，一些超大特大城市人口聚集迅速，但土地供给严重不足，限制了城市的发展，另一些城市则出现了企业用地粗放、开发区和新区无序扩张等土地低效利用问题。为解决这些问题，一是建议落实"人地挂钩"机制，将常住人口规模和落户数量指标作为分配新增建设用地指标最重要的依据；二是建立跨省市县的多级土地指标交易市场，使新增建设用地指标、补充耕地指标和农村宅基地复垦指标能够跨省跨市县交易，以解决大城市土地供给不足和中小城市土地利用低效并存的矛盾；三是加快推进城乡融合发展体制机制改革，尽快落实农村集体经营性建设用地入市制度，探索推动农村废弃宅基地转化为集体经营性建设用地入市，使人口流出后的闲置土地能够转化为城市发展所需的土地供给。

在资金供给方面，新型城镇化建设需求量大面广，项目公益性强、回报率低，现有资金来源难以满足城镇化建设需要。要在继续发挥政策性金融、商业银行以及土地财政作用的基础上，推进投资模式和融资工具的市场化转变和创新。引导社会资本完全投资和采取PPP模式参与城镇化建设项目，实现提升资金使用效率、降低资金使用成本、强化资金管理。探索和发展市政债券、市政信贷机构、城市发展专用基金、专项债券等以税费为基础的市场化融资工具。根据收益状况积极推动资产证券化，允许基础设施向社会资本转让，完善相配套的金融生态体系。

趋势预测篇

Trend Prediction

G.2

人口发展与城镇化水平预测

——"十三五"回顾暨2035年远景展望*

向　晶　周灵灵**

摘　要：　本研究通过调整人口生育率和乡城流动模式，对2020～2035年的中国人口形势和城镇化特征进行估计。研究结果显示，（1）从时间轴看，户籍制度改革、生育政策调整对城镇化率增长的影响在持续扩大，其政策贡献率从2016年的3.08%提高到了2019年的4.33%。（2）我国城镇化率将持续提升，中方案估计下，"十四五"末的城镇化率约为65.09%，到2035年城镇化率约为

　*　本文系国家社会科学基金青年项目"经济增速放缓下中国宏观审慎政策的有效性研究"（项目批准号：19CJL013）的阶段性成果。

　**　向晶，管理学博士，中国社会科学院人口与劳动经济研究所副研究员，主要研究方向为人力资源、农业经济；周灵灵，经济学博士，国务院发展研究中心公共管理与人力资源研究所副研究员，主要研究方向为劳动经济学、发展经济学。

73.78%。（3）从增速看，未来我国城镇化增速将会减弱，预计到2035年，城镇化率为72.67%～76.91%，比2020年的63.89%提高8.78～13.02个百分点，年均增幅0.58%～0.87%。"十四五"是我国进行城镇化建设提质增效的关键时期，户籍制度改革和生育政策调整带来的潜在城镇人口增量，并不会对当前城市功能服务的需求产生挤压，城市发展将实现从功能服务需求向质量需求的转变。

关键词： 城镇化率　户籍政策　生育政策

一　引言

党的十八大以来，我国新型城镇化建设取得了重大历史性成就，农业转移人口加快融入城市，常住人口城镇化率和户籍人口城镇化率稳步提升。2020年第七次人口普查数据显示，我国常住人口城镇化率已达63.89%，与2010年相比，年均增幅达1.42%。第七次人口普查显示的城镇化率远超预期。在"七普"数据公布之前，大量有关城镇化率的估计认为，到2025年中国城镇化率方能达到64%～66.5%[①]。《中华人民共和国国民经济和社会发展第十四个五年规划和2035年远景目标纲要》也提出，到2025年我国常住人口城镇化率要达到65%。从最新的城镇化数据看，这一目标有望在2022年就提

[①]　魏后凯、李玏、年猛：《"十四五"时期中国城镇化战略与政策》，《中共中央党校（国家行政学院）学报》2020年第4期，第5～21页。United Nations, *The World's Cities in 2018 Data Booklet*，New York，2018。

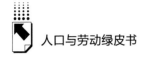
前实现。在此背景下，我们对现有模型进行修正，以期更科学地预测未来城镇化率，进一步提高相关政策的前瞻性、实效性。

从文献看，不同研究者采用不同来源的数据估算城镇化率，得出不尽一致的结果，引发了学术界的持续关注和热议①。第七次全国人口普查数据显示，2020 年我国常住人口城镇化率为 63.89%，而户籍人口城镇化率仅为 45.4%，二者之间的差别表明，我国仍有 2.61 亿人虽拥有农村户籍，但有半年以上居住在城镇。然而，2020 年农民工监测报告显示我国农民工总量为 2.85 亿人，超过城镇化定义下的农村转移人口规模。对于这些问题，有学者尝试用全样本普查资料理清常住人口、户籍人口和人口遗漏等问题产生的偏差②，但不同统计口径数据采取非一致的人口修正模型，反而加大了非普查年份数据的误差。从内在联系看，人口的城乡分布与人口总量、人口结构存在共生关系。农村人口迁入城镇后，医疗健康服务水平提升，会提高农村居民的预期寿命，降低死亡率，对人口总量有增加作用；另外，农村生育和生活观念与城镇趋同，农村流动人口生育意愿降低，弱化人口总量增长趋势。对城镇而言，大量的农村流动人口进入城镇，对城镇公共设施和公共服务升级配套的需求大幅度增加。此外，农村作为城镇劳动力的蓄水池在进一步减弱。据估计，2020 年农村常住劳动力比 2010 年减少了 1.5 亿人。研究表明，在其他条件不变的情况下，人口结构的深刻变化会进一步减缓未来城镇化率的增速③。值得欣慰

① 朱宇：《51.27% 的城镇化率是否高估了中国城镇化水平：国际背景下的思考》，《人口研究》2012 年第 2 期，第 31～36 页；李浩：《城镇化率首次超过 50% 的国际现象观察——兼论中国城镇化发展现状及思考》，《城市规划学刊》2013 年第 1 期，第 43～50 页。
② 戚伟、刘盛和、金浩然：《中国户籍人口城镇化率的核算方法与分布格局》，《地理研究》2017 年第 4 期，第 616～632 页。
③ 李建伟、周灵灵：《中国人口政策与人口结构及其未来发展趋势》，《经济学动态》2018 年第 12 期，第 17～36 页。

的是，随着新型城镇化战略的深入推进，相关政策对城镇化进程的影响有所增强。2010～2020年我国城镇化处于高速发展阶段，其中，2010～2015年城镇化率年均增速为1.24%，2016～2020年城镇化率年均增速进一步提高到了1.6%。

城镇化进程明显加快，与进一步深化户籍制度改革有很大关系。鉴于此，本文充分考虑户籍制度改革对人口流动迁移率的影响，以及生育政策放松对总和生育率的影响，对未来城乡人口分布及结构性特征进行估算，并对下一阶段城镇化发展提出合理的政策建议。

二 户籍制度改革、生育政策调整对"十三五"时期城镇化进程的影响

（一）城镇化率估算方法概述

常用的城镇化率估算方法主要有三种。一是城镇化率与经济增长的关系模型。这种方法起源于钱纳里的工业化阶段划分理论①。由于该理论在实际运用中遇到"半城镇化"等现实问题②，故而有学者在传统分析模型基础上扩展经济指标，以提升城镇化率估算的精准度③。二是曲线拟合法。该方法由城市地理学家诺瑟姆提出，他发现

---

① 〔美〕霍利斯·钱纳里、谢尔曼·鲁宾逊、摩西·赛尔奎因：《工业化和经济增长的比较研究》，吴奇、王松宝等译，上海三联书店，1986，第56～104页。
② 白南生、李靖：《城市化与中国农村劳动力流动问题研究》，《中国人口科学》2008年第4期，第2～10页；李爱民：《中国半城镇化研究》，《人口研究》2013年第4期，第80～91页。
③ 李子联：《人口城镇化滞后于土地城镇化之谜——来自中国省际面板数据的解释》，《中国人口·资源与环境》2013年第11期，第94～101页。

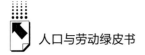
城镇化率会经历类似于正弦波曲线上升的过程①，但中国的城镇化发展与标准的"S"形发展规律并不相符②。在修订曲线拟合法后，有学者指出中国城镇化正处于"S"曲线上的第三阶段，此时的城镇化速度在减弱，产业结构高级化和服务化逐渐凸显，城镇生活质量不断提升，城镇化率依然保持着增长态势③。三是联合国城乡人口比预测法。该方法在收集城镇化率时间序列数据后，通过时间趋势进行预测，并通过城乡人口增长率之差的假设进行调整，进而得到调整后的城镇化率预测值④。以上方法都比较常用，在分析我国城镇化发展阶段时发挥着重要作用。但是，学者们使用这些方法估算中国城镇化率，得出的结果大多明显低于2020年人口普查显示的实际值，说明上述方法在识别政策影响、提供城乡人口特征等方面还存在一些不足。

除上述三种方法外，城镇化率还可以通过分城乡、分区域的Leslie人口预测模型进行估测。Leslie人口预测模型的优势在于，在得到城镇化率估计值的同时，也可以得到分城乡的人口发展趋势和结构特征。在对传统的城乡静态迁移假定进行改进后，本研究以分年龄、分性别的农村人口流动为基础，通过拟合迁移模式，得到2015~2020年迁移率，并通过设定人口政策调整系数，进而分析新型城镇化战略下的全国总人口和城镇化发展态势。

① Northam, R. M., *Urban Geography*, New York: John Wiley & Sons Inc., 1975: 65 - 67.
② 高春亮、魏后凯:《中国城镇化趋势预测研究》,《当代经济科学》2013年第4期,第85~90页。
③ 陈彦光、周一星:《城市化Logistic过程的阶段划分及其空间解释——对Northam曲线的修正与发展》,《经济地理》2005年第6期,第817~822页。
④ 陈明星、叶超、周义:《城市化速度曲线及其政策启示——对诺瑟姆曲线的讨论与发展》,《地理研究》2011年第8期,第1499~1507页。

（二）改进的 Leslie 人口预测模型

Leslie 人口预测模型也称为年龄推移法，是由澳大利亚学者 Leslie 提出。该方法运用生物种群分年龄层以及各年龄层的存活率等信息，对未来一段时期内的群体进行估算。具体的 Leslie 矩阵，是将整个社会人群按照年龄分成等距 n 组，每组人口总量表示为 $p_{i,t}$，$i = 1$，$2,\cdots,n$；每组的存活率为 $r_{i,t}$，$i = 1,2,\cdots,n-1$；每组人口的每年普遍生育率为 $b_{i,t}$，$i = 1,2,\cdots,n$。下一年每组的总人口 $P_{t+1} = P_{t+1,0} + P'_{t+1}$。其中，$P_{t+1,0} = \sum_{i=1}^{n} a_i \times b_i$，指的是 $t+1$ 年的新生儿数量；$P'_{t+1} = \sum_{i=2}^{n} a_i c_i$ 表示下一年存活的人口数。如果用矩阵形式表示下一年人口总量，则可表示为：

$$\overrightarrow{P_{t+1}} = \begin{pmatrix} b_1 & b_2 & \cdots & b_n \\ c_1 & 0 & \cdots & 0 \\ 0 & c_2 & 0 & \cdots \\ \vdots & \vdots & \vdots & \vdots \\ 0 & 0 & \cdots & c_{n-1} \end{pmatrix}_t (a_{1,t}, a_{2,t}, \cdots, a_{n,t})^T$$

从 Leslie 矩阵可以看出，在获得分年龄组的死亡率和新生儿生育率信息后，可以通过迭代的方式对人口规模进行推演。我们将全国总人口分为城镇和乡村两部分，不考虑城乡行政区划调整对城镇化率的影响，在 Leslie 人口预测模型的基础上，建立城乡一体的动态人口迭代模型。

假定 P_t 为 t 年全国总人口，它等于农村和城镇常住人口的总和。其中，$P_{r,t}^{常住}$、$P_{u,t}^{常住}$ 分别表示 t 年农村和城镇常住人口总量；$P_{r,t}^{流动}$ 表示 t 年从农村转移到城镇的人口总量，那么 $t+1$ 年农村常住人口（$P_{r,t+1}^{常住}$）则可以表示为：

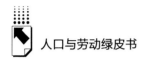
$$P_{r,t+1}^{常住} = P_{r,t}^{常住} - P_{r,t}^{流动} \qquad (1)$$

相应地，t 年城镇常住人口可以表示为：

$$P_{u,t+1}^{常住} = P_{u,t}^{常住} + P_{r,t}^{流动} \qquad (2)$$

其中，$P_{u,t+1}^{常住}$ 表示 $t+1$ 年城镇常住人口，$P_{u,t}^{常住}$ 表示 t 年城镇常住人口。

按照分年龄组的人口数量对公式（1）和公式（2）进行转换，那么，农村常住人口可以表示为：

$$P_{r,t+1}^{常住} = p_{r,t+1}^{新生儿} + \sum_{i=1}^{n} p_{r,t}^{i,常住} \times (r_{r,t+1,i}^{存活} - r_{r,t,i}^{流动}) \qquad (3)$$

其中，$p_{r,t}^{i,常住}$ 表示年龄为 i 的农村常住人口规模；$r_{r,t+1,i}^{存活}$ 表示农村年龄 i 群体存活到 $t+1$ 年的概率；$r_{r,t,i}^{流动}$ 表示农村年龄 i 群体在 t 年转移到城镇的概率。

城镇常住人口的预测公式为：

$$P_{u,t+1}^{常住} = p_{u,t+1}^{新生儿} + \sum_{i=0}^{n} p_{u,t}^{i,常住} \times r_{u,t+1,i}^{存活} + \sum_{i=0}^{n} p_{r,t}^{i,常住} \times r_{r,t,i}^{流动} \qquad (4)$$

其中，$p_{u,t+1}^{新生儿}$ 表示 $t+1$ 年在城镇出生的新生儿，该新生儿数量变化取决于当年城镇育龄妇女规模和城镇总和生育率；$p_{u,t}^{i,常住}$ 表示 t 年年龄 i 的城镇常住人口规模；$r_{u,t,i}^{存活}$ 表示城镇年龄 i 群体存活到 $t+1$ 年的概率。

公式（4）中，$\sum_{i=0}^{n} p_{r,t}^{i,常住} \times r_{r,t,i}^{流动}$ 即为 t 年从农村转移到城镇的人口规模。

至此，城镇化率可以表示为：

$$
\begin{aligned}
U_{t+1} &= \frac{P_{u,t+1}^{常住}}{(P_{u,t+1}^{常住} + P_{r,t+1}^{常住})} \\
&= \frac{(P_{u,t+1}^{新生儿} + \sum_{i=0}^{n} p_{u,t}^{i,常住} \times r_{u,t+1,i}^{存活} + \sum_{i=0}^{n} P_{r,t}^{i,常住} \times r_{r,t,i}^{流动})}{(P_{r,t+1}^{新生儿} + \sum_{i=1}^{n} p_{r,t}^{i,常住} \times r_{r,t+1,i}^{存活} + P_{u,t+1}^{新生儿} + \sum_{i=0}^{n} P_{u,t}^{i,常住} \times r_{u,t+1,i}^{存活})}
\end{aligned} \qquad (5)
$$

（三）户籍制度改革、生育政策调整对"十三五"时期城乡人口分布的影响

从全国人口和城镇人口增长趋势看，新型城镇化有助于延缓人口规模缩减。其作用机制可能在于，相较于农村，城镇居民拥有更高的健康水平、更长的预期寿命，且各年龄段人口的存活率均高于农村。表1展示了户籍制度改革、生育政策调整对2016~2020年人口城乡分布影响的估计结果，表中同时也模拟了没有《国家新型城镇化规划（2014-2020年）》相关政策时的情形，即反事实估计结果。显然，无政策效应下的模拟值比实际城镇化率要低，2020年户籍制度改革、生育政策调整对城镇化率提升较无改革情形高出1.88个百分点。从时间轴看，户籍制度改革、生育政策调整对城镇化率增长的影响在持续扩大，其政策贡献率从2016年的3.08%提高到了2019年的4.33%（2020年的政策影响变小，可能与疫情时代人们流动性大幅度降低有关）。对比实施新型城镇化战略的政策效应，可以看到2020年全国总人口实际值比模拟值多出294.25万人，说明新型城镇化对我国城镇化发展的意义不仅仅是加速农村人口向城镇流动转移，其对人口总量的发展也具有积极影响。

表1 户籍制度改革、生育政策调整对"十三五"时期城乡人口分布的影响

年份	城镇化率（%）		实际值与模拟值之差		政策贡献率（%）
	实际值	模拟值	全国总人口（万人）	城镇化率（个百分点）	
2016	58.84	57.08	−3.08	1.76	3.08
2017	60.24	58.25	−6.47	1.99	3.42
2018	61.50	59.32	−9.61	2.18	3.68
2019	62.71	60.11	−11.48	2.60	4.33
2020	63.89	62.01	294.25	1.88	3.03

资料来源：实际值来自《中国统计年鉴》，模拟值为反事实估计结果，也即没有《国家新型城镇化规划（2014-2020年）》等相关政策时的情形。

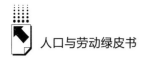

三 "十四五"时期和2035年城镇化率展望

在上文探讨新型城镇化对"十三五"时期全国人口规模和城镇化率影响的基础上，我们进一步对"十四五"和未来一段时期的城镇化率进行估算。

（一）基本参数设定

本报告以2020年人口普查数据资料为基础数据，对未来2021～2035年人口特征进行预测，并选取2020年、2025年、2030年和2035年作为节点年份进行分析。考虑到人口政策以及户籍制度调整对中国未来人口总量和城乡分布的影响，本研究拟设计高、中、低三个预测方案，预测涉及的参数设定，具体如下。

1. 生育率参数设定

2010年全国第六次人口普查结果显示，中国总和生育率为1.18，分城乡的生育率并未公布。2015年小普查数据显示，中国的总和生育率只有1.047。针对生育率的大幅度降低，与2010年后教育统计年鉴中学龄儿童规模大幅度增加之间的矛盾，大量的学者对总和生育率进行修正，并指出2010年我国总和生育率应该在1.5～1.6的水平[1]。然而，有关城乡各自的生育率估算并不多见[2]。因此，本研究利用1990～2015年城乡分年龄性别构成的人口数信息，根据公式（3）～（4），对1990～2015年两次人口普查之间的分城乡总和生育率进行估

[1] 陈卫、杨胜慧：《中国2010年总和生育率的再估计》，《人口研究》2014年第6期，第16～24页；杨凡、赵梦晗：《2000年以来中国人口生育水平的估计》，《人口研究》2013年第2期，第54～65页。

[2] 郝娟、邱长溶：《2000年以来中国城乡生育水平的比较分析》，《南方人口》2011年第5期，第27～33页。

计。模拟结果显示，城乡的总和生育率均不断下滑。2010～2015年，城镇常住人口的总和生育率在1.2～1.4，而农村常住人口的总和生育率略高，在1.8～2。在对2020～2035年的人口和城镇化形势进行估计时，拟采用的高、中、低三方案设计主要指城市。即城市的总和生育率分别为1.5、1.2和1；农村地区总和生育率假设在1.85的水平上保持不变。这种设计的理由在于，农村育龄妇女的规模小于城镇，且育龄妇女的年龄比城市偏大。预计未来中国将全面放开生育政策，对农村生育率的影响较小，且增长幅度低于城市。长期的乡城人口流动，导致当前农村和城市的育龄妇女总量和结构严重倒挂。此外，在模拟2010～2015年农村人口趋势时，发现维持农村现有的常住人口总量，农村常住人口的生育率只有1.85。因此，高、中、低方案中，假定农村地区总和生育率在2020～2035年保持1.85不变的水平，而城镇则适当地对总和生育率进行提高。

2. 出生性别比、死亡和预期寿命参数设定

假定死亡概率以2010年为基准保持不变，对未来男女两性的分年龄死亡模式，选择联合国模型生命表的一般模式。根据2010年全国第六次人口普查编制的生命表，考虑到人口预期寿命有城乡差异，可假定到2035年，全国男性和女性的预期寿命分别为79.00岁和83.00岁[①]，初始年份到预测年份间的预期寿命采用线性插值法。在新生儿性别比假设上，按照农村出生儿性别比为118∶100，城镇出生儿性别比为104∶100（女性＝100），保持不变。

3. 分城乡人口流迁参数设定

根据公式（3）～（4），可以看到城乡人口分布，与农村人口年龄结构和迁移概率密切相关。考虑到土地制度改革和户籍制度改革对

---

① 王广州：《中国人口预测方法及未来人口政策》，《财经智库》2018年第3期，第112～138页。

农村流向城市速率的影响，我们设计高、中、低三个总和迁移率。其中，中方案乡城迁移的流动模式是根据公式（3）～（4），模拟2015～2020年城乡常住人口数据时调试得到。高方案则是在中方案的基础上，假定乡城流动的总和概率是2015～2020年平均水平的1.1倍；低方案是假定农村流向城镇的概率只有2015～2020年平均水平的90%；且高、中、低三方案的流动模式在2020～2035年内保持不变（见表2）。

表2　总和生育率和流动率的基本设定

三方案	生育模式		流动模式
低	城市：总和生育率为1	农村：总和生育率为1.85	假定2035年，农村向城市流动的总和概率均为中方案的90%；2020～2035年的流动概率以线性差值进行推拟
中	城市：总和生育率为1.2	农村：总和生育率为1.85	农村向城市的流动概率是通过过去的经验值，结合公式(3)～(4)倒推出来
高	城市：总和生育率为1.5	农村：总和生育率为1.85	假定2035年，农村向城市流动的总和概率是中方案的1.1倍；2020～2035年的流动概率以线性差值进行推拟

（二）模型敏感性检验

为验证本研究模型的科学性和精确度，本报告以1990年全国第四次人口普查数据为基年，调整了1990～2015年的城乡迁移率指标，模拟了1991～2015年中国城乡人口总量和结构数据。图1展示了1995～2035年中国人口总量模拟和估计值，并与国家统计局和联合国人口数据进行对比。研究结果显示，（1）本报告1995～2015年的模拟值与国家统计局官方公布数据高度重合。即使1995年的模拟值略高于官方统计，但是两者之间的误差在5%以下。（2）本报告方法能够对部分遗漏的年龄组进行回填，弥补单年份人口模拟的误差。整理中国人口基础数和教育统计数据会发现，低年龄人口缺失的问题亟须调整①。而本报告对1995～2000年人口的模拟，高出的估计值一定程度上也弥补了过去人口统计中的缺失问题。虽然本报告的分城乡总和生育率假设有待进一步证实，但无论是对中国过去人口发展的模拟还是对未来形势的预测，本方法都具有较好的预测精度。

图1　不同资料来源的中国总人口比较

资料来源：①模拟数据为本研究依据公式（3）～（4），以1990年城乡人口为基础预测年份模拟的结果。其中，2015～2035年的数据是按照中方案进行的推测，具体估值以数据标签的形式显示。

②国家统计局数据为1995～2015年小普查和大普查的全国人口总量公布数据。

③2016年国务院公布《国家人口发展规划（2016－2030年）》，公布2020年、2025年和2030年的中国人口总量。图中的1425百万人、1450百万人分别对应2020年和2025年的值。

④联合国数据来自《2017年世界人口前景》中的中方案估计结果。

---

① 侯亚杰、段成荣：《对中国人口普查低龄人口数据的再认识》，《中国人口科学》2018年第2期，第89～102页。

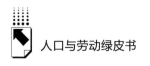

（三）"十四五"及2035年城镇化率展望

1. "十四五"时期将出现城镇化增速的拐点，我国城镇化率进入"S"形曲线的第三阶段

如果按照当前的生育率和迁移概率进行人口迭代，预计全国人口总量将在2026年达到峰值，之后人口开始进入负增长。到2035年，全国人口总量预计为14.15亿。与此同时，我国城镇化率将持续提升，在"十四五"末达到65.09%，到2035年城镇化率约为73.78%。从增速看，未来我国城镇化增速将会减弱，预计到2035年，城镇化率为72.67%～76.91%，比2020年的63.89%提高8.78～13.02个百分点，年均增幅0.58%～0.87%。表3展示了基于2020年人口普查数据进行人口迭代的人口规模和城镇化率，同时也展示了不同政策情景下的全国总人口和城镇化率估计结果。研究结果显示，随着新型城镇化进一步深入推进，分年龄、分性别的农村人口流动概率普遍提高10个百分点，全国人口总量将在2027年前后达到峰值，城镇化率也会相应有所提升。预计到2035年城镇化率将达76.91%，比人口迭代下的城镇化率要高出3.13个百分点。"十四五"时期将出现城镇化增速的拐点，在"S"形曲线的第三阶段，城镇功能服务需求上升，城镇化质量要求将会提高。

表3 高、中、低三方案人口总量和结构情况

单位：亿人，%

指标		2020年	2025年	2030年	2035年
高方案	人口总量	14.12	14.43	14.51	14.49
	城镇	9.02	9.49	10.14	11.14
	农村	5.10	4.94	4.37	3.35

续表

指标		2020 年	2025 年	2030 年	2035 年
中方案	人口总量	14.12	14.26	14.25	14.15
	城镇	9.02	9.28	9.83	10.44
	农村	5.10	4.98	4.42	3.71
低方案	人口总量	14.12	14.16	14.09	13.91
	城镇	9.02	9.22	9.72	10.11
	农村	5.10	4.94	4.37	3.80
城镇化率	高	63.89	66.74	70.10	76.91
	中	63.89	65.09	68.98	73.78
	低	63.89	65.10	68.97	72.67
分年龄构成					
高方案	0~14 岁	18.00	19.66	19.51	18.41
	15~49 岁	47.66	44.16	43.06	43.22
	50~59 岁	15.64	16.02	13.93	12.33
	60~64 岁	5.20	6.65	7.53	7.28
	65 岁及以上	13.50	13.51	15.97	18.76
中方案	0~14 岁	18.00	18.24	17.68	16.23
	15~49 岁	47.66	44.12	43.42	43.53
	50~59 岁	15.64	16.42	13.98	12.64
	60~64 岁	5.20	7.25	8.25	7.54
	65 岁及以上	13.50	13.97	16.67	20.06
低方案	0~14 岁	18.00	16.73	15.58	14.32
	15~49 岁	47.66	44.90	44.45	44.04
	50~59 岁	15.64	16.71	14.24	13.05
	60~64 岁	5.20	7.38	8.22	7.61
	65 岁及以上	13.50	14.27	17.51	20.98

资料来源：本研究预测模拟而得。

2. "十四五"是我国城镇化建设提质增效的关键时期，城市发展将实现从功能服务需求向质量需求的转变

表4显示，2025年之后，农村常住人口降幅将超过城镇人口增

量，全国人口总量出现负增长。国家统计局数据显示，"十三五"时期，我国城镇人口增量出现转折。2016 年城镇人口较 2015 年增加 2622 万人，而到了 2020 年，城镇人口增量仅为 1773 万人。"十四五"时期，城镇人口增量预计将从 2020 年的 1773 万人下降到 2025 年的 1250.13 万人①。2030 年及以后，城镇人口年增量的均值将不足 1000 万人。中、低方案下，农村人口减少的规模自 2025 年以后将明显超过城镇化人口增量。这意味着"十五五"时期我国人口总量进入负增长是近在咫尺。即使在高方案下提高城市生育率和农村转移规模，全国人口总量缩减出现延迟，但是在 2030 年之后，我国人口总量依然会出现负增长。

表 4　高、中、低三方案中国城乡人口净增长变化情况

年份	较上年城镇人口增量（万人）			较上年农村人口降幅（万人）		
	高方案	中方案	低方案	高方案	中方案	低方案
2021	1871.05	1112.66	871.77	1251.05	832.66	811.77
2022	1841.21	1116.36	872.48	1221.21	836.36	812.48
2023	1810.82	1120.05	873.18	1190.82	840.05	813.18
2024	1779.86	1123.75	873.89	1159.86	843.75	813.89
2025	1748.35	1127.44	874.60	1128.35	847.44	814.60
2026	1410.20	927.59	753.93	1250.20	947.59	873.93
2027	1384.16	927.33	752.52	1224.16	947.33	872.52
2028	1358.02	927.06	751.10	1198.02	947.06	871.10
2029	1331.78	926.80	749.69	1171.78	946.80	869.69
2030	1305.45	926.53	748.27	1145.45	946.53	868.27
2031	1116.74	783.97	589.91	1156.74	1003.97	932.91
2032	1101.60	781.07	585.86	1141.60	1001.07	928.86
2033	1086.48	778.16	581.81	1126.48	998.16	924.81
2034	1056.88	775.26	577.76	1096.88	995.26	920.76
2035	1027.30	758.21	487.19	1067.30	978.21	815.19

资料来源：本研究预测模拟而得。

---

① 2025 年城镇人口增量预测值系三种人口仿真模拟方案的平均值。

城镇人口增量来自农村转移人口增量、城镇新生儿增量以及城镇死亡人口的减少。为更好地测度农村转移人口规模减小对城镇化进程的影响，我们使用农村转移人口增量对城镇常住人口增量的贡献率这一指标进行估算。结果表明，农村转移人口增量对城镇常住人口增量的贡献率将下降到一个相对平稳的水平（见图2）。"十四五"时期，农村转移人口增量对城镇常住人口增量贡献率的均值为31.38%（去除2021年极值数据），而该贡献率的均值在"十三五"时期为80%，可见城镇化率提高的动力已经出现转变。"十四五"是推进新型城镇化的重要时期，在处理好存量农民工市民化所需的基本公共服务和社会保障的同时，还需扩大城市功能服务范围，毕竟人们对城市发展质量的要求会随着收入水平的提高而提升。

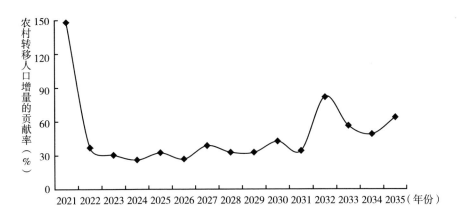

图2　中国农村转移人口增量对城镇常住人口增量的贡献率

资料来源：笔者测算绘制。

3．我国即将进入深度老龄化社会，老年人口分布也将出现重要变化，这会给城乡公共服务的均衡配套和养老基金带来巨大压力

2020年全国第七次人口普查数据显示，我国65岁及以上老年人规模已达1.9亿人，占总人口的比重为13.5%。预计到"十四五"末，65岁及以上老年人的规模将达2.1亿人。按照国际标准，"十四

五"时期我国将进入深度老龄社会。从"十五五"开始，65岁及以上老年人的规模将进入快速增长期，尤其是城镇老年人口规模增长显著。到2035年，我国65岁及以上老年人的规模将达到3亿人。老年人口分布也会出现重要变化，未来将有一半多的老年人居住在城镇（见图3）。

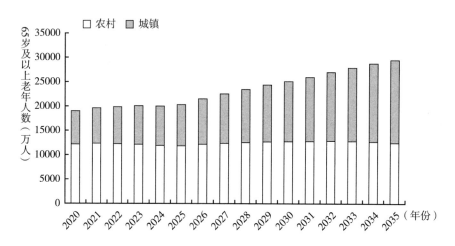

图3　2020～2035年中国65岁及以上老年人分布情况

资料来源：根据笔者测算绘制。

老龄化程度加深对城乡发展的影响主要体现在两个方面。一是城乡基础设施和公共服务的均衡配套。过去一段时期，"少子化"和农村人口迁移造成了农村地区留守老人规模庞大，养老和医疗保障不足引发农村地区老年人贫困及健康问题时有发生。同时，城乡医疗资源分布不均衡也导致优质医疗服务长期处于紧缺状态。从人口发展趋势看，老年人口增长提速意味着我国医疗健康服务需求将进一步扩大，城镇老年人口比重攀升则意味着城镇养老和医疗服务的压力陡增。二是过快的老年人口增速给养老基金带来巨大压力。人口仿真模拟显示，"十五五"时期我国65岁及以上老年人将累计增加3500万人，是"十四五"时期累计增量的5倍。这意味着我国养老金支出在经历"十四五"的平缓增长后，将迎来大幅度提高。因此，需把握时机实施延长退休年龄政策，健全养老和医疗保险稳定可持续筹资机制，完善城乡医保待遇调整机制，增强社会福利体系的韧性。

四　主要结论和政策含义

基于 Leslie 人口预测模型，使用分城乡不同年龄、性别的人口数据，对我国城镇化进程进行估计。研究发现：（1）从时间轴看，户籍制度改革、生育政策调整对城镇化率增长的影响在持续扩大，其政策贡献率从 2016 年的 3.08% 提高到了 2019 年的 4.33%。（2）我国城镇化率将持续提升，中方案估计下，"十四五"末的城镇化率约为65.09%，到 2035 年城镇化率约为 73.78%。从增速看，未来我国城镇化增速将会减弱，预计到 2035 年，城镇化率为 72.67% ~76.91%，比2020 年的 63.89% 提高 8.78 ~13.02 个百分点，年均增幅 0.58% ~0.87%。（3）我国老龄化趋势将加速，老年人口城乡分布格局也将出现重大调整，将从"老人主要在农村"的现状向"过半老人在城镇"的趋势转变。"十四五"是我国进行城镇化建设提质增效的关键时期，户籍制度改革和生育政策调整带来的潜在城镇人口增量，并不会对当前城市功能服务的需求产生挤压，城市发展将实现从功能服务需求向质量需求的转变。

基于研究结论，本文得出如下三个方面的政策含义。第一，紧密结合人口发展趋势，深入推进以人为核心的新型城镇化战略。2020年我国 60 岁及以上人口已高达 2.6 亿人，占总人口的比重提高到18.7%，比 2010 年上升了 5.44 个百分点。如此庞大规模的老年人口目前仍有一半居住在农村，需切实做好涉及农村地区生产、消费、住房、养老、健康、居民服务的中长期规划。城镇化进程的加快也意味着农村常住人口总量在持续减少，无论是城镇还是农村，都需要基于

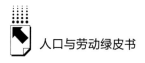

人口及其结构的长远发展趋势，对城乡生产生活、城乡人口管理、城乡规划布局等事宜进行超前谋划，更好地推进城乡融合发展。

第二，加快推进数字化、智能化发展，更好地应对未来劳动力供给相对不足的潜在挑战。2020年人口普查数据显示，我国劳动年龄人口总量较2010年减少了3000多万人。加之"十四五"时期，20世纪60年代出生的人口陆续到达退休年龄、退出劳动力市场，劳动力规模将进一步缩减。这会给经济发展带来不利影响。对此，应充分发挥我国在新一轮科技革命与产业变革中的优势，加大数字化、智能化在生产制造、健康医疗、居民服务等领域的应用，进一步缩小城乡和地区间的新技术应用差距，不断提高全要素生产率。

第三，进一步改进人口数据修正方法，提高模型预测的精准度。普查年份之间的人口分布数据往往是根据抽样调查数据，依据线性插值的方式测度而来。Leslie人口预测模型的拟合过程虽然相对复杂，但在估计人口分布、人口特征方面具有独特优势，不仅可以有效解决普查年份之间的人口遗漏问题，也能缓解由此引致的政策评估不准问题。可将Leslie人口预测模型作为非普查年份人口预测的主要方法，其他方法作为参考。

G.3
城乡融合发展目标下的城镇化水平预测

向　晶　张　涛*

摘　要：　党的十九届五中全会在描绘2035年基本实现社会主义现代化远景目标时，强调"扎实推动共同富裕"。2020年，我国农村居民的人均可支配收入为17131.5元，仅为城镇居民人均可支配收入的39%。且农村居民人口总量仍有5亿，占全国总人口的36.1%。进一步推动农村人口的非农转移，缩小城乡收入差距，是实现共同富裕的充分必要条件。本研究设计两个发展方案。方案一，假定到2035年城乡收入差距为1.8。2035年农村经营户的户均耕地面积为36.75亩。中国农村常住人口规模要降至34790.24万人，届时全国总人口为14.15亿人，由此计算得到2035年城镇化率为75.46%。方案二，假定城乡收入差距为2，2035年农村经营户的户均耕地面积为35.7亩。中国农村常住人口规模要降至35804.18万人，2035年城镇化率为74.74%。根据国际经验，中国的非农就业比重还有上升空间，要扩大城市群和中心城市的公共服务覆盖范围，实现城乡和地区间人均收入与生活质量大致相当，是实现共同富裕的关键。

---

* 向晶，管理学博士，中国社会科学院人口与劳动经济研究所副研究员，主要研究方向为人力资源、农业经济；张涛，中国社会科学院人口与劳动经济研究所助理研究员，主要研究方向为政治经济学、农业经济学。

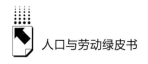
关键词： 共同富裕 城乡融合发展 农村人口转移 新型城镇化

党的十九届五中全会在描绘 2035 年基本实现社会主义现代化远景目标时，强调"扎实推动共同富裕"。2020 年，我国农村居民的人均可支配收入为 17131.5 元，仅为城镇居民人均可支配收入的 39%。且农村居民人口总量仍有 5 亿，占全国总人口的 36.1%。提高农村居民收入，缩小城乡收入差距，是实现共同富裕的充分必要条件。为积极推动农民增收，《国家乡村振兴战略规划（2018～2022 年）》提出乡村振兴和新型城镇化双轮驱动策略。一系列体制机制改革，正力图破除城乡分割的弊端，通过打通城乡要素平等交换、双向流动的制度渠道，加快促进城乡融合发展。与此同时，有关乡村振兴与城镇化发展目标的讨论日益激烈。在提高经济发展质量的大背景下，乡村振兴是否会遏制农村人口流出？什么样的新型城镇化水平才是城乡均衡发展的目标？本研究将从共同富裕的目标入手，对涉及的人口迁移理论问题及中国与国际城镇化经验作对比，对新型城镇化发展目标进行评估，并提出相关政策改革方向。

一 新型城镇化下的劳动生产效率趋同：亚洲模式

改革开放至今，中国用短短 40 多年的时间就实现了近 3 亿人的农村向城市流动。大规模的人口流动既为中国经济增长开启了人口红利窗口期，也形成了良好的城市规模经济。回顾中国的城镇化发展历程，可以看到农村转移人口是城镇化发展的核心力量。同时，农村转移人口也是发展经济学理论中，判断经济发展阶段的重要标识。这意味着，中国的城镇化进程，除了具有国际普遍性的发展特征，还具有中国体制制度改革的特殊性。

改革开放之初，由于历史制度，我国农村积累了大量剩余劳动力。基于刘易斯二元经济理论，我国以农村生产激励机制改革为起点，同时扩大工业化的发展道路，推动农村剩余劳动力的大规模迁移。在这个过程中，农村劳动力从生产率低的农业部门转向生产率高的非农部门，劳动生产率不断提高，我国经济实现两位数的高速增长，人民生活水平得到大幅度提高。经济学界将经济增长过程中产业结构调整导致的生产率提高，称为"库兹涅茨过程"。从改革开放至今，城乡二元经济理论和"库兹涅茨过程"是理解中国经济高速增长以及判断经济发展阶段的重要理论依据。与其他具有类似经验的国家相比，中国二元经济发展特征具有明显的社会主义特色。即充分发挥政府对经济体制改革的宏观调控作用，不断破除劳动力流动的制度性障碍，使得农村剩余劳动力从低生产效率的农业农村，向高生产效率的城市进行跨地域、跨产业的非农产业转移。劳动力的产业转移和人口的城乡分布，体现了资源重新配置改进效率。据测算，1978～2010年，我国劳均名义 GDP 提高了 59 倍，其中，劳动力转移带来的人口红利贡献率达到 44%[1][2]。

2012 年，中国迎来人口结构发生根本性转变。劳动力规模不断缩减，原来的劳动力无限供给条件下的竞争优势消失。新古典经济学重回视野，政府也将经济增长的驱动力从原来的要素和投资导向转变为创新驱动，全要素生产率的提升成为经济增长的核心。由于户籍制度的存在，农村转移人口在城市中处于"钟摆状态"、城乡二元分割的状态，削弱了经济潜在需求。为了提高经济潜在增长水平，2014

---

① 蔡昉:《中国经济改革效应分析——劳动力重新配置的视角》,《经济研究》2017 年第 7 期。

② 蔡昉:《历史瞬间和特征化事实——中国特色城市化道路及其新内涵》,《国际经济评论》2018 年第 4 期。

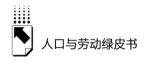

年起，我国加快户籍制度改革，并不断放宽城市落户政策。然而，农村流动人口个人层面落户意愿不高，导致中小城市的城市化进程放缓。这引起了关于中国未来城镇化将达到怎样的水平的担忧。

（一）国际经验

与发达国家的城镇化经验相比，我国城镇化水平是相对滞后的。同时，我国农业部门劳动力转移速度也滞后于产值结构变化。据统计，2020年我国农业部门产值占GDP的比重为7.7%。而农业部门就业总量为17715万人，占就业总量的23.6%。这意味着，全国1/5多的人分享社会不到10%的财富。由此可见，继续推动农村人口转移是缩小城乡收入差距和提高城镇化水平的必经之路。

按照经济发展理论，传统农业社会向现代工业转变是农业就业份额不断缩小、农业与非农部门生产效率不断趋同的过程。这个过程会产生两个非常重要的事实：一是城镇化水平的提高，二是农业部门生产效率的提升。农村人口转移是实现这两个事实的重要特征。一方面，相较现代城市经济部门，农业农村产值较低，较大的城乡收入差距导致大量的农村人口从低生产率的农业和农村中退出。随着农业部门劳动力的持续减少，农业边际生产效率开始提高，农业与非农部门的生产效率开始趋同。另一方面，农村人口从农村流向城市，推动城市规模经济的形成，高工资吸引更多的农村人口流向城市，使得城镇化水平不断提高。按照自由市场的理想化发展，一旦农业就业份额与其占GDP的比重实现一致，那么，农业与非农部门的劳动生产率将完全等同，城乡间的收入差距将消失。此时，农村人口的城乡迁移将基本结束，城镇化率实现稳定。

然而，观察中高收入国家的城镇化率和产业生产效率之比可以看到，理论与现实是明显的"悖论"。一是城镇化水平存在稳定阶段。图1显示，当人均GDP超过20000万美元之后，城镇化率将基本稳定。高收入国家的城镇化率差异，主要表现为稳定区间的差异。比如，有些国家的城镇化率稳定在80%的水平，有些则在90%左右。

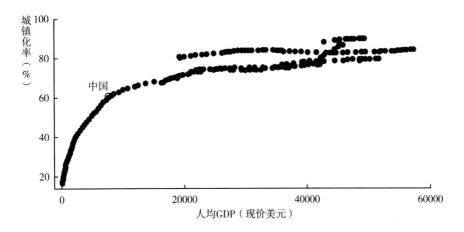

图1 各国经济发展水平与城镇化率之间的关系

资料来源：世界银行数据库（2021）。

二是城镇化发展与产业生产效率的趋同存在明显的脱钩。城镇化的高级阶段的确是缩小了农业与非农劳动效率之差，但农业和非农部门的效率差距始终存在。

三是高收入阶段的城乡融合似乎存在明显的"亚洲模式"和"欧美模式"差异。图2显示了中高收入国家的城镇化率同农业与非农部门生产效率之间的关系。如果说农业和非农劳动生产效率之比表示城乡融合度，那么，一旦进入高水平的城镇化发展阶段，比如超过80%，亚洲地区的城乡差距始终高于欧美发达地区。考虑到亚洲地区普遍是小农经济，与欧美的大农场存在显著的发展道路差异，城乡融合的"亚洲模式"和"欧美模式"很可能是不同地区文化对经济发展作用的结果。

当前，我国城镇化率为63.89%，正处于城镇化发展的关键时期。未来城镇化很可能走亚洲模式，而非欧美模式。这就意味着，单

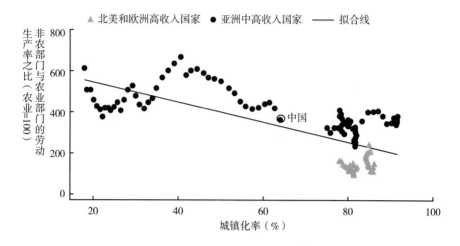

图2　非农部门与农业部门劳动生产率之比同城镇化进程之间的关系

资料来源：世界银行数据库（2021）。

纯依赖农村人口的非农转移来提高城镇化率或者缩小城乡收入是不足的。从城镇化率的角度来说，加快农村劳动力转移肯定有助于促进城乡劳动生产效率的趋同；同时可能还需要收入调节政策，缩小城乡收入差距，而不能仅依赖劳动力这一生产要素在产业间的流动。

（二）中国经验

城镇化进程取决于农村人口转移规模，而农村人口的转移规模与转移模式密切相关。20世纪80年代中期开始，我国放松对农村劳动力流动的限制，随之而来的是农村人口向城镇迁移需求的激增，而城市就业岗位的增长滞后于农村转移人口的增速，这引发了城市人口过快增长，部分城市开始面临大规模流动人口的管理问题。另外，农村人口非农转化对农民收入的增长发挥着关键性作用。面对农村人口转移压力的提升与城市扩容间的矛盾，我国确立了农村工业化和进城城镇化两种转移模式，以达到在减轻城市扩张压力的同时，实现农民增收、缩小城乡收入差距的目的。

我国城镇化正是以农村工业化和进城城镇化交替的方式前行。不同于西方国家的城市化以城市工业革命为起点，中国城镇化走的是先农村后城市的道路。例如，以纺织业为支柱的江浙农村地区，开始出现养蚕—织布—纺织加工再到丝织品制造的农村工业集群的雏形。改革开放后，乡镇企业替代了早期的农村工业群，成为农村工业化发展的阵地，给农民提供大量的非农就业岗位，吸纳了大量的农村转移人口。这种"离土不离乡"式的人口转移，引起中国小城镇理论的兴起[①]。这一时期，我国农村人口非农就业转移的速度比城镇化增速更快。据统计，我国农村纯农业户的比重从 1978 年的 100% 迅速下降到 1996 年的 65.63%，下降了 34.37 个百分点；而城镇化率仅从 1978 年的 17.92% 提高到 1996 年的 30.48%，仅增加 12.56 个百分点，年均增速为 0.7 个百分点。

农村工业化道路发展到 20 世纪 90 年代中期，明显出现增长后劲不足的问题。与此同时，城市经济改革开始推进，城市逐渐替代乡镇企业成为吸纳庞大农村剩余劳动力的重要场所。1996 年 3 月，八届全国人大四次会议通过的《关于国民经济和社会发展"九五"计划和 2010 年远景目标纲要及关于〈纲要〉报告的决议》提出，以提高经济效益作为经济增长的核心，加快国有企业改革。城市改革依托于国有企业改革，使原有的城市劳动力市场行政垄断被打破。劳动力市场化程度不断提高，农村人口进城务工的限制得到松绑。城市工业规模经济的集聚效应不断增强，但农村工业企业由于过度分散没能形成产业集群，缺乏竞争优势[②]，"离土又离乡"的城镇化进程明显加速，原有的非农经营户也加入迁移大军之中。1997～2007 年我国城镇化

---

① 费孝通：《小城镇大问题（之三）——社队工业的发展与小城镇的兴盛》，《瞭望周刊》1984 年第 4 期。

② 钟宁桦：《农村工业化还能走多远？》，《经济研究》2011 年第 1 期。

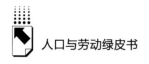

率以年均 1.39% 的速度不断提高。

再看城镇化后的农村常住人口，其非农化也经历了阶段性变化。1978 年改革开放以前，农村劳动力几乎都从事农业；1978～1996 年，农村常住劳动力中农业从业人员的比重迅速下滑到 70% 的水平；1997～2014 年，农村的农业从业者占比更是进一步下降到 60% 左右，并在此之后基本保持这一水平（见图 3）。

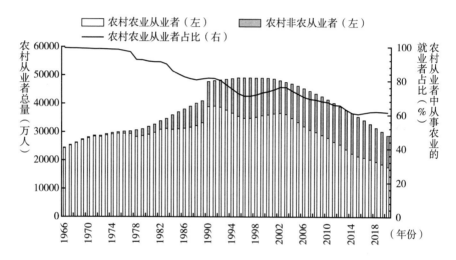

图 3　1966～2020 年中国农村农业从业者总量和结构变化

注：农村从业者指的是在农村常住的从业者。根据从业者所从事的行业，可以将农村从业者分为农村农业从业者和农村非农从业者。其中，农村从业者数据来自分城乡就业人员数，农村农业从业者数据来自国家统计局分产业的从业人员数。

资料来源：历年《中国人口和就业统计年鉴》。

二　城乡融合目标下的城镇化率估算

在我国的现代化建设中，农业现代化是薄弱环节，只有补上这一短板，才能实现真正的现代化。"三农"问题的核心是农民问题，农民问题的核心是收入问题，提高城乡融合发展水平，关键在于持续缩小城乡收入差距。发展经济学理论指出，农业和非农产业之间劳动生产率趋同就要提高农业劳动生产率，就要将农业就业人口不断转移出来，特别是通过城镇化来减少农村人口。农村人口减少了，从事农业的劳动力才能占有更多的土地及其他生产资料，也才能提高劳动生产率，进而提高收入水平。因此，提高农村人均耕地面积是缩小城乡收入差距、实现城乡融合发展的必然要求。基于这样的理解，我们可以通过考察实现城乡融合目标所要达到的人均耕地面积，来反推城镇常住人口规模和城镇化率的趋势。

（一）农业和非农部门生产效率差距

改革开放之初，在家庭联产承包责任制的推动下，农业生产力得到了极大解放，生产率显著提高，但近10年农业人均产值增幅明显落后于第二产业和第三产业。截至2019年底，占中国总人口39.4%的农村人口，仅创造了占GDP 6.9%的农业增加值，农业生产率明显落后。图4表明，我国农业部门和非农部门之间的劳动生产率差距正在不断缩小。2003年我国沿海地区首次出现"民工荒"，农业部门剩余劳动力规模缩小，使得之后农业部门劳动生产率开始大幅度提升，农业和非农部门之间的劳动生产率差距不断缩小。截至2019年末，我国农业部门与工业和服务业的劳动生产率之比为100∶591.5∶377.3。

2019年，我国农业部门产出增加值为53748.24亿元，占GDP的比重为6.9%；就业人员总量为19445万人，占就业总量的25.1%。从国际上进行比较，中国农业与非农业部门劳动生产率差距仍较大。主要表现为以下几点。

一是中国农业部门的劳动生产率明显低于中等收入国家和高收入国家。按照2010年不变美元计算，2019年中国农业、工业和服务业

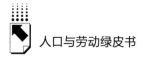

图4 非农业与农业部门劳动生产率之比（1978～2019）

注：此处的劳动生产率是根据各产业部门增加值与产业就业人员之比计算得
到。历年各部门产出增加值均以2010年不变价进行调整。

资料来源：《中国统计年鉴》（历年）。

的劳均产值分别为4188美元、24774美元和15801美元，分别只有美
国的5.3%、24%和14.9%（见表1）。按照比值计算，中国工业和
服务业部门劳动生产率分别为中等收入国家的116.27%、87.15%，
但农业劳动生产率只有中等收入国家的54.58%、中高收入国家
的7.4%。

表1 2019年不同收入组和典型国家的分行业劳动生产率比较

单位：美元

分类	农业	工业	服务业
按收入组			
高收入国家	39455	95594	65811
中高收入国家	56540	27918	17144
中等收入国家	7673	21308	18130
中低收入国家	3105	9455	6362
低收入国家	1104	5482	2845

续表

分类	农业	工业	服务业
按国别			
中国	4188	24774	15801
日本*	24169	110517	89567
美国*	79536	103431	106100
德国	49233	92650	81439

注：①＊日本为2018年的统计数据，美国为2017年的统计数据。②部门增加值均以2010年不变美元计算。

资料来源：世界银行数据库。

二是我国农业与非农业劳动生产率差距明显高于中高收入国家。2019年，低收入国家的农业与工业、服务业的劳动生产率之比分别为100∶496.6∶257.7，中等收入国家的三者之比为100∶277.7∶236.3；高收入国家为100∶242.3∶166.8。而中国的农业与工业、服务业劳动生产率之比为100∶591.5∶377.3，生产率差距明显高于中等及以上国家。

三是我国各部门劳动生产率增速明显高于中高收入国家。虽然各部门劳动生产率绝对值与高收入国家相比存在很大差距，但全球金融危机之后中国各部门劳动生产率增速均高于中高收入国家。表2表明，2005～2009年，中国农业、工业和服务业的劳动生产率增长率分别为7.85%，6.62%和8.79%，同期美、德、日、韩等国家的增速在 -1.23% ～5.69% 之间。2010～2014年，中国劳动生产率提速明显，尤其是农业部门，年均增速达到8.54%。2015～2019年，各国劳动生产率增长均有所放缓，但是中国劳动生产率平均增长率仍超过6.5%，远高于其他国家。

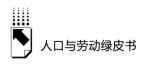

表2 不同时期中国与部分国家不同产业的劳动生产率增长率比较

单位：%

时期	中国	日本	韩国	印度	美国	德国	澳大利亚
农业							
1995～1999年	4.20	1.68	3.44	1.36	7.11	4.82	2.37
2000～2004年	3.75	-0.75	4.18	0.18	5.02	7.27	4.87
2005～2009年	7.85	2.15	5.69	2.91	1.38	2.05	2.85
2010～2014年	8.54	1.08	3.44	6.13	-0.85	1.68	2.07
2015～2019年	6.30	-2.26	1.85	4.26	-1.11	-1.52	-2.50
工业							
1995～1999年	8.38	1.86	8.01	2.90	3.70	0.95	3.35
2000～2004年	9.16	2.88	4.64	1.25	3.33	2.53	0.92
2005～2009年	6.62	-0.37	4.99	4.30	1.36	-1.23	0.54
2010～2014年	6.98	3.16	1.81	1.39	0.66	3.95	2.36
2015～2019年	6.63	1.56	1.47	3.91	0.09	1.03	-0.60
服务业							
1995～1999年	4.64	0.59	2.80	5.23	2.25	1.58	1.93
2000～2004年	6.15	0.74	2.22	2.95	1.60	0.76	1.23
2005～2009年	8.79	-0.67	2.17	5.33	0.78	-0.99	0.83
2010～2014年	4.53	0.47	1.64	4.61	0.94	0.35	0.88
2015～2019年	4.89	-0.57	1.97	4.94	0.54	0.48	1.62

资料来源：世界银行数据库（2021）。

（二）城乡收入差距及构成

改革开放至今，我国居民收入大幅度提升，然而城乡间的绝对收入差距持续呈扩大态势。2020年城镇和农村居民人均可支配收入分别达到43834元和17131元，城乡居民的收入比为2.56。而市场化过程中，我国城乡居民收入差距最小的时候是在1985年（见图5），当时城乡收入比仅为1.86。城乡收入差距的扩大主要源于城市财产性收入的快速增长，以及转移支付下城镇居民享受更好的社会福利。表3显示了我国分城乡的收入构成，可以看到：（1）工资性收入和经营性收入是城乡居民收入的主体，占可支配收入的比重超过70%。（2）如果不考虑财产性收入和转移支付收入差距，那么城乡居民的收入差距将缩小8个百分点。（3）工资性收入和经营性收入合计在城乡居民可支配收入中的占比趋同。

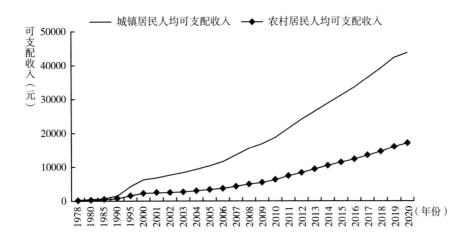

图5　1978～2020年我国城乡居民人均可支配收入情况

资料来源：《中国统计年鉴》（历年）。

表3　不同年份我国城乡居民收入结构及差距变化

项目	1990年	1995年	2000年	2010年	2015年
城乡居民可支配收入之比	1.53	1.83	2.00	2.59	2.73
城乡居民工资性和经营性收入合计之比	1.23	1.55	1.60	2.09	2.51
城镇居民工资性和经营性收入合计占可支配收入比重（%）	77.31	80.75	75.08	73.32	73.13
农村居民工资性和经营性收入合计占可支配收入比重（%）	96.39	95.43	93.88	90.75	79.71

资料来源：《中国统计年鉴》（历年）。

在共同富裕的发展目标下，城乡间市场化的收入将逐渐趋同；城乡居民在财产和转移支付上的收入差距则需要依靠政府宏观调控，以分配和再分配手段进行进一步缩小。因此，本研究中仅考虑城乡居民的工资性和经营性收入的趋同。

（三）基于城乡融合发展目标的预测

过去 40 多年的农村人口转移，并没有出现户均耕地面积的提升。户均耕地面积从 1978 年的 39.79 亩下滑到 2019 年的 25.74 亩。与此同时，我国耕地的实际耕地面积在第二次农业普查时，出现明显的提升。从 1978 年的 9938.95 万公顷上升到 2019 年的 12786.19 万公顷（见图 6）。户均耕地面积的下降意味着，农村经营户的数量在人口转移的背景下不降反升。这与农村家庭小型化发展密切相关。我国农村承包地是 1978 年以家庭为单位确定的。当时农村家户户均人口

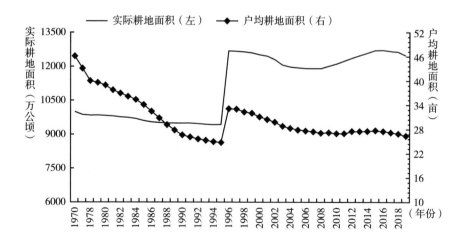

图 6　1970～2019 年中国实际耕地面积和农业经营户户均耕地面积

注：农业经营户指的是在农村常住，但从事农业或进行农业兼业的家庭户。

资料来源：2009 年之前的耕地面积数据来自《新中国五十年农业统计资料》、《中国国土资源公报》及《中国农业发展报告》。2009～2019 年数据来自《中国农村经营管理统计年报》，并根据 2009 年之前的数据修正得到。

数量达 4.6 人。在农村，子女长大结婚后会分家。承包的土地也会在家庭成员内进行再分配，而不是回到农村集体，由集体进行再分配。这是农村户数量不降反升的重要原因。直到农村土地"三权分置改革"之前，农村的土地都为集体所有，实际实行私有化分配处置的方式。

新型城镇化正加快建立城乡土地资源交易市场，一方面是为了让进入城市的农村居民获得农村财产的处置效益，安心落户，融入城市；另一方面，也是通过农村土地的流转，提高农业的经济收益。基于这样的考虑，城乡居民间收入差距的缩小，在很大程度上依赖于农村地区农业经营效益的提升。因此，一旦获得农村户均耕地面积信息，就可以利用我国实际耕地面积，确认农村常住人口数以及城镇化率。

假定农业与非农部门产品价格按照产业部门的劳动生产效率之比进行确认，那么，城乡间收入差距在减去农业和非农部门价格差异后，即为农业部门土地面积增长率。

1. 关于农业与非农部门的产品价格之比

本报告农业和非农部门的劳动生产率差距也按照城乡融合发展进行模拟。如果各产业部门的劳动生产率保持 2015～2019 年的平均增速，按此推算，预计到 2025 年、2030 年和 2035 年，我国非农和农业部门的劳动生产率之比将扩大到 100∶609.63∶342.14、100∶619.15∶320.04 和 100∶628∶299.37。

但是，考虑到在实施城乡融合发展过程中，我国农业转移劳动力还将持续，未来我国农业和非农部门之间的劳动生产率差距将会不断缩小。假定我国农业和非农部门产值占比保持不变，农业就业人员规模按照 1% 的速度不断递减。转移农业劳动力将在工业和服务业部门按照 4∶6 的结构进行分配。预计到 2025 年、2030 年和 2035 年的农业与二、三产业部门的劳动生产率之比分别为 100∶448.1∶275.5、

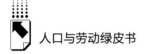

100∶315.3∶195.3 和 100∶198.3∶123.7（见图7）。将此与其他国家对比发现，预计到2030年我国农业和非农部门的相对生产效率将与中高收入国家一致。

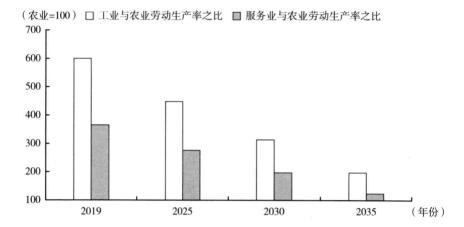

（农业=100） □ 工业与农业劳动生产率之比　▩ 服务业与农业劳动生产率之比

**图7　到2035年关键时间节点我国非农部门和
农业劳动生产率之比预测**

资料来源：2019年三大产业结构和就业结构数据来自国家统计局。2025年、2030年、2035年就业结构数据为模拟值。

2. 方案设计

根据城乡居民收入比和构成分析可以看到，农村人口的产业转移是调整城乡工资性收入和经营性收入的重要手段。因此，基于共同富裕下的城镇化水平估计，也是以缩小城乡居民工资性收入和经营性收入为主要目标。假设 y^r、y^u 分别表示农村和城镇居民的工资性和经营性收入之和，那么，A 表示城乡居民两种收入之比。

$$\frac{y^r}{y^u} = A \tag{1}$$

对时间求导的话，

$$\Delta y^r - \Delta y^u = \Delta A \qquad (2)$$

$$\Delta land^r = \Delta y^u / \Delta P^r + \Delta A \qquad (3)$$

其中，$y^r = land^r \times P^r$，$y^u = l^u \times P^u$，l^r、P^r、l^u、P^u 分别表示农村家庭耕地产出和产品价格，城市家庭的劳动力供给和价格。假定单位土地的产出是固定的，那么，以户为单位的土地面积增量与生产率之比和城乡收入之比的关系可以表达为：

$$\Delta Sq\_land^r = \Delta\left(\frac{P^u}{P^r}\right) + \Delta A \qquad (4)$$

这里的非农与农业之比采用图 7 中的基本参数。考虑到严格耕地保护制度，未来耕地面积将不会出现明显下降。同时，农村土地资源也无法进行大规模扩张。因此，我们根据自然资源部公布的 2019 年中国耕地面积数，假设 2021～2035 年维持在 2019 年 12786.19 万公顷的水平。基于我国农业与非农产业劳动生产效率趋同，我们设计了两个城乡收入差距目标。方案一是到 2035 年城乡收入差距为 1.8，方案二是到 2035 年城乡收入差距为 2。根据耕地面积数量和户均耕地面积就可得到农村常住人口数量。

3. 预测结果

表 5 显示了共同富裕目标下的城镇化率估算结果。结果显示，方案一，2035 年农村经营户的户均耕地面积为 36.75 亩。中国农村常住人口规模要降至 34790.24 万人，届时全国总人口为 14.15 亿人，由此计算得到 2035 年城镇化率为 75.40%。方案二，2035 年农村经营户的户均耕地面积为 35.7 亩。中国农村常住人口规模要降至 35804.18 万人，2035 年城镇化率为 74.70%。

综合来看，预计到 2035 年我国城镇化水平在 75% 左右。城市化水平的推进与我国农村人口非农发展密切相关。

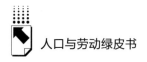

表5　按照农村户均耕地面积推算城镇化率

年份	方案一			方案二		
	农业经营户户均耕地面积(户/亩)	农村人口规模(万人)	城镇化率(%)	农业经营户户均耕地面积(户/亩)	农村人口规模(万人)	城镇化率(%)
2021	25.16	50814.35	64.10	26.0	49177.65	65.26
2022	25.36	50426.34	64.50	26.6	48119.04	66.12
2023	26.09	49011.92	65.59	27.2	47037.18	66.98
2024	26.84	47638.20	66.62	27.8	45979.65	67.78
2025	27.62	46284.91	67.61	28.4	44945.89	68.55
2026	28.43	44980.34	68.55	29.1	43935.38	69.28
2027	29.24	43724.26	69.44	29.8	42947.58	69.98
2028	30.09	42489.68	70.30	30.5	41982.00	70.65
2029	30.96	41293.97	71.12	31.2	41038.12	71.30
2030	31.86	40129.25	71.91	31.9	40115.47	71.92
2031	32.79	38996.43	72.67	32.6	39213.55	72.52
2032	33.73	37902.96	73.40	33.4	38331.92	73.10
2033	34.71	36834.18	74.11	34.1	37470.11	73.66
2034	35.71	35804.77	74.79	34.9	36627.67	74.21
2035	36.75	34790.24	75.40	35.7	35804.18	74.70

三　政策建议

　　城市化进程是一个国家或地区经济发展质量的重要标志。通过比较世界各国人均收入、城镇人口比重以及农业就业比重可以看到，城市化包含两个重要内容：一是普遍意义上城镇常住人口比重的持续上升。世界上发达国家城镇化率均超过80%，并趋于稳定。这意味着，作为一个即将跨入高等收入国家行列的发展中国家，中国的城镇化水平还会进一步提高。二是城乡人口、资本和土地等生产要素价值的空间布局。具体来说，城市对农村的经济辐射并非匀质。比如，大城市或都市圈周围的农村，通过利用大都市圈的经济外溢效应，以及优质的空间环境与城市进行商品交易，实现农村与城镇的公共服务平等；对于中西部偏远农村，资源条件受限，且生产要素离散，很难形成技术、资源和资本的集聚。"农村空心化"是经济规律的必然过程。相比之下，城市空间要素的集聚能力是吸引人口集聚的重要依据。这意味着，城乡和地区间实现人均收入和生活质量大致相当，是实现共同富裕且城镇化进入稳定期的关键。总体而言，非农就业比重持续上升，农村人口要素从小城市向大城市集中，是全球普遍适用的规律。个体层面的劳动力回流也不会改变这一客观规律。

针对共同富裕目标下的城镇化率估计结果可以看到，推动农村人口的非农转移是实现城镇化水平提高和缩小城乡收入差距双重目标的重要手段。依托城市规模经济效应发展制造业和服务业是产业结构发展的主流。尤其对于有产业的农村地区，可以借助城市集聚效应，形成特色产业，并形成城镇形态。这也是中国传统农村发展"农村城镇化"的重要过程[①]。最典型的地方如浙江地区的特色小城镇。与20世纪八九十年代中国的农村工业化道路相比，这种新的城镇化道路存在明显的差别。20世纪的乡镇企业发展热潮，带动了大量的农村劳动力转移。乡镇企业能够发展的客观条件是当时的城市经济没有出现经济的集聚，乡镇企业利用土地和劳动力便宜等优势，成为市场化改革的排头兵。然而，20世纪90年代后期，农业工业化进程明显放缓，国有企业改革加快了城市的扩张[②]。城镇化也从农村产业调整转向以城市经济为主的发展道路。在人口空间布局的新浪潮下，农村地

---

① 陆铭：《从分散到集聚：农村城镇化的理论、误区与改革》，《农业经济问题》2021年第9期。

② 钟宁桦：《农村工业化还能走多远？》，《经济研究》2011年第1期。

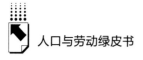
区也出现部分地区人口的扩张和空心村同时存在的现象。合村并居是这一时期城镇化的重要特征。国家统计局数据显示，全国村居数量从2009年的70万个减少到2018年的66.6万个。合村并居可以带来农村居住环境的改善，也有利于节约出建设用地指标用于流转。

要适应人口负增长，城镇化进程通过农村地区的合村并居，提高公共服务供给效率；都市圈和中心城市对周边农村的公共服务供给实现全覆盖。这些都是让农村人口就近获得城市公共服务。同时，在农村地区加强村集体的公共服务规划制度、组织管理和提供服务的综合管理能力，赋予农村集体更多的规划和资金管理权力的同时，做好权力监管。加强数字技术为农村社区服务的能力，实现村级公共治理水平的提高，使农村地区的公共服务和生活设施更符合居民需要。

人口流动篇

Population Flow

G.4
基于"七普"数据探讨中国人口
流动的趋势

杨　舸*

摘　要：　第七次全国人口普查为研究我国人口流动提供了最新
的数据，其显示我国人户分离人口达到了4.93亿，其中
流动人口规模达到3.76亿，超过了人们的预期，也与过
去人口抽样调查的估算数据存在趋势性的偏差。本报
告基于其他来源数据修订了2010～2020年两次普查年份
中间的流动人口总量数据，并依据各省初步公开的
"七普"数据分析了人口流动的变化趋势。人口流动
经过开始、加速和转折期后，已经进入了饱和分化
期，增速下降；乡城人口流动依旧是推动人口城镇化

* 杨舸，中国社会科学院人口与劳动经济研究所副研究员，主要研究方向为人口流
动与人口发展。

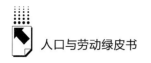

的重要力量；东南沿海地区仍是跨省流动人口的流入中心；但中西部地区在省内人口流动的活跃度方面后来居上；城市扩张带来市内人户分离人口的迅速增长，考验着公共资源配置。"七普"的人口流动数据促使我们对流动人口登记统计进行反思，为新技术的应用提供了机遇。

关键词：　流动人口　人户分离　城镇化

改革开放以来，随着农村家庭联产承包责任制的推进，农业剩余劳动力被释放出来，进入城镇地区务工，拉开了流动人口快速增长的序幕。如今的流动人口构成已经不仅是外出务工的农民工，还包含随迁配偶、流动儿童和投靠老人，城城流动人口规模也呈现快速增长态势。根据第七次全国人口普查数据（以下简称"七普"），我国2020年的城镇化率已经达到63.89%，比2010年提升了14.21个百分点；流动人口规模达到了3.7亿，其中，跨省流动人口为1.2亿，与2010年相比，流动人口增长了近70%。

"七普"数据体现了我国人口城镇化巨大进步和人口流动极其活跃。人口城镇化与工业化、现代化是相辅相成的，人口由农村向城市迁移，不仅是劳动力由农业转入非农部门，而且带动了消费、收入水平的提升，以及思想观念的革新和生活方式的现代化。不仅如此，人口迁移流动的活跃对于市场经济的完善、合理城市体系的构建和区域的协调发展都具有重要的正面意义。面对流动人口规模的大幅度增长，有专家不禁感叹，半世纪前的"乡土中国"已经转变为"迁徙中国"。但数据背后也存在诸多疑惑：其一，基于统计局公布的数据，流动人口规模为何突然由2.36亿增长至3.7亿？其二，按照

2010～2020 年的 1‰人口抽样调查得出的连续数据，流动人口总量应该已经由高速增长转变为低速增长，最后呈现负增长状态，这些与农民工监测数据的变动互相印证，却是如何与"七普"数据相矛盾的呢？下文将基于"七普"数据探讨中国人口流动的趋势。

一　关于流动人口数据的修订

2010 年之前，流动人口规模保持了快速增长的状态，2000 年的流动人口规模超过 1 亿，比 1990 年增长了 4 倍，年均增长率高达 17%。2010 年流动人口达到 2.2 亿人，比 2000 年翻了一番，2000～2005 年、2005～2010 年的流动人口年均增长率分别高达 7.57% 和 8.49%。然而，依据每年人口抽样调查的估算，国家统计局公布的流动人口数在 2010～2015 年的年均增长率骤降为 2.21%。流动人口规模趋势在"十三五"之初出现了拐点，增速由正转负。《2015 年国民经济和社会发展统计公报》显示，全国人户分离的人口 2.94 亿人，其中流动人口 2.47 亿人（见图 1），比国家统计局在《2014 年国民经济和社会发展统计公报》公布的数据减少近 600 万人，这是改革开放以来首次出现流动人口减少的现象。整个"十三五"时期，流动人口持续了规模减小的态势，年均减少 300 万人。

然而，2020 年人口普查公布的初步数据显示，中国人户分离人口为 4.93 亿人，比 2010 年增长 88.52%，其中流动人口总量已达 3.76 亿，比 2010 年增长 69.73%，10 年间的年均增长率为 5.43%。这与过去公布的数据趋势存在显著差异，令人困惑不解，还需要进一步探讨。

（一）重报与漏报

人口流动引起的人口登记漏报与重报问题由来已久。在 2000 年第五次全国人口普查结束后，有学者对年龄结构中青年组比例的异常

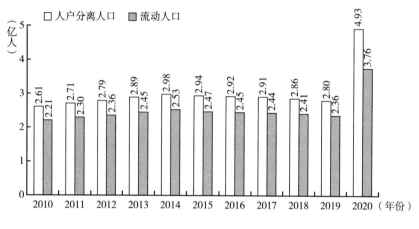

图1 2010～2020年人户分离人口规模[①]

资料来源：2010～2019年《国民经济和社会发展统计公报》《第七次全国人口普查公报》。

波动存在质疑。从1982年第三次全国人口普查至2000年第五次全国人口普查，迁移人口或流动人口均采取属地调查原则。对于流出地来说，普查员只需登记该家庭是否有外出人口，如果举家外出流动，则可能在流出地没有登记该户的任何信息；对于流入地来说，普查员需登记居住在本普查小区的所有人。但是，流动人口存在较多被漏登的可能性。首先，在我们对基层调查员的访谈（四川某地）中发现，调查员会依据来自公安部门的该普查小区户籍人口信息来逐户核查，但对于没有户籍信息的流动人口，核查的主观能动性明显下降，因为上级没有凭据来检查该普查员是否准确完成所有登记任务，工作认真的普查员反而会因此增加不少工作量；其次，流动人口租房居住的比例较大，住房和就业不稳定，变动性较大增加了基层调查员的登记难

---

① 人户分离人口是指居住地与户口登记地所在的乡镇街道不一致且离开户口登记地半年以上的人口。流动人口是指人户分离人口中不包括市辖区内人户分离的人口。

度；最后，在对日常的治安管理、流动人口出租屋进行管理过程中，容易出现流动人口对于调查人员不配合，故意回避或有意错报等问题。同时，依据《第五次全国人口普查办法》，"到现住地不足半年且离开户籍所在地不足半年"的短期流动人口不需要填写普查登记表，而是填写暂住人口调查表，这种方法容易造成因为外出时间的判断错误而带来漏登问题。总之，流动人口给第五次全国人口普查带来了严重漏报的问题。

如果能从户籍所在地和常住地两个方面同时收集信息，流动人口登记被漏掉的可能性便会大大降低。因此，自 2005 年全国 1% 人口抽样调查开始，流动人口改为从流入地和流出地两方面登记，2010年第六次全国人口普查问卷延续了双重登记的方案。《第六次全国人口普查表填写说明》中提到：普查对象是（1）2010 年 10 月 31 日晚住在本普查小区的人，包括户口在本村（居）委会的人口，也包括户口在外村（居）委会的人口；（2）户口登记在本普查小区，但 2010 年 10 月 31 日晚未住本普查小区的人，无论其外出时间长短、外出原因如何，均普查登记。

然而，从户籍所在地和常住地两方面进行登记的方案又带来了新的问题。2010 年全国第六次人口普查改变为"采用按现住地登记的原则"，但同时又规定"普查对象不在户口登记地居住的，户口登记地要登记相应信息"。"见人就登"的方式既简化了调查员的操作，又减少了漏报，但同时也增大了流动人口重报的可能性①。从流出地登记的流动人口，由于不能面访到本人，对于流入地的登记是不准确的；而从流入地登记的流动人口，由于对户籍所在地的错误记录，对户籍地的登记也不准确。因此，一方面，流动人口的规模报告采纳了

---

① 王谦：《中国第六次人口普查：能否把数据搞准——关于提高第六次人口普查数据质量的几点思考与建议》，《人口与发展》2010 年第 2 期。

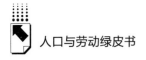

流入地的信息，使得流动人口被低估，根据 2005 年的初步汇总信息，从流出地估算的流动人口为 2.2 亿左右，从流入地估算的流动人口为 1.57 亿左右。同时，2005 年 1% 人口抽样调查采用按现住地登记原则，登记到的流动人口比例明显高于按照常住地原则登记的 2001～2004 年 1‰ 人口抽样调查的流动人口比例①。

另一方面，总人口中的年轻人规模则被高估，大量流动人口因为无法比对上而无法排除重报。学者对比了 2010 年的公安户籍人口数据与第六次全国人口普查数据，在多个年龄组出现了明显的重报（如 20 岁、21 岁、28 岁、30 岁、34 岁、50 岁年龄组），即普查得到的人口数远高于公安部门的户籍人口数据②。而第六次全国人口普查中 16～21 岁人口相对于第五次全国人口普查以及户籍统计数据的同批人出现异常增多，这种增多很可能源于流动人口的重报，且主要集中在女性流动人口的重报③。

由于总人口中流动人口所占的比例越来越大，人口流动的普遍性达到前所未有的程度，2010 年的流动人口占总人口的比重为 17%，2020 年则达到 27%，流动人口登记质量对总人口统计的影响也逐渐显现出来。参照部分国家的做法，2020 年第七次全国人口普查采纳了登记身份证号码信息的做法，利用唯一公民识别码来解决重报和漏报的问题。根据《中华人民共和国居民身份证法》，"公民身份号码是每个公民唯一的、终身不变的身份代码，由公安机关按照公民身份号码国家标准编制"。经过多年的发展，公安部身份证信息库里的人口记录超过 13 亿条，90% 以上的中国公民拥有唯一的身份证号。而

① 《人口研究》编辑部：《2010 年第六次全国人口普查：挑战与展望》，《人口研究》2009 年第 6 期。

② 翟振武、张浣珺：《普查数据质量与调查方法——关于将身份证号码纳入普查问卷的探讨》，《人口研究》2013 年第 1 期。

③ 陶涛、张现苓：《六普人口数据的漏报与重报》，《人口研究》2013 年第 1 期。

对于漏报、重报可能性更高的年轻人群体，身份证的使用度更高，覆盖率也更高，可以有效减少流动人口的重报和漏报。因此，2020年第七次全国人口普查公布的流动人口规模达到3.76亿，完全颠覆了过去的发展趋势。

（二）数据修订的估计

根据国家统计局公布的数据，2020年开展的第七次全国人口普查漏登率仅为0.05%，大大低于1990年、2000年和2010年的人口普查漏登率。在人口流动极为频繁的时代取得这样的成绩，主要得益于大数据的实时比对。首先，"七普"的调查员使用电子终端进行信息登记，同时收集身份证信息，使得普查录入系统与公安部的身份证信息系统实时连接，自动比对结果，可以做到及时发现错误；其次，人户分离的人口往常是漏报的"重灾区"，大数据的基础摸底和跨区域比对，有利于将漏报降到较低水平。因此，按照统计部门和专家学者的共识，"七普"所公布的流动人口规模比较准确。那么，这意味着至少从2010年第六次全国人口普查至2020年第七次全国人口普查之间的流动人口总量数据均需进行调整。

除了根据人口普查和历年人口抽样调查推算流动人口数量之外，国家统计局还于2008年开始每年进行农民工监测调查，其成为研究我国人口迁移流动的重要资料来源。国家统计局从输出地农村收集数据，信息既包括农民工的规模、分布、流向等基础数据，也涵盖农民工的就业、收支、生活和社会保障等经济活动情况，在全国31个省（自治区、直辖市）的农村地区抽取家庭户作为调查样本，进行入户访问。有学者认为流出地的调查更能反映流动人口的真实数量，原因如下：部分流动人口就业和居住并不稳定，可能常常更换就业单位和居住地址，或者就住在工作场所，或者没有固定的雇主，这就导致在流入地的调查中，以基层工作人员为核心的调查队伍不

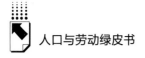

容易准确掌握流动人口的全部群体；另外，流出地的调查由于掌握了流动人口的户籍信息，即便对举家外出的流动人口也能轻易获得其人口数量的信息。因此，农民工监测的数据所反映的人口流动趋势可能相对更加准确。

根据历年国家统计局发布的《农民工监测调查报告》，2010年外出农民工总量为15335万人，比2009年增长802万人，增长5.5%，处于高速增长时期；2015年外出农民工总量为16884万人，比2014年增长63万人，增长0.4%，进入低速增长时期。外出农民工的规模增速逐年下降，2010～2014年外出农民工年均增长近400万人；而2014～2019年外出农民工年均增长仅100万人。因此，农民工外出流动的规模仍然在增长，但增速明显回落，流动人口可能也处于类似的变化过程中。到2020年，外出农民工为16959万人，比2019年减少466万人，下降2.7%，由于2020年初新冠肺炎疫情突袭而至，我国经济整体处于抑制到复苏的状态，单次外出农民工规模的缩小并不能反映常规的趋势。

流动人口总量的变化主要受到人口、经济和政策三方面因素的影响。首先，农村的人口老龄化是最根本的原因，我国劳动力市场大约于2012～2013年迎来"刘易斯转折点"，总人口抚养比停止下降，新增劳动年龄人口数量由增转降，随着农村新增劳动力数量的减少，农村劳动力转移速度随之减缓；其次，我国产业结构正在发生深度调整，农民工工资迎来上涨，使得劳动密集型企业用工成本大幅上涨，倒逼产业转移和产业升级，以"去产能、去库存、去杠杆、降成本、补短板"为重点的供给侧结构性改革力度不断加大，一些"产能过剩"行业正在进行优化重组，对非农就业岗位的增长产生负面影响；最后，随着户籍制度改革全面铺开，城区常住人口为300万人以下的中小城市几乎完全放开了落户限制，大城市也以积分落户等形式降低落户门槛，有条件的流动人口及家属在当地落户，减少了名义上流动人口的数量。因此，从人口、经济和政策的宏观环境来说，从农村转移的流动人口可能已经由高速增长转向低速增长，甚至由正增长转向负增长。

一般来说，流动人口包含从农村迁往城市或其他地区的人口和从城市迁往其他城市或地区的人口，前者通常占较大比例。40多年前，农村家庭联产承包责任制的实施拉开了我国改革开放的序幕。农村剩余劳动力被释放出来外出务工，外出农民工是人口城镇化的重要推动力，也是流动人口的重要组成部分。但是，随着市场经济的繁荣，要素流动更加活跃起来，农村剩余劳动力逐渐消化殆尽，而城市之间的人口流动将变得更加频繁。

国家统计局《农民工监测调查报告》指出：外出农民工是指户籍仍在农村，在户籍所在乡镇地域外从业6个月及以上的劳动者。国家统计局历年公布的流动人口采用的口径为：流动人口是离开户籍所在地半年及以上，跨乡（镇、街道）外出流动的人口。两者在时间和空间的定义上具有一致性，为后文利用外出农民工规模修订总流动人口规模提供了可能性。

以2010年第六次全国人口普查及之前的历次人口普查的原始数据计算，农业户籍的流动人口大约占全部流动人口的75%。有学者利用第六次全国人口普查的原始数据将流动人口按照户籍身份和流入地城乡类别两个维度，分为乡城流动人口、城城流动人口、乡乡流动人口、城乡流动人口4种类型，乡城流动人口约占63%，乡乡流动人口约占12%[1]。不论以农业户口的流动人口作为农村转移人口，还是以来自"乡"和"镇的村委会"的流动人口作为农村转移流动人口，农村转移流动人口占全部流动人口的比例均为75% ~76%。

---

① 马小红、段成荣、郭静：《四类流动人口的比较研究》，《中国人口科学》2014年第5期。

同时，农村转移流动人口包含外出农民工及随迁家属。我们依据2010年第六次全国人口普查公布的流动人口年龄结构推算，外出农民工约占农村转移流动人口的86.7%。由此，可以得到2010年由外出农民工估算流动人口总量的扩展系数大约为1.53。由于城城人口流动越来越活跃，农村转移流动人口占总人口的比重不断下降，这使得扩展系数不断增大。由第七次全国人口普查公布的2020年流动人口总数和国家统计局《农民工监测调查报告》公布的2020年外出农民工规模数计算得出，2020年的扩展系数为2.22。假设扩展系数在2010~2020年线性变化，便可以得到历年的扩展系数，由此计算出调整后的流动人口总数。

调整后的2010~2020年流动人口呈现增速缓慢下降的态势，由2011年增长约2000万，降至2020年增长约200万人；增速也由2011年的8.55%降至2020年的0.53%（见表1）。相比较调整前的流动人口规模，调整后的数据更具有稳定的特征（见图2）。

表1　流动人口调整计算的过程

年份	外出农民工（亿人）	扩展系数	调整前的流动人口		调整后的流动人口	
			规模（亿人）	增长率（%）	规模（亿人）	增长率（%）
2010	1.53	1.53	2.21	—	2.34	—
2011	1.59	1.60	2.30	4.07	2.54	8.55
2012	1.63	1.67	2.36	2.61	2.71	6.69
2013	1.66	1.73	2.45	3.81	2.88	6.27
2014	1.68	1.80	2.53	3.27	3.03	5.21
2015	1.69	1.87	2.47	-2.37	3.16	4.29
2016	1.69	1.94	2.45	-0.81	3.28	3.80
2017	1.72	2.01	2.44	-0.41	3.46	5.49
2018	1.73	2.08	2.41	-1.23	3.60	4.05
2019	1.74	2.15	2.36	-2.07	3.74	3.89
2020	1.70	2.22	3.76	59.32	3.76	0.53

资料来源："外出农民工"数据来自历年《农民工监测调查报告》；"调整前的流动人口"数据来自历年《国民经济和社会发展统计公报》；其余数据由笔者计算得出。

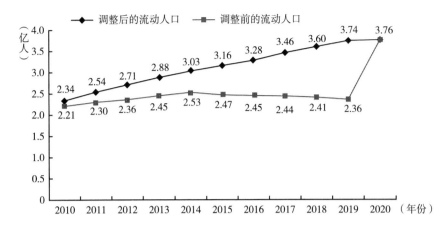

图 2　2010～2020 年流动人口规模变动

资料来源："调整前的流动人口"数据来自历年《国民经济和社会发展统计公报》；其余数据由笔者计算得出。

值得注意的是，本文的流动人口修订估算仍具有一定局限性，其建立的假设包含了对外出农民工规模和"七普"流动人口规模准确性的肯定，需有限度地看待。

二　人口流动的特征和趋势

对比 2010 年和 2020 年两次人口普查的数据，我国人口流动的活跃程度出人意料，跨省流动人口、省内流动人口和市辖区内人户分离人口均呈现快速增长的态势。尽管如此，我国人口流动的总体模式依然较为稳定，基本特征符合预期，具体分析如下。

（一）人口流动进入饱和分化期

我国流动人口依照增长历程和增速变化，大约可以分为流动开始期、流动加速期、流动转折期、流动饱和期。1978～1990 年是人口流动开始期。1984 年，《国务院关于农民进入集镇落户问题的通知》

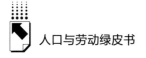

（国发〔1984〕141号）发布，被认为是政策松动释放农业剩余劳动力转入非农部门的标志，由此带来了流动人口的快速增长。1987年全国1%人口抽样调查显示，流动人口规模猛增到1810万人。这一阶段，流动人口利用农闲季节外出务工，以短距离流动为主，大多数流动人口单身外出，农忙季节依然回家，没有脱离农业家庭生活。1990~2000年是人口流动加速期。2000年的流动人口规模超过1亿人，比1990年增长了4倍多，年均增长率高达17%。随着流动范围扩大，流动人口基本脱离农业生产，不少家庭中夫妻双方共同外出务工经商，大多数人把子女留给家里的祖父母或其他亲属照顾，这是流动人口的资本积累阶段，流动人口迁移网络逐渐形成。2000~2010年是人口流动转折期。2000年后，流动人口规模的增长开始减速，但绝对增量依旧较大，流动人口在外地站稳脚跟后，并且在经济条件许可的情况下，流动人口家庭决定安排子女随迁，在流入地生活、就学。大约从2003年开始，沿海地区出现了"民工荒"现象，由局部性、行业性的"招工难"现象，逐渐发展成为全局性、多行业的"用工荒"。流动劳动力的供给速度下降打破了劳动力市场的平衡。

从2010年至今是人口流动饱和期。流动人口增速不断下降，但由于总量庞大，每年新增流动人口仍然达到800万人，2020年达到了前所未有的规模。从宏观方面来说，人口老龄化和少子化并存，使得劳动力供给下降，新增劳动力减少，经济周期进入"新常态"，产业结构升级使得劳动力市场供需结构发生变化，流动人口就业提升和收入增长出现分化，流动人口家庭在流入地的社会融合始终面临较大体制机制障碍。从微观方面来说，流动人口群体本身是严重分化的群体，既有亿万资产的企业家，也有收入仅略高于法定最低收入标准的工人。一方面，部分流动人口完成物质资本（如住房、职业发展、稳定收入来源等）的积累和非物质资本（如思想观念、人际关系网等）的积累，稳定居留下来，甚至通过积分落户、人才引进等方式转变为户籍人口；

另一方面，人口和经济环境发生变动，产业结构调整和流动人口老龄化使得一些流动劳动力失业风险加大，收入增长预期下降，产生回流或返乡的念头，中西部地区社会经济的快速发展推动了流动人口的回流潮，省内流动人口比例的上升就是流动人口回流潮的体现。

（二）乡城人口流动是人口城镇化的重要动力

人口城镇化是总人口中城镇人口比例不断提升的过程。我国城镇人口的增长主要来自3个方面，分别是城镇人口的自然增长、人口乡城迁移和城镇地区的重新划分。由于城镇人口生育率较低，人口自然增长有限，其中人口乡城迁移就成为人口城镇化最重要的来源。我国乡城人口流动的活跃正在推动人口城镇化的进程。

在"七普"公布的主要数据中，出乎意料的还有我国城镇人口数和城镇化率。2020年，我国城镇人口达到90220万人，城镇化率达到63.89%，与2010年相比，城镇人口增长了34.7%，城镇化水平增长13.94个百分点。按照我国"十三五"规划的预期目标，2020年的城镇化率达到60%。在"七普"之后，国家统计局对过去的城镇人口和城镇化率指标进行了修正，其中，2019年的城镇人口调整幅度达到3583万人，城镇化率调整幅度达2.11个百分点（见表2）。依照发达国家的经验，人口城镇化进程呈现"S"形曲线，我国的人口城镇化正经历由加速期向饱和期的转变，但从数据来看，我国城镇化率的提高速度依然很快。

表2 "七普"前后人口城镇化数据的调整对比

年份	调整前		调整后		调整差	
	城镇人口（万人）	城镇化率（%）	城镇人口（万人）	城镇化率（%）	城镇人口（万人）	城镇化率（个百分点）
2010	66978	49.95	66978	49.95	0	0.00
2011	69079	51.27	69927	51.83	848	0.56

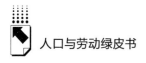

续表

年份	调整前		调整后		调整差	
	城镇人口 （万人）	城镇化率 （％）	城镇人口 （万人）	城镇化率 （％）	城镇人口 （万人）	城镇化率 （个百分点）
2012	71182	52.57	72175	53.10	993	0.53
2013	73111	53.73	74502	54.49	1391	0.76
2014	74916	54.77	76738	55.75	1822	0.98
2015	77116	56.10	79302	57.33	2186	1.23
2016	79298	57.35	81924	58.84	2626	1.49
2017	81347	58.52	84343	60.24	2996	1.72
2018	83137	59.58	86433	61.50	3296	1.92
2019	84843	60.60	88426	62.71	3583	2.11
2020	—	—	90220	63.89	—	—

注：调整前数据来自《中国统计年鉴2020》，调整后数据来自《中国统计年鉴2021》。

从各省的城镇化率变化来看。除4个直辖市以外，城镇化水平最高的地区依然是东南沿海发达省份，2020年广东、江苏、浙江、福建的城镇化率分别达到74.15%、73.44%、72.17%和68.75%，达到较高级别的城市化阶段；城镇化进程最快的地区是中西部省份，2010~2020年，贵州的城镇化率提高了19.34个百分点，宁夏的城镇化率提高了17.06个百分点，达到2020年的64.96%，超过全国平均水平，其他还有陕西、四川、重庆、江西、河北、甘肃、湖南、青海、安徽9个省（市）的城镇化率提高15个百分点以上，处于人口城镇化的加速进展期。中西部地区的人口城镇化加快是其省内人口流动推动的结果（见图3）。

（三）跨省流动人口的流入中心依然是东南沿海

跨省流动人口约占总流动人口的1/3，2020年的这一比例为33.22%，较2010年略有下滑。人口从中西部地区跨区域流动到东南沿海地区一直是跨省流动的主要模式，"七普"数据显示，这一特征并未发生根本变化。广东省仍然是接收跨省流动人口最多的省份，

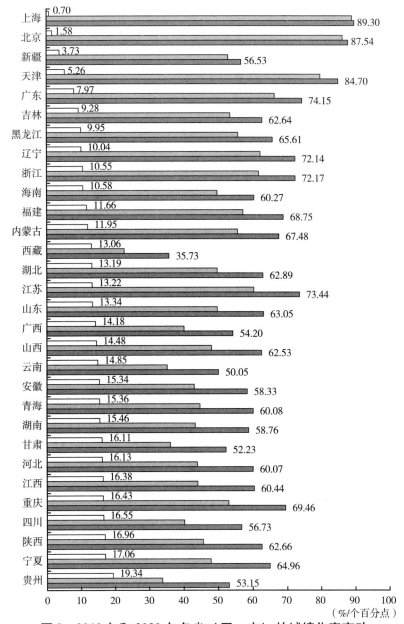

图3 2010年和2020年各省(区、市)的城镇化率变动

资料来源:"2010年城镇化率"来自《中国2010年人口普查资料》,"2020年城镇化率"为笔者根据各省《第七次全国人口普查公报》整理。

2020年吸纳了2962.2万外省流入人口，占全国跨省流动人口的23.73%，比2010年增长812.4万人，也是全国跨省流动人口净增最多的省份，但占比下降了1.3个百分点。事实上，长三角地区已经是更大的流入中心，浙江、上海和江苏分别排吸纳跨省流动人口最多省（区、市）的第2、3、4位，共吸纳3697.5万跨省流动人口，占全国跨省流动人口的29.62%，较2010年下降3.2个百分点。京津冀地区的北京和天津在排序中列第5和第8位，但占比均有所萎缩。除此之外，福建、山东和新疆依旧是吸纳跨省流动人口排名靠前的省（区）。整体上来说，流入东部地区的跨省流动人口占全部跨省流动人口的73.54%，较2010年下降9个百分点，但依然占主导地位。

中西部地区吸纳的跨省流动人口份额明显增长。其中表现较为突出的是河北、湖北、重庆和四川，净增的跨省流动人口数量均在百万以上，排序分别由第12位、第15位、第17位、第14位上升为第10位、第13位、第15位、第12位。中西部的城市群正在成为新的经济增长亮点（见表3）。

表3　2010年、2020年全国31个省份跨省流动人口的规模和比例

区域	2010年			2020年			2010~2020年
	规模（万人）	百分比（%）	排序	规模（万人）	百分比（%）	排序	规模变动（万人）
全国	8587.6	100.00	—	12483.7	100.00	—	3896.1
北京	704.5	8.20	5	841.8	6.74	5	137.3
天津	299.2	3.48	7	353.5	2.83	8	54.3
河北	140.5	1.64	12	315.5	2.53	10	175.0
山西	93.2	1.08	18	162.1	1.30	18	68.9
内蒙古	144.4	1.68	11	168.6	1.35	17	24.2
辽宁	178.7	2.08	10	284.7	2.28	11	106.0
吉林	45.6	0.53	27	100.1	0.80	26	54.5
黑龙江	50.6	0.59	26	82.9	0.66	27	32.3

续表

区域	2010 年			2020 年			2010～2020 年
	规模（万人）	百分比（%）	排序	规模（万人）	百分比（%）	排序	规模变动（万人）
上海	897.7	10.45	3	1048.0	8.39	3	150.3
江苏	737.9	8.59	4	1030.9	8.26	4	293.0
浙江	1182.4	13.77	2	1618.6	12.97	2	436.2
安徽	71.7	0.84	22	155.1	1.24	20	83.4
福建	431.4	5.02	6	489.0	3.92	6	57.6
江西	60.0	0.70	23	127.9	1.02	22	67.9
山东	211.6	2.46	8	412.9	3.31	7	201.3
河南	59.2	0.69	24	127.4	1.02	23	68.2
湖北	101.4	1.18	15	225.0	1.80	13	123.6
湖南	72.5	0.84	21	157.8	1.26	19	85.3
广东	2149.8	25.03	1	2962.2	23.73	1	812.4
广西	84.2	0.98	19	135.9	1.09	21	51.7
海南	58.8	0.69	25	108.8	0.87	25	50.0
重庆	94.5	1.10	17	219.4	1.76	15	124.9
四川	112.9	1.31	14	259.0	2.07	12	146.1
贵州	76.3	0.89	20	114.7	0.92	24	38.4
云南	123.7	1.44	13	223.0	1.79	14	99.3
西藏	16.5	0.19	31	40.7	0.33	31	24.2
陕西	97.4	1.13	16	193.4	1.55	16	96.0
甘肃	43.3	0.50	28	76.6	0.61	28	33.3
青海	31.8	0.37	30	41.7	0.33	30	9.9
宁夏	36.8	0.43	29	67.5	0.54	29	30.7
新疆	179.2	2.09	9	339.1	2.72	9	159.9

资料来源："2010 年跨省流动人口规模"来自《中国 2010 年人口普查资料》，"2020 年跨省流动人口规模"为笔者根据各省《第七次全国人口普查公报》整理。

（四）省内流动中心被中西部后来居上

省内流动人口规模的增长十分迅速。"七普"数据显示，2020 年省内流动人口总量为 25098 万人，比 2010 年增长 85.70%；占全部流动人口的 66.78%，较 2010 年上升 5.6 个百分点。首先，省内流动人口分布相对均衡，广东省依然是省内流动人口最多的省份，总量达到 2244.4 万人，列第 2 位的河南也有 1992.8 万省内流动人口，还有河北、山东、湖南、安徽、江苏、四川的省内流动人口规模均超过千万；其次，省内流动人口的增长反映了中部、西南省份的省内人口流动活跃度明显提高，河南与四川 2020 年的省内流动人口规模分别达到了 1992.8 万人和 1809.9 万人，分别较 2010 年增长了 1248.2 万人和 884.0 万人，河北、安徽、湖南的省内流动人口在 2010～2020 年增长超过 600 万人，江西、湖北、贵州、云南、吉林、江苏的省内流动人口增长超过 400 万人（见表 4）。

表 4　2010 年、2020 年 28 个省份省内流动人口的规模和比例

区域	2010 年			2020 年			2010～2020 年
	规模（万人）	百分比（%）	排序	规模（万人）	百分比（%）	排序	规模变动（万人）
全国	13515.5	100.00	—	25098.0	100.00	—	11582.5
河北	527.0	3.95	10	1217.8	4.85	8	690.8
山西	458.8	3.44	14	805.3	3.21	16	346.5
内蒙古	468.5	3.51	13	738.2	2.94	18	269.7
辽宁	454.6	3.41	15	714.6	2.85	20	260.0
吉林	269.4	2.02	22	695.0	2.77	21	425.6
黑龙江	370.8	2.78	19	765.3	3.05	17	394.5
江苏	828.7	6.21	4	1335.5	5.32	5	506.8
浙江	679.5	5.10	6	937.1	3.73	10	257.6
安徽	495.3	3.71	11	1232.2	4.91	7	736.9
福建	593.0	4.45	9	877.1	3.49	11	284.1
江西	387.0	2.90	18	835.5	3.33	14	448.5
山东	922.1	6.91	3	1661.4	6.62	4	739.3
河南	744.6	5.58	5	1992.8	7.94	2	1248.2

续表

区域	2010 年			2020 年			2010～2020 年
	规模 （万人）	百分比 （%）	排序	规模 （万人）	百分比 （%）	排序	规模变动 （万人）
湖北	631.3	4.73	7	1051.5	4.19	9	420.2
湖南	613.6	4.60	8	1259.4	5.02	6	645.8
广东	1282.1	9.61	1	2244.4	8.94	1	962.3
广西	472.7	3.54	12	816.3	3.25	15	343.6
海南	107.5	0.81	25	157.4	0.63	26	49.9
重庆	329.8	2.47	21	261.8	1.04	24	-68.0
四川	925.9	6.94	2	1809.9	7.21	3	884.0
贵州	338.4	2.54	20	844.4	3.36	12	506.0
云南	432.3	3.24	16	836.9	3.33	13	404.6
西藏	9.7	0.07	28	48.5	0.19	28	38.8
陕西	396.5	2.97	17	734.0	2.92	19	337.5
甘肃	216.6	1.62	24	457.6	1.82	23	241.0
青海	67.5	0.51	27	118.9	0.47	27	51.4
宁夏	92.4	0.69	26	183.2	0.73	25	90.8
新疆	219.9	1.65	23	466.1	1.86	22	246.2

资料来源："2010 年省内流动人口规模"来自《中国 2010 年人口普查资料》，"2020 年省内流动人口规模"为笔者根据各省《第七次全国人口普查公报》整理。

（五）市内人户分离人口增长迅速

市内人户分离人口是指在同一市区内常住地与户籍登记地不在同一个街道（乡、镇）的人口。"七普"数据显示，2020 年全国市内人户分离人口规模达到 11694.6 万人，比 2010 年增长了 193%，呈现大踏步跃进的趋势，考验着以户籍为基础的社会管理体制。广东和重庆是全国市内人户分离人口最多的前两个省（市），规模高达 856.9 万人和 828.5 万人，其次是山东、四川、江苏、湖北和辽宁，其市内人户分离人口规模均超过500万人。北京和上海的市内人户分离人口排第8、9位，规模分别为499.1万人和465.5万人，约占该城市常住户籍人口的1/3。从增幅来看，2010~2020年，市内人户分离人口增长最多的前三个省（市）分别是重庆、广东和四川，增幅超过500万人（见表5）。

表5　2010年、2020年全国31个省份市内人户分离人口的规模和比例

区域	2010年			2020年			2010~2020年
	规模（万人）	百分比（％）	排序	规模（万人）	百分比（％）	排序	规模变动（万人）
全国	3990.7	100.00	—	11694.6	100.00	—	7703.9
北京	273.8	6.86	3	499.1	4.27	8	225.3
天津	151.3	3.79	10	294.5	2.52	20	143.2
河北	162.2	4.07	9	444.3	3.80	11	282.1
山西	124.5	3.12	16	321.7	2.75	18	197.2
内蒙古	104.2	2.61	18	239.5	2.05	23	135.3
辽宁	297.7	7.46	2	567.7	4.85	7	270
吉林	131.2	3.29	14	239.9	2.05	22	108.7
黑龙江	134.3	3.37	13	306.8	2.62	19	172.5
上海	307.1	7.70	1	465.5	3.98	9	158.4
江苏	256.1	6.42	4	631.6	5.40	5	375.5
浙江	128.2	3.21	15	455.0	3.89	10	326.8
安徽	143.0	3.58	11	422.8	3.62	13	279.8
福建	83.0	2.08	22	280.3	2.40	21	197.3
江西	83.2	2.08	21	388.7	3.32	15	305.5
山东	236.2	5.92	6	728.3	6.23	3	492.1
河南	172.6	4.33	8	443.8	3.79	12	271.2
湖北	192.4	4.82	7	571.2	4.88	6	378.8
湖南	103.8	2.60	19	340.4	2.91	17	236.6
广东	248.7	6.23	5	856.9	7.33	1	608.2
广西	72.3	1.81	23	371.6	3.18	16	299.3
海南	18.0	0.45	29	83.6	0.71	28	65.6

续表

| 区域 | 2010 年 | | | 2020 年 | | | 2010~2020 年 |
	规模（万人）	百分比（%）	排序	规模（万人）	百分比（%）	排序	规模变动（万人）
重庆	119.8	3.00	17	828.5	7.08	2	708.7
四川	134.8	3.38	12	713.5	6.10	4	578.7
贵州	48.2	1.21	26	210.5	1.80	24	162.3
云南	49.4	1.24	25	161.0	1.38	26	111.6
西藏	0.0	0.00	31	13.9	0.12	31	13.9
陕西	95.5	2.39	20	399.3	3.41	14	303.8
甘肃	51.4	1.29	24	201.1	1.72	25	149.7
青海	14.8	0.37	30	46.5	0.40	30	31.7
宁夏	24.2	0.61	28	85.6	0.73	27	61.4
新疆	28.7	0.72	27	81.6	0.70	29	52.9

资料来源："2010 年市内人户分离人口规模"来自《中国 2010 年人口普查资料》，"2020 年市内人户分离人口规模"为笔者根据各省《第七次全国人口普查公报》整理。

随着我国社会经济发展水平不断提高，受住房改革、城市扩张、旧城拆迁以及户口附加利益等因素的影响，城市内部人户分离人口的规模也进入了快速扩张期，以北京市为例，其常住户籍人口中有37%处于人户分离状态。如此庞大的人户分离人口对城市发展、公共管理和服务体系的建设均产生了巨大的影响，对城市内部资源的合理配置、城市建设规划等也提出了更高的要求。从表面上看，市内人户分离人口主要是由于住房改革、拆迁搬家、就业就学等产生的，本质上却是户籍与公共资源相捆绑、优质公共资源分布不均衡和公共资源的供给跟不上城市扩张速度等多方面因素造成的。市内人户分离现象的普遍化对社会治理将产生负面影响，不利于公共资源的优化配置。

三 对于流动人口登记的思考

流动人口数据对于社会经济政策的制定和实施均具有较强的参考价值。但"七普"公布的流动人口规模与历年人口抽样调查得出的数据差距较大，迫使我们对过去的流动人口登记方式进行反思。人口普查虽然能得到较为准确的人口流动信息，但需要耗费巨大的人力和财力，每10年举行一次的频率也使得数据时效性不佳。因此，我们必须利用现有的技术手段改进流动人口统计登记方式，及时获得准确的流动人口信息。当前的人口大数据技术发展和普及，为登记方式的改进提供了难得契机。

（一）新迁移流动数据的探索

近年来，在人口迁移流动研究方面，大数据已经成为重要的资料来源。相比于传统的调查数据，非结构化的大数据优势主要体现在两个方面：一是时效性，传统调查数据往往在迁移流动发生之后通过回顾性的调查获得信息，对于研究短期人口迁移潮几乎无能为力，而位置、手机信令等信息的收集与人口迁移是同步发生的，理论上可以实时查询到，及时得到研究结论，从而为公共政策服务；二是可获得性，相比需要消耗大量人力、财力和时间精力的传统调查，迁移大数据的收集是其他企业业务的副产品，某种程度上可以说是免费的，且不少企业已经建立开放性平台，研究者可以方便获得这些数据。在辅助人口统计登记、学术研究和公共管理方面，大数据已经进行了有益探索。

1.迁徙大数据的应用

定位服务通常是利用移动网络和移动设备来获取用户的地理位置信息，从而提供多类别的与位置相关的信息服务。定位服务数据通常包含时间属性和位置属性，提供位置服务的企业收集了海量的位置数据，通过一定的算法将这些非结构性的数据进行整理，为人口迁移流动研究提供了重要的资料来源。

当前，基于定位服务形成的人口迁徙大数据越来越多地被应用于人口迁移流动研究，最常用的是百度迁徙和腾讯位置大数据，其次还有高德地图大数据。例如：学者研究新冠肺炎疫情在武汉传播初期的人口流动状况，利用各城市迁徙强度和全国总体迁徙强度数据，分析了武汉及湖北其他地区人员向其他城市的迁移构成[①]；也对比了此后湖北以外的确诊病例增长情况，得出了人口流动与疫情传播之间的关系[②]。人口迁徙大数据还可以用来分析河流流域、城市群、都市圈内的人口迁移网络，对重点时间段的短期人口迁移潮进行分析，最常见的是对春运、国庆长假期间城市间人口迁移流动网络的分析[③]。

2. 手机信令数据的应用

手机信令是基于移动电信服务的开展而收集的信息，包含位置信令、呼叫信令、短消息信令、移动数据信令等，经过处理可得到用户位置和迁移流动轨道信息。相比于定位服务数据，手机信令数据具有覆盖群体更广、用户活跃度更高的特点。当前手机信令数据主要有以下几个方面的应用：用于特殊时期、重点区域的人流监测和人口流动研究；用于监测常住人口规模，从而推断常住流动人口规模；可以辅助传统人口调查或人口普查。

当前，已经有不少地区的统计部门开始与运营商合作，利用手机

---

① 刘涛、靳永爱：《人口流动视角下的中国新冠疫情扩散时空动态——传统数据和大数据的对比研究》，《人口研究》2020 年第 5 期。

② 黄匡时、贺丹：《基于大数据的人口流动轨迹研究》，《人口与健康》2020 年第 2 期，第 14 ~ 17 页。

③ 赖建波、潘竟虎：《基于腾讯迁徙数据的中国"春运"城市间人口流动空间格局》，《人文地理》2019 年第 3 期。

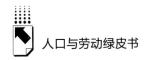

信令数据监测城市人口规模。四川省统计局从 2018 年开始试点大数据动态监测项目，建立省、市、县 3 个层次的人口总量统计的动态辅助监测，为及时掌握人口变化提供了便利①。通信大数据具有数据更新周期短、投入产出比高等特点，特别适合人口大规模流动的超大城市、特大城市的人口监测。

我国"七普"取得较高的调查质量与大数据的辅助密不可分。大数据对人口普查的辅助作用主要体现在以下三个方面②：一是调查方案设计和普查小区划分，手机信令数据可以对区域人口规模、分布等数据进行预判，结合电子地图数据，从而确定如何划分普查小区、调配普查人员和分配普查物资；二是辅助人口摸底，普查前对普查小区的人口数量摸底是常规操作，一般以街道、居委会的户口簿为基础，但流动人口较多的地区，非户籍人口的摸底不准也影响了最终普查的准确性，利用手机信令数据对该普查小区的夜间手机用户数量、停留时长、停留天数等进行预估，可以有效辅助摸底工作；三是普查后的查漏补缺，普查后的复查过程中，手机信令数据因为时效性的特点，不仅可以比对普查小区的人口规模数据准确性，还可以结合身份证号码及其实名登记的手机号，定向发送短信，进行查漏补登工作。

另外，一些地区也在探索电力大数据以辅助人口普查或人口调查。电力大数据可以判断住户为短期外出或长期外出，对于辅助人口普查摸底具有较大应用价值。

（二）新技术的问题与挑战

新技术在使用初期也会遇到问题与挑战，首先是隐私保护和安全

① 魏翰、陈志辉、张广志：《运营商大数据助力人口统计方法创新》，《中国统计》2020 年第 5 期。

② 胡斌、郭昊庆：《人口大国点名 普查取之有道——移动大数据在人口普查综合试点中的探索实践》，《中国统计》2020 年第 7 期。

性问题。大数据的迅速扩张得益于互联网用户的扩张，特别是智能终端使用者规模的不断壮大，生活应用场景的普遍化。法律对用户使用互联网服务、通信服务、定位服务等所产生的数据归属权并没有明确的界定，服务提供者记录、储存和使用这些数据是否已经得到用户明确授权也无法确定，况且这些数据的使用具有营利性，可能被转让给第三方使用。用户的使用记录还涉及家庭住址、工作单位、通信号码、用户习惯、终端设备等隐私信息，存在泄露风险，对人们生活产生一定的安全隐患。除此之外，还有用户信任度和社会风险问题。由于个人信息泄露案件频发，公众普遍对收集个人信息的行为有反感心理，这增加了合理合规信息收集的成本。

其次是资料来源和质量不稳定性问题。用户海量的数据来自不同的渠道和部门，交通大数据来自铁路、航空、客运等部门，社交网络数据来自不同的互联网企业，位置大数据来自百度、高德等地图服务企业，移动通信数据来自移动、联通、电信3家通信服务商。资料来源的多元化使得整合存在难度，不同来源的数据在数据格式、数据权限、数据范围、保密技术等方面均存在差异，对接难度较大。从数据结构和质量方面来说，非结构式的大数据与结构式的传统数据截然不同，前者信息量庞大而繁杂，可用数据的密度低，需经过多程式的数据预处理才能得到可使用的数据结构，这些环节需要数据程序员和相关专题的研究人员通力合作，而对于最终的数据使用者来说，前序的数据预处理环节类似黑匣子，没有统一标准，也不知其所以然，因此数据质量得不到保障。

同时，大数据处理依然存在技术性难点。从部分地区反映的结果来看，大数据测算的结果与传统统计数据结果仍然存在一定的差距。一方面，只采纳某一来源的大数据分析人口迁移流动存在一定局限性，如位置大数据能实时反馈城际人口迁移的状况，却无法区分短期商务出差、旅游度假和常住地改变的迁移者。另一方面，非结构性大

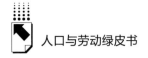

数据与传统研究对象的对接需要复杂的计算，各地因经济发展差异、人口结构差异，对接的参数和程式可能不完全一致，无法取得通用标准。

四　应对人口流动趋势的政策建议

2020 年，中国人户分离人口高达 4.9 亿人，占全国人口的约 35%，其中市内人户分离人口和流动人口分别较 2010 年增长 193% 和 69%。人户分离现象对现有以户籍为基础的社会管理体制形成较大挑战。

为及时掌握人户分离人口的基础信息，我国应创新人口统计监测制度。在人口流动、隐私观念等因素的作用下，传统人口调查方法不容易准确掌握人口统计的信息。但是，大数据、云计算等科学技术的发展带来人口统计时效性和准确性的大跨越，依托新型数据开发技术和平台，整合各部门行政登记数据，创新人口统计监测方法，实现人口基础信息的及时更新和整合，可以有效弥补传统数据的不足。同时，发挥传统调查的优势，在地区间和部门间形成统筹管理和协调机制，形成统一的信息收集、更新、整理机制，进而为面向实有人口的公共政策和公共资源分配提供依据。

同时，我国也应创新社会治理体制，继续深化户籍制度改革。属地化管理是应对人户分离问题的有效措施，必然成为中国社会体制创新的方向。推行属地化管理应该将户籍与附加利益分开，根据地区的实际人口规模来配置医疗、教育、交通、警力等公共资源，才能更好地为人户分离人口提供公共服务，实现社会治理的高效化。要继续降低各类城市的落户门槛，通过新型居住登记制、积分落户制、城市群内"户籍管理同城化"等措施深化户籍制度改革，消除劳动力流动障碍，扩大劳动力市场规模，提高城市经济的全要素生产率，推动人口红利的经济效率转化。

　　实现人口合理布局还需促进区域协调和城乡融合发展。大规模的人口流动体现了劳动力的优化配置，却也给落后地区造成了人才、劳动力流失的困扰。在人口老龄化和人口流出的双重压力下，区域性人口严重失衡会影响人口净流出地区的社会经济发展。这就需要全面促进区域协调和城乡融合，促进各类要素在城乡之间、区域之间的合理流动和平等交换，深化区域合作、区域互助和区际补偿机制，给予落后地区平等发展机遇，让先发展地区带动后发展地区，最终实现区域协调和城乡融合发展人口的合理布局。

G.5
农民工回流与城乡融合发展*

程 杰 朱钰凤

摘　要：　中国经济发展和城镇化进入新阶段，农民工回流呈现
新特征，更倾向于永久返乡而不是暂时回乡，劳动力
从生产率较高的城市部门回流到生产率较低的农村部
门，这种"逆库兹涅茨化"现象给城乡融合发展带来
挑战。农民工回流是中国经济发展阶段转变和城乡制
度约束共同作用的结果，其中，制度因素在"逆库兹
涅茨化"过程中扮演重要角色，城市户籍制度与农村
土地制度对农民工回流决策均有显著影响，户籍福利
价值高、落户门槛高的大城市倾向于"挤出"农民
工，对农民工回流形成了推力，而土地财富价值高的
农村倾向于"黏附"农民工，对农民工回流形成了拉
力。通过深化城乡制度改革，完全消除户籍制度与土
地制度的影响，农民工回流比例将至少下降一半，有
助于稳定城镇劳动力供给，推动农民工稳定发展。城
乡融合发展的前提是要素按照市场机制在城乡之间双
向流动，以制度和行政手段推动劳动力回流并不能解
决农村现代化的人力资本短缺问题，同步推进户籍制
度与土地制度改革，提高城乡要素配置效率，是推动

---

* 程杰，中国社会科学院人口与劳动经济研究所副研究员，主要研究方向为就业与
社会保障；朱钰凤，中国社会科学院大学博士研究生。

城乡融合发展的关键之策。

关键词： 农民工回流　城乡融合发展　"逆库兹涅茨化"

一　农民工回流：一种"逆库兹涅茨化"现象

农民工回流是中国城乡二元经济结构的特征表现。农民工作为劳动力市场中重要的组成部分，在中国经济发展和城镇化进程中扮演重要角色。当前中国人口流动和城镇化进入新阶段，近年来农民工总量趋于稳定，增速明显放缓，国家统计局数据显示，2005～2010年全国外出农民工总量年均增长4%，到2015年增速下降到0.40%，2020年末全国农民工总量28560万人，较上一年减少517万人，下降1.8%。农民工总量趋于稳定，既有人口结构转变的影响，新进入城镇劳动力市场的农村青年规模缩小，也有城镇存量农民工返乡的影响，返乡农民工以大龄劳动力为主。

长期以来，户籍制度是城乡二元经济结构中影响深远的制度安排。中国城镇化进程中的典型特征之一就是常住人口的城镇化水平与户籍人口的城镇化水平之间存在显著差距。"十三五"时期户籍人口城镇化目标基本达到，但仍然滞后于常住人口城镇化步伐。十八届五中全会将户籍人口城镇化率加快提高列入全面建成小康社会新的目标要求。到2020年，要实现约1亿农业转移人口落户城镇目标，户籍人口城镇化率提高到45%，户籍人口与常住人口城镇化率差距缩小2个百分点以上。截至2018年底，户籍人口城镇化率提高到43.4%，较2013年提高了7.7个百分点，约1亿农业转移人口已经落户城镇，2020年户籍人口城镇化率的目标已经完成，户籍人口与常住人口城镇化率的差距从2013年的18个百分点缩小到16个百

分点左右。但是，进入"十三五"时期，大城市户籍政策改革力度
不够，相关领域配套改革举措没有跟上，常住人口城镇化步伐较快，
2019年末城镇化率提高到60.6%，提前1年完成了《国家新型城镇
化规划（2014-2020年）》提出的到2020年城镇化率达到60%的
目标，但户籍人口城镇化率徘徊不前，两者差距未能进一步缩小
（见图1）。

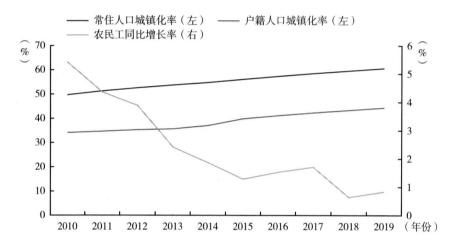

图1　城镇化水平与农民工数量增长：2010~2019年

资料来源：中国国家统计局。

农民工回流从"民工潮"开始以来就一直存在，但长期以来表
现为短期行为或临时性返乡。农民工流动呈现"候鸟式"特征，大
多数农民工不以定居城市为预期目标，农业农村承担着"就业蓄水
池"功能，农民工通常在农忙或节假日时期临时返乡，当遭遇经济
冲击面临失业风险时选择返乡从事农业生产，当经济恢复之后再次进
城务工。2008年全球金融危机期间，沿海地区经济遭受冲击，全国
将近2000万农民工返乡，这种返乡行为只是暂时现象，随着经济逐
步复苏农民工再次进城。我国人口老龄化加深，农民工也呈现老龄化

趋势，2019 年全国农民工平均年龄达到 43 岁，大龄农民工逐渐难以适应城市经济和产业结构转型要求，就业难度加大，社会保障缺失，他们更倾向于永久返乡，未来不打算再次外出。

农民工回流本质上是劳动力从高效率部门向低效率部门逆向转移，是一种中国特有的"逆库兹涅茨化"现象。"库兹涅茨化"是指资源从生产率较低的部门向生产率更高的部门转移，从而经济整体的资源配置效率得以提高，农村劳动力从生产率较低的传统农业部门向生产率较高的现代经济部门流动，就是一个典型的"库兹涅茨化"现象。改革开放以来，中国产业结构的调整基本上是按照生产率提高的规律进行，产业间资源效率重新配置构成全要素生产率增长的重要部分，1978～2013 年，劳动生产率从劳均 0.04 万元提高到劳均 2.92 万元，主要原因是大量成本低廉的农村剩余劳动力向城镇转移，劳动力从传统农业部门向现代部门转移，实现了经济快速增长和城乡居民收入提高，这一过程可以理解为"库兹涅茨"过程①。如果产业结构和演化顺序导致资源从生产率较高的部门逆向转移到生产率较低的部门，从而使得整体经济的全要素生产率降低，那么就可以将其视为"逆库兹涅茨化"。农民工回流直接表现为劳动力从城镇部门转移到农村部门，从工业、服务业等非农业部门转移到农业部门，这与"库兹涅茨化"进程相悖，虽然农民工返乡后他们仍然处于就业状态，但从非农产业回归到务农状态，从沿海地区的城市经济回到中西部地区的农村经济就业，导致生产率与资源配置效率的降低。这种典型的"逆库兹涅茨化"现象将加剧劳动力供给短缺，降低资源配置效率，不利于中国城镇化高质量发展，对经济可持续发展产生

---

① 蔡昉：《防止产业结构"逆库兹涅茨化"》，《财经界》2015 年第 4 期，第 26～29 页。

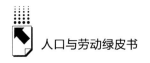

深远影响。分析新时期农民工回流现象对于理解中国新型城镇化发展道路具有重要意义，应该将其作为中国特色新型城镇化道路中的一个新现象和新议题。

二 农民工回流的典型特征

原国家卫生与健康委员会于 2015 年开展了流动人口卫生计生服务监测调查，该专项调查选择流动人口输出大省安徽、四川、河南、湖南、江西、贵州六省为调查区域，调查对象为典型村或村民小组的所有家庭户，对户内符合条件的返乡流动人口进行普查。按照分层随机抽样原则，在每个省内选取流出人口规模排名前 12 位的县，按照 GDP 排序后分为三组，结合所处地形情况等多项指标，每组选择一个县作为监测县。在每个县内根据距离县城远近程度选择 3 个村委会作为监测点进行调查。调查样本每省约为 4000 户，六省合计24000 户，主要了解流出地人口流动迁移情况，流动人口公共卫生和计划生育服务管理情况，返乡流动人口健康、参保和就医情况。通过对家庭每个人的返乡情况进行分析，获得 24322 个有流动信息的农民工样本，其中回流农民工样本为 1515 个，据此分析农民工回流特征。

回流农民工被界定为有外出经验且已经回流到农村，未来 6 个月内不再外出的农民工，相应地，未回流农民工被界定为有外出经验，没有回流到农村，或者已经回流到农村，但未来 6 个月内还会外出的农民工。调查样本统计分析显示，农民工回流比例均值为 6%，以当年全国农民工总量进行估算，全国回流农民工达到 1500 万人左右，这一规模对城市劳动力供给将产生一定影响。

回流农民工的群体特征明显。女性回流的比例大于男性，女性回流农民工占比为 7.21%，高于男性农民工 1.63 个百分点

（见表1）。相对于省内流动的农民工，跨省流动的农民工回流的比例更大，跨省流动农民工回流比例达到7.44％，大约是省内流动农民工回流比例的两倍。教育水平越高，农民工回流的比例越小，未上过学的农民工回流比例达到14％，而拥有本科学历的农民工回流比例只有0.4％（见图2）。随着年龄的增大，农民工回流比例明显提高，20～29岁农民工回流比例仅为4.7％，40～49岁农民工回流比例达到6.6％，50～59岁农民工回流比例提高到11.5％（见图3）。不同地区回流农民工比例存在差异，贵州省农民工回流比例达到27.17％，四川省农民工回流比例仅有4.23％。

表1　不同群体农民工的回流比例

分类项目	不同群体	回流人数（人）	比例（％）
性别	男性	816	5.58
	女性	699	7.21
流动范围	跨省流动	1242	7.44
	省内流动	273	3.58
本地最近公交站/乘车点的距离	2公里及以内	799	5.39
	2公里以上	716	7.54
分地区	四川省	188	4.23
	安徽省	386	7.62
	江西省	242	4.42
	河南省	179	5.16
	湖南省	192	4.11
	贵州省	328	27.17

注：比例指各群体回流人数占群体样本人数的比重，即不同群体的回流率。
资料来源：根据全国流动人口动态监测数据计算得到。

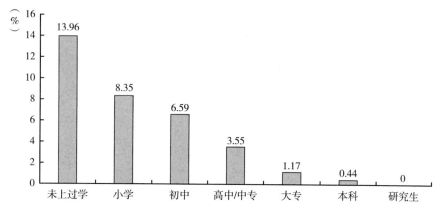

图2　不同教育水平农民工回流比例

资料来源：根据全国流动人口动态监测数据计算得到。

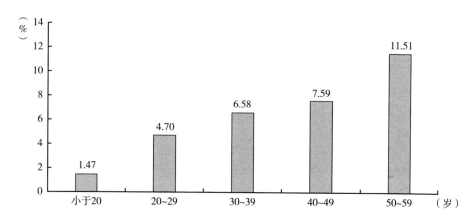

图3　不同年龄组农民工回流比例

资料来源：根据全国流动人口动态监测数据计算所得。

三　农民工回流的牵引力：土地制度还是户籍制度

经典的"推拉理论"解释了城乡二元经济中的农村劳动力向城镇转移的机制，将影响人口迁移的因素分为"推力"和"拉力"两个方面，"推力"促使移民离开原来居住地，"拉力"吸引移民迁入新的居住地，人口迁移的动力由迁出地的"推力"与迁入地的"拉力"共同构成。按照这一理论逻辑，同样可以尝试解释农民工回流行为和"逆库兹涅茨化"现象。城乡制度的力量都可以体现为"推力"或"拉力"，其中，城市户籍制度对于农民工回流形成"推力"，而农村土地制度对于农民工回流则形成了"拉力"。

户籍制度名义上是人口登记管理制度，但本质上是一种公共服务和福利管理制度，户口背后依附着居民就业、教育、住房、医疗、社会保障、公共服务等方面的权益。户籍制度的制约越强，农民工落户城市越困难，与城镇居民相比，农民工不能均等地享受城市公共服务与社会福利，农民工在城市的生活成本增加，返回农村的意愿增强。另外，农村土地制度明确了"三权分立"原则，土地所有权归集体，农户拥有土地承包权和经营权，农民户口迁移到城镇往往意味着放弃土地承包权以及潜在的土地财富。农村土地制度保障农民工的土地财富，土地财富高，农民工会获得较高的相对收入，农村的"黏附力"增强，其对农民工回流产生"拉力"。在城市户籍制度"推力"与农村土地制度"拉力"共同作用下，农民工回流的驱动力或牵引力增强，"逆库兹涅茨化"现象成为城镇化发展新阶段的典型特征。

经验研究中，可以通过构建户籍价值来衡量城市部门户籍制度对农民工回流的"推力"，以土地价值来衡量农村部门土地制度对农民工回流的"拉力"。理论上，土地价值对农民工回流决策有显著的正向影响，拥有土地价值越高，农民工回流的概率越大，农村土地制度保障农民工拥有土地价值，农民工放弃土地而落户城市的机会成本提高，农村土地制度对农民工回流有显著的"拉力"作用[1]。实证模型

---

① 王子成、赵忠：《农民工迁移模式的动态选择：外出、回流还是再迁移》，《管理世界》2013年第1期，第78~88页。

估计结果表明，户籍价值对农民工回流有显著的正向影响，城市户籍价值越高，农民工落户城市越受到"阻碍"，农民工没有城市户籍，不能享受或只能部分享受到城市公共服务与社会福利，户籍制度"推"动农民工回流，与张吉鹏等[1]研究结论一致。

年龄对农民工回流有显著的正向影响，年龄越大，农民工越倾向于回流，随着年龄的增加，身体机能以及技能水平不符合现在岗位的需求，面临较大的失业压力，回流到农村可以获得家庭的照顾，相对生活压力与经济成本下降，农民工回流的概率会增加，一般在年轻时候选择外出打工，年老之后选择回家务农[2]。女性农民工相对于男性农民工更加倾向于回流，农村家庭结构中，大部分是女性照顾家庭，男性出去打工挣钱，为了照顾家庭，女性回流的概率较大。受教育水平高的农民工回流的概率下降，其在城市能够获得较多的就业机会，人力资本回报率较高，留在城市的概率提高，人力资本较低的农民工会受到较大的就业与失业压力，选择回流的概率较大。16 岁以下少儿抚养比越高的农民工回流的概率越大，农民工为了照顾子女而选择返乡。家庭中非农业收入越多，农民工回乡的概率下降，非农业收入越多，农业收入越少，土地财富的相对价值越低，农民工更倾向于留在城市（见表2）。

表2 农民工回流决策模型的估计结果

项目	是否回流 probit	是否回流 logit
土地价值（家庭耕地面积/户均耕地面积）	0.00651 ***	0.00673 ***
	(0.00116)	(0.00117)
户籍价值（城市户口人均财政投入的对数）	0.00245 ***	0.00248 ***
	(0.000236)	(0.000253)

---

[1] 张吉鹏等：《城市落户门槛与劳动力回流》，《经济研究》2020 年第 7 期，第 175～190 页。

[2] Davies, R. B., and A. R. Pickles, 1991. "An Analysis of Housing Careers in Cardiff" [J], *Environment & Planing A* 5: 629 – 650.

项目	是否回流 probit	是否回流 logit
年龄	0.00223***	0.00231***
	(0.000184)	(0.000193)
性别(1=男,0=女)	-0.0168***	-0.0176***
	(0.00308)	(0.00309)
受教育年限	-0.00372***	-0.00358***
	(0.000620)	(0.000609)
家庭成员平均年龄	-0.00177***	-0.00190***
	(0.000245)	(0.000254)
家庭人口数	0.00306	0.00280
	(0.00188)	(0.00188)
老人抚养比	-0.0128	-0.00922
	(0.0156)	(0.0163)
儿童抚养比	0.00973***	0.00897***
	(0.00230)	(0.00226)
非农收入的对数	-0.0219***	-0.0222***
	(0.00210)	(0.00201)
城市人均 GDP 的对数	0.0185***	0.0189***
	(0.00240)	(0.00244)
样本量	24322	24322

注：①模型估计系数为边际效应。②括号中为回归的标准误。③*** 1% 的水平下显著，** 5% 的水平下显著，* 10% 的水平下显著。

假定彻底消除土地制度与户籍制度对农民工回流的"推力"与"拉力"，按照反事实假设估计农民工回流概率，可以进一步评估土地制度与户籍制度对农民工回流的影响（见表3）。假设户籍制度改革实现公共服务均等化，农民工在就业地自愿落户，即假设户籍价值为0，模拟估计得到农民工回流比例为2.24%，相对于实际的6.00%农民工回流比例，农民工回流概率下降超过一半。这意味着如果户籍制度完全放开，农民工落户城市门槛消失，所有人能够均等化享受城

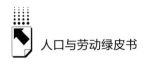

市公共服务与社会福利，户籍制度对农民工回流的"推力"消失，那么其将激励超过一半回流农民工选择留在城市。

表3　不同户籍制度与土地制度模拟估计结果

单位：%

项　目	方案一：消除户籍制度与土地制度		方案二：户籍制度与土地制度同质化	
	户籍制度	土地制度	户籍制度	土地制度
模拟回流率	2.24	3.09	3.08	3.08
实际回流率	6.00	6.00	6.00	6.00
下降幅度(个百分点)	3.76	2.91	2.92	2.92

资料来源：根据笔者模拟得到。

假设土地制度改革实现土地产权完全可自由交易，实现土地财富随着农民工进城可转移，即假设土地价值为0，模拟估计得到农民工回流比例为3.09%，比实际农民工回流比例下降约3个百分点，下降幅度接近一半。这意味着如果土地制度改革推进土地价值转移能够完全自由地实现，土地制度对农民工回流的"拉力"消失，那么农民工回流的比例会下降到实际回流农民工的一半。

假设地区之间户籍门槛与土地制约同质，即假设土地价值与户籍价值为样本均值，在此模拟估计下农民工回流比例为3.08%，相对于实际农民工回流比例下降一半左右，这意味着缩减不同地区户籍价值与土地价值的差异，同样也能够降低农民工回流概率，提高新型城镇化发展质量。根据政策模拟分析结果，若全面深化改革户籍制度与土地制度，则两项制度改革都能够使得农民工回流比例减少一半左右。这对政策部门的启示是，在新型城镇化发展战略推进过程中，要注重城乡改革的联动，在深化城市户籍制度改革的同时，要同步推进农村土地制度改革，实现更高质量的城镇化。

四　城乡制度改革联动，破解"逆库兹涅茨化"现象

农业剩余劳动力从低生产率农业中退出，在城乡之间、地区之间、产业之间流动，进而进入高生产率的城市部门，构成了中国特色城市化的过程和内涵①。中国经济进入高质量发展阶段，人口老龄化持续加深，新时期农民工回流更趋向于永久回流，农民工从高效率城镇部门回流到低效率农村部门，这种"逆库兹涅茨化"现象将加剧城镇部门的劳动供给不足，不利于中国高质量城镇化发展和城乡融合发展。同时，农民工从非农业部门转移到农业部门，收入水平下降，进一步扩大城乡收入差距，与推进实现共同富裕的战略目标相悖。

农民工回流带来的"逆库兹涅茨化"现象，既有人口、经济结构转型的影响，又很大程度上受到城乡制度因素约束。人口老龄化加剧农民工就业难度，经济结构转型也给农民工带来就业冲击，人口与经济结构转型加速农民工回流的步伐，制度因素在其中扮演重要推动作用。在城市层面，户籍制度是影响最为深远的制度，落户门槛高、难度大对农民工回流形成"推力"，预期随着户籍制度改革全面深化，公共服务均等化加快推进，户籍制度的"推力"效应趋于减弱。在农村层面，土地制度是影响最为深刻的制度，土地要素市场尚不成熟，农民工不能通过市场交易充分兑现户籍地的土地权益，阻碍了他们迁移落户城镇的意愿，土地制度对农民工回流形成"拉力"，预期随着农村土地制度改革全面深化，农民土地财产更加充分自由地流转，土地制度的"拉力"效应将趋于减弱。

---

① 蔡昉：《历史瞬间和特征化事实——中国特色城市化道路及其新内涵》，《国际经济评论》2018 年第 4 期，第 9 ~ 23 页。

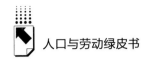

在当前户籍制度和土地制度尚未彻底改革情况下，人口老龄化持续加深，经济结构和产业结构加快调整，预期未来一段时期农民工回流规模将逐渐扩大，"逆库兹涅茨化"现象短期不会消失，并且不利于中国高质量城镇化进程，影响中国长期经济发展。破解"逆库兹涅茨化"现象，需要协调推动城乡制度改革，城镇层面要进一步深化户籍制度改革，逐步消除农民工的落户门槛，使农民工能够享受到城镇户籍福利与公共服务，农村层面需要推进土地制度的改革，使得农民摆脱土地的牵绊。农业政策需要与城镇化战略协调，农业补贴政策一定程度上提高了土地附加福利价值，增加了农民工进城落户的机会成本。"逆库兹涅茨化"现象要同步推进户籍制度与土地制度的改革，加快城乡融合发展，推动以人为核心的城镇化发展。

户籍政策仍然是制约城乡人力资源合理流动和有效配置的重要制度性约束。户籍制度改革的关键症结在于地方政府推动改革的成本与收益不匹配。在土地制度未能实现重大调整情况下，未来较长时期内户籍人口城镇化水平大幅提高的难度很大，户籍人口城镇化率与常住人口城镇化率之间的差距将持续扩大。国民经济社会"十四五"规划已经不再设立"户籍人口城镇化率"预期目标，未来改革重点应该加强常住人口基本公共服务均等化，着力提高常住人口城镇化质量。

户籍制度改革全面实施既需要中央顶层设计的有力推动，也需要地方经济发展的内生动力。十八届三中全会以来，户籍制度改革进入全面实施阶段，改革力度不断加大。农业转移人口市民化是推进中国特色新型城镇化的关键，中央要求全面放开建制镇和小城市落户限制，有序放开中等城市落户限制，合理确定大城市落户条件，严格控制特大城市人口规模，稳步推进城镇基本公共服务常住人口全覆盖，全面实施居住证制度，完善大城市积分落户政策。目前，城区常住人口 300 万人以下的城市已经全面取消落户限制，300 万～500 万人的大城市要求全面放宽落户条件、全面取消重点群体落户限制，500 万人以上的超大特大城市要求调整完善积分落户政策，大幅增加落户规模、精简积分项目，确保社会保险缴纳年限和居住年限分数占主要比例。党的十九大提出，从促进区域协调发展的国家战略层面推动新型城镇化战略，以城市群为主体构建大中小城市与小城镇协调发展的城镇格局，落实"三挂钩"激励机制，建立农业转移人口市民化成本分担机制。地方政府转变观念、创新社会治理，一些城市加快取消和放宽落户限制，期望在"人口争夺战"中抢占先机。中央顶层设计与地方内在激励相协调是户籍制度改革深入推进的关键。

户籍政策主要制约超大、特大城市的户籍城镇化率步伐，土地制度主要牵制中小城市和小城镇的户籍城镇化步伐。目前户籍人口城镇化率提高主要来自县改市、乡改镇、村改居等行政区划调整，农民工进城落户的贡献较小，户籍人口城镇化的质量不高。四川省实地调研显示，"十三五"以来全省"农转非"每年 120 万～150 万人，以拆迁或易地搬迁为主，其中只有 14 万～18 万人主动迁移到城镇购房居住，农民转移城镇落户的意愿不高。四川省绵阳市落户已经实现"零门槛"，但即便如此，2019 年户籍人口城镇化率只有 35.8%，2014 年户籍城镇化率约为 30%，而常住人口城镇化率已经接近 54%。户籍人口城镇化率目标任务主要通过调整城郊农业户口性质完成，这一举措导致城镇化质量不高，同时也带来一些新问题，一些地方出现"农转非"后继续从事农业生产、享受农业补贴、城乡区域代码没有同步调整等现象。

户籍制度改革的关键症结在于地方政府推动改革的成本与收益不匹配。改革推进中出现"政策给户口、没人愿意要""有人想落户、政策不允许"现象，中小城市和小城镇缺乏落户吸引力，大城市的

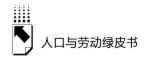

落户门槛偏高，个别超大城市的户籍改革阶段性让位于产业和人口疏解任务。按照城市流动人口规模和本地城镇户口背后附带的教育、医疗、社会保障等福利价值估算，目前户籍改革成本排在前10位的城市累计成本就占到全国总成本的3/4，这意味着改革成本主要由地方政府负担，少数超大、特大城市成为改革最后的"梗塞"。

户籍制度改革推进中的主要矛盾不在于部门之间、而在于中央与地方之间关系，归根于中央与地方的财权与事权不匹配问题。户籍制度改革作为一项复杂的系统工程，涉及土地、就业、教育、医疗卫生和社会保障等多个领域，改革自始至终由多个部门共同推进，相关制度碎片化逐渐转向城乡一体化，部门协调问题不再是主要矛盾。关键矛盾在于中央与地方权责关系，地方政府顾虑改革带来的公共财政投入和社会成本主要由自身承担，现行制度下中央转移支付并不足以弥补地方新增成本，消除这一症结的关键在于加快中央与地方财权事权改革，合理分摊成本，强化激励机制。户籍制度改革进入攻坚阶段，要强化顶层设计、全国整体推进，解决中央和地方"激励不相容"问题，有效解决户籍改革力度不断加大、户籍人口城镇化率却停滞不前的矛盾。

"十四五"时期改革目标为努力实现户籍人口城镇化率更快提高，大幅缩小与常住人口城镇化率差距。户籍制度改革基本思路是：超大、特大城市要进一步放宽落户限制，持续增加落户数量，取消积分落户年度指标配额，转向"准入申请制"；以省会城市为主的大城市作为吸收新增农业转移人口的主要渠道，全面放开落户限制；中小城市加快特色小镇、小城镇建设，提高公共服务水平，增强落户吸引力。

户籍制度仅仅解决"户口供给"问题，并不能缓解"户口需求"矛盾，完全依靠户籍制度改革并不能从根本上解决户籍城镇化率滞后于常住人口城镇化率问题。"户口需求"需要从农村土地制度改革和城镇公共服务水平等相关领域配套改革方面共同推进。尤其在土地制度尚未进行较大调整的情况下，未来较长时期内户籍人口城镇化水平大幅提高的难度很大，户籍人口城镇化率与常住人口城镇化率之间的差距将持续扩大，"户籍人口城镇化"目标造成各级政府相关工作较大被动局面。

加强户籍制度与其他相关制度之间的协调推进。土地是农业转移人口市民化的最大牵绊，继续推进土地制度改革，应允许更大范围、更低交易成本地实现土地流转。加快城乡一体化的劳动力市场体系和社会保障制度建设，鼓励农民工和流动人口在常住地以灵活就业人员身份参加城镇职工社会保险，城乡居民社会保险向非本地户籍的常住人口开放，扩大流动人口在常住地享受廉租房、公租房等覆盖范围，社会救助制度逐渐取消户籍限制，面向常住人口一视同仁，消除流动人口的城市贫困问题。加强相关机构配合联动，建立全国联网的居住证制度，实现人口与户籍、保险账户可同步自由转移。同时，完善农业转移人口市民化的成本分摊机制。基础性公共服务如义务教育、中等职业教育等经费完全由中央财政负担，就业服务、医疗卫生、养老保障、住房保障等统筹层次逐步提高，加大中央财政转移支付力度。对于基础设施、法律援助、文体娱乐等准公共服务项目，中央财政给予支持，鼓励各级政府和社会力量共同推进。

参考文献

李玉梅：《中国产业结构变迁中"逆库兹涅茨化"效应测量及分析》，《数量经济技术经济研究》2017 年第 11 期。

刘鹏程、孟小怡：《城市产业结构调整中的"逆库兹涅茨化"——基于流动人口居留意愿角度分析》，《重庆理工大学学报（社会科学）》2021 年

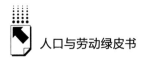
第 1 期。

　　屈小博、程杰：《地区差异、城镇化推进与户籍改革成本的关联度》，《改革》2013 年第 3 期。

　　周颖刚、蒙莉娜、卢琪：《高房价挤出了谁？——基于中国流动人口的微观视角》，《经济研究》2019 年第 9 期。

　　Zhao，Y.，2002. "Causes and Consequences of Return Migration：Recent Evidence from China" ［J］，*Journal of Comparative Economics 2*：376 - 394.

G . 6
中国超大城市、特大城市流动人口的
劳动力特征[*]

邓仲良^{**}

摘　要：　利用国家卫健委2011～2018年流动人口动态监测数据
　　　　　（CMDS）测算表明，自2011年起，中国超大和特大城市
　　　　　中流动人口的家庭规模经历了先增大后变小的"倒 U"
　　　　　形过程；较之全国水平，超大、特大城市的流动人口个
　　　　　体平均受教育年限也较高。"城-乡"人口流动仍占主
　　　　　导，"城-城"人口流动比重逐步上升，但农村流动人
　　　　　口比重呈下降趋势，尤其在超大城市。超大城市流动人
　　　　　口以跨省流动为主，特大城市以跨省流动和省内跨市二
　　　　　者并重，超大和特大城市的流动人口中照顾随迁老人和
　　　　　小孩的相对比重较高，且后者大于前者。农村流动人口
　　　　　留居意愿显著小于城市流动人口。进一步，从收入、就
　　　　　业及社会保障来看，超大城市的名义工资溢价大于特大
　　　　　城市，超大和特大城市中流动人口主要从事消费性服务
　　　　　业，且大多在民营企业就业。对社会保障而言，以医疗
　　　　　保险为例，超大和特大城市内流动人口的医疗参保比重

---

　　*　本研究为中国社会科学院青年人文社会科学研究中心课题"京津冀协调发展背
　　　景下的人口疏解政策调研"（2021QNZX002）阶段性成果。
　　**　邓仲良，经济学博士，中国社会科学院人口与劳动经济研究所副研究员，主要研
　　　究方向为人口流动、人口变动与经济增长。

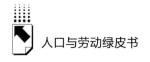
相对高于其他类型城市，但对参保地选择而言，农村流动人口多选择原户籍地，而城市流动人口则更偏好于流入地城市。本文研究工作进一步明确了超大和特大城市中流动人口劳动力市场特征的典型事实。

关键词： 超大城市和特大城市　流动人口　厚劳动力市场

一　研究背景

随着人口流动日趋频繁，人口逐步向大城市流入，中国形成了一些超大、特大的城市。人口大规模持续流入对大城市的管理水平提出了更高的要求，也对城市宜居水平、教育和医疗等公共服务供给、城市综合承载力（自然和经济）提出了新的挑战。另外，为促进城乡和区域协调发展、避免区域发展过度分化，目前中国部分超大城市以疏解城市功能来实现人口规模控制和劳动力结构优化。无论是引导人口空间均衡流动，还是优化大城市劳动力供给结构，准确把握大城市中流动人口的劳动力典型特征是关键，尤其对于超大和特大城市而言，因而有必要全面回顾和准确认识新时期超大、特大城市流动人口的劳动力市场特征。

首先，大城市具有显著的"厚劳动力市场"特征①②，因而具有

---

① Combes, P. P. , G. Duranton, L. Gobillon, D. Puga, and S. Roux, "The Productivity Advantages of Large Cities: Distinguishing Agglomeration from Firm Selection" [J], *Econometrica*, 2012, 80 (6): 2543 - 2594.

② Behrens, K. , Duranton, G. , and F. Robert-Nicoud, "Productive Cities: Sorting, Selection and Agglomeration" [J], *Journal of Political Economy*, 2014, 122 (3): 507 - 553.

更高的经济产出效率和工资收入，这反过来又进一步加大大城市的集聚效应，促进大城市人口规模不断扩大，这也使得超大、特大城市的"厚劳动力市场效应"愈加显著。通过对相关文献和实际情况总结，人口向高经济密度地区和高公共服务质量的大城市流入是客观的经济规律，尤其是超大、特大城市[①]。吸引劳动力不断流入大城市的主要因素为收入工资差异，尤其是"城 – 乡"迁移人口[②]，相关研究[③]表明大城市工资收入高于小城市，城市规模增加能够放大农民工的工资溢价效应，工资对城市规模的弹性系数为 4.0% ~ 4.2%。但宁光杰[④]利用 2008 年农村外出劳动力收入数据（RUMiCI）研究表明，由于劳动者存在不可观测能力特征和选择偏差等问题，大城市收入优势可能并不显著，城市集聚效应对劳动力市场影响需要进一步研究。另外，技能差异、社会关系网络的就业渠道和不签订劳动合同就业方式都显著影响了城市规模效应引起的工资溢价[⑤]。利用中国社会综合调查开放数据库（CGSS2008）分析城市抽样调查数据表明[⑥]，特大城市的互补效应与替代效应同时并存，大城市（省会）表现为互补效应强于替代效应，中小城市则替代效应强于互补效应。外来劳动力流入对

① 陆铭、向宽虎、陈钊：《中国的城市化和城市体系调整：基于文献的评论》，《世界经济》2011 年第 6 期，第 3 ~ 25 页。
② 蔡昉：《人口迁移和流动的成因、趋势与政策》，《中国人口科学》1995 年第 6 期，第 8 ~ 16 页。
③ 王建国、李实：《大城市的农民工工资水平高吗?》，《管理世界》2015 年第 1 期，第 51 ~ 62 页。
④ 宁光杰：《中国大城市的工资高吗? ——来自农村外出劳动力的收入证据》，《经济学（季刊）》2014 年第 3 期，第 1021 ~ 1046 页。
⑤ 潘丽群、陈坤贤、李静：《城市规模工资溢价视角下流动人口工资差异及其影响路径研究》，《经济学动态》2020 年第 9 期，第 111 ~ 129 页。
⑥ 周密、张广胜、黄利、彭楠：《外来劳动力挤占了本地市民的收入吗? ——基于城市规模视角》，《上海财经大学学报》（哲学社会科学版）2014 年第 1 期，第 96 ~ 105 页。

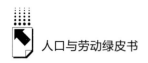

特大城市本地市民工资影响并不显著，但外来劳动力每增加1%，省会级大城市本地市民的年薪提高1.46%，中小城市本地市民的年收入则下降0.83%。

其次，大城市的人力资本外部性显著，由此进一步提升了工资溢价效应，相关研究表明教育水平越高，其工资回报率越大[1]，城市劳动力市场大专及以上学历占比每提高1%，农民工月收入平均提高4.3%~11.4%，其中高技能农民工更受益于人力资本外部性[2]。人力资本还具有集聚人口的稳定性。从更长的历史维度来看，市场环境下劳动力总是流入人力资本水平更高的城市，尤其是高技能劳动力，而短期政策冲击无法改变历史上的城市人力资本空间分布[3]。

另外，大城市集聚也有成本效应。由于空间异质性和经济外部性影响，城市人口集聚会产生拥挤、高房价[4]等成本效应，同时户籍也会提高人口流入制度成本[5]。李实和吴彬彬[6]基于中国流动人口监测调查（CMDS）、中国家庭收入调查（CHIP）和中国家庭追踪调查（CFPS）三套数据库进一步分析表明，尽管户籍分割、收入户籍歧视程度逐步降低，但社会保障歧视的确存在，研究建议提高在城市就业农民工的社会保障均等化和覆盖范围。在大城市的流动人口劳动力市

---

① Glaeser, E. L. and M. Lu, "Human-Capital Externalities in China" [J]. *NBER Working Paper*, No. 24925, 2018.

② 李瑞、刘超:《城市规模对农民工人力资本外部性的影响》,《城市问题》2019年第3期，第32~40页。

③ 夏怡然、陆铭:《跨越世纪的城市人力资本足迹——历史遗产、政策冲击和劳动力流动》,《经济研究》2019年第1期，第132~149页。

④ 张莉、何晶、马润泓:《房价如何影响劳动力流动》,《经济研究》2017年第8期，第155~170页。

⑤ 严善平:《中国大城市劳动力市场的结构转型——对2003年、2009年上海就业调查的实证分析》,《管理世界》2011年第9期，第53~62页。

⑥ 李实、吴彬彬:《中国外出农民工经济状况研究》,《社会科学战线》2020年第5期，第36~52页。

场，农民工就业更多地依赖于社会关系网络和"自我雇佣"形式，相关研究表明就业稳定性和工作满意度仍不高，尤其是青年外来人口，其多处于一般劳动力市场，大多存在社会安全感较低、心理不平等、劳动力市场二元结构引起的收入瓶颈等问题①，这使得大城市流动人口无法获得全部"厚劳动力市场优势"。

准确地认识超大和特大城市内流动人口的劳动力市场特征有利于在顺应人口流动经济规律基础上优化大城市发展方式，但鲜有研究系统地总结超大和特大城市中劳动力市场特征的典型事实，本文将2011~2018 年中国流动人口动态监测数据（CMDS）匹配至中国地级市及以上城市层面，定量地识别超大、特大城市的劳动力市场特征的典型事实。

二 数据说明

流动人口个体样本数据来自国家卫生健康委提供的中国流动人口动态监测调查数据（China Migrants Dynamic Survey，简称 CMDS），CMDS 是国家卫生健康委自 2009 年起建立的大规模全国性流动人口抽样调查数据库，覆盖全国 31 个省（区、市）中流动人口较为集中的流入地，内容涉及流动人口及家庭成员人口基本信息、流动范围和趋向、就业和社会保障、收支和居住、基本公共卫生服务等，并能够区分流动人口的流入地和来源地。为更好地识别流动人口所在城市信息，本文依据城市类型标准②，对不同人口规模的城市类型进行划分，根据城区常住人口的测算结果，本文选取的超大、特大城市有北

---

① 胡小武、沈阅微：《大城市外来青年的"落脚空间"与"社会融入"：以南京为例》，《城市观察》2021 年第 2 期，第 96~104 页。

② 《国务院关于调整城市规模划分标准的通知》（国发〔2014〕51 号），2014 年10 月 29 日发布。

京市、重庆市、上海市、天津市、广州市、深圳市、武汉市、成都市、杭州市、南京市、东莞市、佛山市、西安市、沈阳市、济南市、青岛市、郑州市、汕头市、苏州市、哈尔滨市（部分城市见表1）。考虑统计口径变化及 CMDS 数据，本文选取 2011～2018 年城市数据和流动人口微观个体数据，并将二者依据国家统计局《统计用区划代码》和《统计用城乡划分代码》进行匹配①。限于篇幅，本文仅列出部分流动人口指标统计性描述，详见表2。需要指出的是，本文相关指标的比重为相对于城市流动人口抽样总数而言。

表1　中国部分超大、特大城市的城市常住人口数（2010 年、2020 年）

城市	2010 年普查（万人）	2020 年普查（万人）	变化（%）	城市	2010 年普查（万人）	2020 年普查（万人）	变化（%）
重庆市	2884.62	3205.42	11.12	天津市	1293.87	1386.60	7.17
上海市	2301.92	2487.09	8.04	西安市	846.78	1295.29	52.97
北京市	1961.24	2189.31	11.63	苏州市	1045.99	1274.83	21.88
成都市	1404.76	2093.78	49.05	郑州市	862.71	1260.06	46.06
广州市	1270.19	1867.66	47.04	武汉市	978.54	1232.65	25.97
深圳市	1035.84	1756.01	69.53	杭州市	870.04	1193.60	37.19

注：依据《国务院关于调整城市规模划分标准的通知》（国发〔2014〕51 号），城市规模是以城区常住人口规模来进行判定的，本表是依据城区常住人口划分好城市类型，而后再据此统计 2010 年和 2020 年城市常住人口数。常住人口变化幅度为 2020 年第七次人口普查数相对于 2010 年第六次人口普查数的变化。

资料来源：笔者根据各省市公布的"六普"和"七普"人口普查公报数据整理计算。

表2　超大、特大城市流动人口部分指标统计性描述

变量名称	最大值	最小值	平均值	标准差	变异系数	样本数（个）
年龄（岁）	96.000	15.000	34.848	10.283	0.295	521810

① 国家统计局：《统计用区划代码》和《统计用城乡划分代码》，http://www.stats.gov.cn/tjsj/tjbz/tjyqhdmhcxhfdm/2020/index.html。

续表

变量名称	最大值	最小值	平均值	标准差	变异系数	样本数(个)
性别	1.000	0.000	0.526	0.499	0.950	521811
户口类型	1.000	0.000	0.813	0.390	0.479	521810
受教育年限(年)	12.519	5.813	10.272	0.943	0.092	521810
城市层面个人月平均收入(元)	11379.550	900.000	4113.845	1247.249	0.303	521770

注：1 流动人口样本收入也有负值，负值代表经营亏损，本表中收入水平为城市抽样样本平均值。2 对样本个体性别，男性为 1，女性为 0。

资料来源：笔者根据 CMDS 数据计算整理，考虑与地级市及以上城市数据的匹配性，本文剔除了部分地区个体样本数据。

三　流动人口的家庭特征

流动人口家庭特征不仅能够体现流动人口流动模式，而且可以反映年龄结构等个体变化情况。家庭式流动也反映了流动个体对迁入城市收益与成本的再选择意愿。

（一）家庭规模及平均年龄

从流动人口家庭规模变化情况来看，中国整体流动人口家庭规模从 2011～2018 年经历了先上升后下降的"倒 U"形变化趋势，流动人口家庭平均规模 2011 年为 2.467 人，2015 年为 2.583 人，其后逐年下降，2018 年为 2.464 人。对不同人口规模城市而言，2011～2018 年流动人口家庭规模的这种变化趋势也同样存在，如表 3 所示，但大城市内流动人口的家庭规模小于中小城市内流动人口家庭规模，2011 年超大城市和特大城市流动人口家庭规模分别为 2.419 人、2.147 人，中小城市为 2.528 人，I 型大城市和 II 型大城市分别为 2.388 人、2.554 人。2018 年超大、特大城市流动人口家庭规模分别

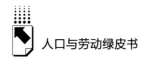

为 2.330 人和 2.336 人，都小于中小城市（2.568 人）和大城市（Ⅰ
型大城市为 2.483 人、Ⅱ 型大城市为 2.558 人），这表明城市规模越
大的城市，其流动人口的家庭规模越小。

表 3　2011～2018 年中国流动人口家庭规模

单位：人

年份	全国城市层面	超大城市	特大城市	大城市		中小城市
				Ⅰ 型大城市	Ⅱ 型大城市	
2011	2.467	2.419	2.147	2.388	2.554	2.528
2012	2.518	2.467	2.277	2.533	2.623	2.556
2013	2.502	2.440	2.290	2.566	2.552	2.598
2014	2.529	2.470	2.271	2.571	2.585	2.639
2015	2.583	2.540	2.380	2.570	2.625	2.669
2016	2.558	2.450	2.406	2.591	2.623	2.658
2017	2.553	2.459	2.408	2.567	2.668	2.657
2018	2.464	2.330	2.336	2.483	2.558	2.568

注：为保持数据统一性，本文剔除了部分城市样本，故与历年《中国流动人口发展
报告》的相关数值存在差异，特此说明，后续不再赘述。CMDS 数据所涉及城市范围详
见相关问卷调查说明。

资料来源：笔者根据国家卫健委提供的中国流动人口动态监测调查数据（China
Migrants Dynamic Survey，简称 CMDS）计算。

从流动人口家庭平均年龄来看，无论是超大、特大城市，还是中
小城市，流动人口家庭平均年龄都逐年上升，这在超大城市和中小城
市增幅尤为明显，二者在 2018 年较之 2011 年分别增加 56.01%、
56.70%，而特大城市、Ⅰ 型大城市、Ⅱ 型大城市分别增加了
41.99%、45.33%、53.97%。这表明超大城市和中小城市的流动人
口老龄化趋势最为显著。需要注意的是，中小城市大多为人口外流城
市，其人口流动类型主要为市内跨县流动，与超大城市内流动人口多
为跨省流动存在区别。其中，超大城市流动人口家庭平均年龄最大，

为46.501岁，大于全国水平（44.055岁），较之其他类型城市，特大城市和Ⅰ型大城市集聚了更多的年轻劳动力，其家庭平均年龄分别为41.106岁、41.498岁。进一步地，超大城市与特大城市、Ⅰ型和Ⅱ型大城市的家庭平均年龄差也在逐步增大。以超大城市与Ⅰ型大城市对比为例，2011年二者差距为1.252岁，到2018年二者差距增至5.003岁，具体如表4所示。

表4　流动人口家庭平均年龄

单位：岁

年份	全国城市层面	超大城市	特大城市	大城市		中小城市
				Ⅰ型大城市	Ⅱ型大城市	
2011	29.071	29.806	28.950	28.554	28.461	29.477
2012	35.550	36.779	33.690	33.905	34.826	36.945
2013	34.623	35.408	33.295	33.261	34.489	36.034
2014	35.833	36.583	33.895	33.910	36.652	37.226
2015	37.798	39.324	35.817	35.137	38.171	39.501
2016	39.867	42.827	36.722	36.731	39.967	41.440
2017	42.221	44.889	39.158	39.655	41.450	44.499
2018	44.055	46.501	41.106	41.498	43.821	46.191

注：流动人口的家庭平均年龄为家庭成员样本的年龄加总除以家庭规模，本表值为城市层面样本均值。

（二）家庭收入与支出

从流动人口家庭收入和支出情况来看，2011～2018年流动人口家庭收入和支出的比值在1.75～2.15范围内，其中，超大城市流动人口的家庭收入支出比在2011～2015年先上升后下降，而在2016～2018年则先下降而后又上升。对中小城市而言，流动人口家庭收支比在2011～2018年总体呈现下降趋势，这也进一步表明大城市收入溢价效应大于中小城市（见图1）。

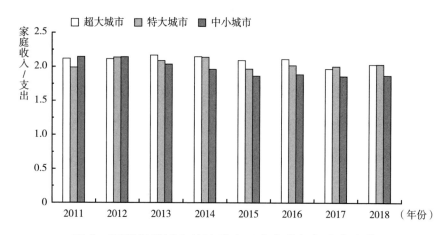

图1 不同规模城市的流动人口家庭收入与支出比值

资料来源：笔者根据 2011~2018 年 CMDS 计算得到。

从居住成本进一步分析，以家庭房租和房贷支出占家庭总支出比重来看，除 2012 年居住成本占支出比重存在较大幅度下降外，2013年后中小城市内流动人口居住成本占家庭支出比重都存在下降趋势，中小城市中居住成本占家庭总支出比重最小，且降低幅度最大；而同期超大城市和特大城市的流动人口居住支出占家庭支出比值却稳步上升，二者水平基本持平。从城市平均租房成本来看，城市规模越大，其平均租房成本越高，2018 年超大和特大城市内流动人口的平均租房成本为 1161.99 元/月、1007.95 元/月，2018 年中小城市内流动人口的平均租房成本为 609.65 元/月。从 2011~2018 年不同规模城市平均房租与全国水平相比来看，如图 2 所示，超大城市和特大城市租房成本都高于全国平均水平，2018 年超大城市为全国平均水平 1.28 倍，特大城市为 1.11 倍，而中小城市为全国平均水平的 67.32%①。其次，从不同规模城市的房租全国相对水平可进一步看出，2011~2018 年超大、特

---

① 资料来源：作者根据 2011~2018 年 CMDS 数据整理计算，限于篇幅表格省略。

大城市的房租相对成本基本保持不变，而中小城市房租相对水平却持续下降，由 2011 年与全国基本持平下降至 2018 年全国水平的 67.32%。

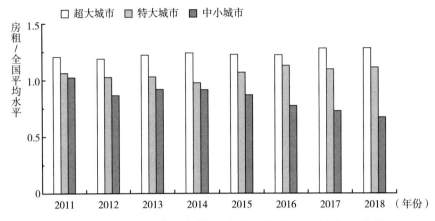

图 2　不同人口规模城市的平均房租与全国平均水平比值

资料来源：笔者根据 2011 ~ 2018 年 CMDS 计算得到。

四　流动人口个体特征

在理解超大、特大城市流动人口家庭特征基础上，准确把握流动人口个体的劳动力特征尤为重要。

（一）婚姻、性别、户籍、受教育水平

从 CMDS 数据样本来看，流动人口已婚程度较高，且呈现总体逐年增加的趋势，并未体现出显著的城市差异。超大城市、Ⅱ 型大城市和中小城市的已婚流动人口比重大于全国水平，其余城市类型已婚流动人口比重都小于全国水平，其中，在不同规模城市类别下，特大城市中已婚流动人口比重最低，2018 年为 0.796，低于同期全国水平（0.847），Ⅰ 型大城市已婚流动人口略低于全国水平，2018 年其值为 0.830（见表 5）。从流动人口性别比来看，流动人口的性别在不同规

模城市类型间也存在略微差异，但都在50%左右，从统计样本调查数据上保证了男女流动人口样本数量基本一致，限于篇幅相关计算图表未列出。总体来看，中小城市流动人口男性比例略高，超大城市、特大城市和Ⅰ型、Ⅱ型大城市内流动人口性别基本持平。

表5 流动人口中已婚样本比重

| 年份 | 全国城市层面 | 超大城市 | 特大城市 | 大城市 | | 中小城市 |
				Ⅰ型大城市	Ⅱ型大城市	
2011	0.789	0.812	0.728	0.750	0.805	0.799
2012	0.780	0.796	0.736	0.754	0.791	0.786
2013	0.781	0.788	0.716	0.784	0.783	0.809
2014	0.782	0.795	0.701	0.782	0.798	0.799
2015	0.815	0.827	0.752	0.809	0.824	0.835
2016	0.837	0.853	0.800	0.828	0.840	0.846
2017	0.848	0.852	0.803	0.838	0.866	0.867
2018	0.847	0.855	0.796	0.830	0.866	0.873

注：对样本个体婚姻状况，除未婚外，其余类别都归于已婚，本表值为城市层面均值。
资料来源：笔者根据2011~2018年CMDS数据整理计算得到。

从户籍情况来看，流动人口中"城-乡"流动比例仍占较大比重，但2011~2018年"城-乡"流动人口比重呈现逐步下降趋势，而"城-城"流动人口比重逐年上升。"城-乡"流动人口比重由2011年的0.848下降至2018年的0.822。对不同规模的城市类型而言，特大城市吸纳农业转移人口就业的占比最高，2018年为0.862，远大于超大城市的0.773，Ⅰ型和Ⅱ型大城市与中小城市吸纳农业转移人口比重居于其次；超大城市更多地吸纳了城市间流动人口，且这种趋势还在增强（见表6）。大城市集聚了不同技能水平劳动力[1]，

---

[1] Eeckhout, J., Pinheiro, R. and K. Schmidheiny, "Spatial Sorting" [J], *Journal of Political Economy*, 2014, 122 (3): 554-620.

技能水平主要取决于受教育水平，从 CMDS 数据计算情况来看，2011～2018 年流动人口的受教育年限逐步增加，已由 2011 年的 9.552 年增加至 2018 年的 10.320 年。

表6　不同规模城市流动人口户籍变化情况

年份	全国城市层面	超大城市	特大城市	大城市		中小城市
				Ⅰ型大城市	Ⅱ型大城市	
2011	0.848	0.809	0.853	0.879	0.860	0.851
2012	0.844	0.802	0.868	0.879	0.856	0.862
2013	0.856	0.807	0.873	0.879	0.868	0.866
2014	0.851	0.800	0.875	0.868	0.866	0.865
2015	0.848	0.791	0.867	0.874	0.862	0.865
2016	0.831	0.771	0.852	0.857	0.852	0.852
2017	0.827	0.782	0.832	0.859	0.839	0.848
2018	0.822	0.773	0.862	0.839	0.834	0.839

注：为更好地全面识别流动人口的户籍特征，本文流动人口中农村户籍包括两类，农村居民户口和农转非居民，农村户籍人口为1，其余为0，本表值为城市层面均值。

从教育水平来看，超大城市、特大城市和Ⅰ型大城市的流动人口受教育年限都高于全国水平，其中超大城市和特大城市流动人口的受教育水平最高，2018 年二者分别为 10.574 年和 10.645 年。Ⅰ型大城市内流动人口受教育年限略高于全国水平，Ⅱ型大城市和中小城市内流动人口受教育年限都低于全国水平。基于 2011～2018 年 CMDS 数据测算表明，城市规模大，流动人口样本总体受教育水平越高。其中，超大城市集聚大学本科和专科的流动人口比重最高，其值逐步由 2011 年的 0.096 增加至 2018 年的 0.220，其次为特大城市，但特大城市吸纳大学本科和专科的流动人口的增速明显，2011 年其值仅为 0.082，2018 年为 0.208。中小城市吸纳小学和初中流动人口水平最高，但呈现持续下降趋势，已由 2011 年的 0.749 下降至 2018 年的 0.651，具体可参见图3。

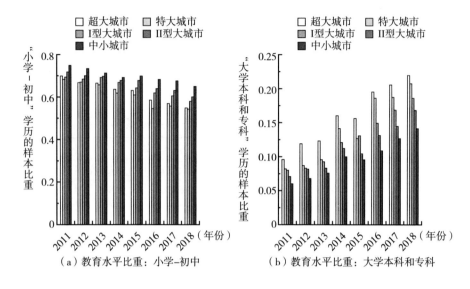

图3　不同规模城市内流动人口受教育水平

资料来源：笔者根据 CMDS 数据计算得到。

（二）流动模式、流动原因和留居意愿

流动人口个体层面的流动动机和城市留居意愿都存在显著差异，推进农业转移人口市民化应该顺应人口流动规律。

利用国家卫健委 2011～2018 年 CMDS 数据测算表明，超大城市流动人口以跨省流动为主，特大城市以跨省流动和省内跨市二者并重，超大、特大城市的市内跨县比重较低。从时间维度进一步分析表明，总体而言，2011 年以来超大城市中跨省流动的人口比重经历了先上升后下降的变化趋势，从 2011 年的 0.71 上升至 2012 年的 0.79，其后逐步下降，2018 年超大城市内跨省流动人口比重为 0.70，与 2011 年基本持平；2011 年后超大城市省内跨市比重总体提升，由 2011 年的 0.17 上升至 2018 年的 0.23。对特大城市而言，其跨省人口比重也经历了类似超大城市"倒 U 形"变化，2011 年开始逐步由 0.51 上升至 2013 年

的 0.60，之后逐步下降至 2018 年的 0.49，其省内跨市流动人口比重也是总体提升的。超大与特大城市呈现的人口流动模式变化在中小城市并不存在，中小城市跨省、省内跨市和市内跨县迁移模式相差不大，如表 7 所示。

表 7　不同规模城市中人口流动模式对比

年份	超大城市			特大城市			中小城市		
	1 跨省	2 省内跨市	3 市内跨县	1 跨省	2 省内跨市	3 市内跨县	1 跨省	2 省内跨市	3 市内跨县
2011	0.71	0.17	0.12	0.51	0.40	0.09	0.39	0.29	0.32
2012	0.79	0.12	0.09	0.57	0.36	0.07	0.42	0.27	0.31
2013	0.76	0.11	0.13	0.60	0.34	0.05	0.38	0.30	0.32
2014	0.74	0.13	0.13	0.56	0.38	0.05	0.36	0.31	0.33
2015	0.73	0.13	0.13	0.49	0.45	0.06	0.37	0.30	0.34
2016	0.70	0.24	0.06	0.48	0.46	0.06	0.36	0.30	0.34
2017	0.69	0.25	0.07	0.46	0.45	0.09	0.36	0.29	0.35
2018	0.70	0.23	0.07	0.49	0.45	0.06	0.37	0.28	0.35

注：指标比重都是相对于各城市抽样人口数而言。

资料来源：笔者根据 CMDS 计算得到。

　　城乡工资差异是人口流动的主要动因，这种就业主要体现为外出工作（务工）和经商，本文进一步测算表明（限于篇幅，相关表格省略），2011 ~ 2018 年全国层面流动人口中务工和经商比重正在回落，2011 年务工和经商流动人口比重为 0.852，其后逐步上升，2014 年为峰值 0.979，2015 年以后逐步下降，2018 年为 0.850，基本与 2011 年持平。超大城市和特大城市内务工和经商的流动人口比重变化趋势和全国水平基本一致，且大于中小城市。但特大城市内流动人口务工和经商的比重大于超大城市和一般大城市，2011 年为 0.910，大于超大城市的 0.841，也大于 I 型大城市的 0.868 和 II 型大城市的 0.843。

流动人口家庭迁移的比重也在上升，同时流动人口流动时间和年龄逐步增大，其照顾老人和小孩的需求也日益增大。2016～2018 年 CMDS 研究数据表明，超大和特大城市中照顾老人和小孩的比重小于中小城市，超大城市流动人口对随迁老人的照顾比重逐步上升，由 2016 年的 8% 上升至 2018 年的 9%；特大城市中流动人口对老人照顾比重略微下降，约为 7%，而对小孩的照顾比重持续下降。其次，2016～2017 年，流动人口对随迁小孩照顾比重大于对随迁老人的照顾比重；2018 年基本持平如图 4 所示。

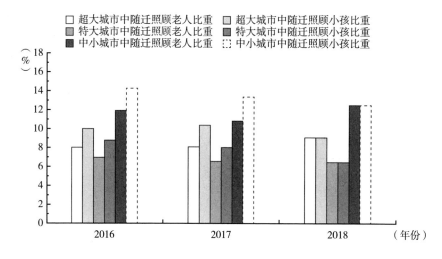

图 4　家属随迁照顾老人和小孩比例

注：CMDS 中对随迁人口中照顾老人和小孩的相关数据仅 2016～2018 年有。

资料来源：笔者根据 CMDS 数据计算得到。

从城市流动人口的留居意愿来看，2011 年以来流动人口的城市留居意愿呈现先上升后下降的变化趋势，但总体而言，规模越大的城市，其流动人口留居意愿越强烈。2014～2016 年超大城市和 I 型大城市内流动人口的留居意愿更高，2016 年超大城市有 0.625，特大城市有0.598，而中小城市只有0.579。相关研究也表明受教育程度和收入水平越高，其留居意愿也越高①，其次，全国层面流动人口留居意愿在2016年最高，其值为0.607，2017年下降至0.389。2017年流动人口的留居意愿存在分化，流动人口留居意愿与城市规模的正相关性更加明显（见图5）。

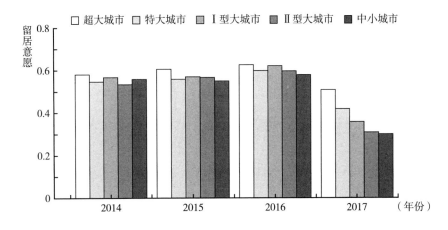

图5　不同规模城市流动人口的留居意愿

注：2018年CMDS数据没有留居意愿的问题。
资料来源：笔者根据CMDS数据计算得到。

从流动人口的户籍差异来看，利用CMDS数据进一步测算表明，较之农村户籍流动人口，城市户籍流动人口更倾向于在流入地城市落户，如图6所示，对不同城市规模而言，超大城市内城市间流动人口留居意愿最高，其大于特大城市和中小城市，也大于其农村户籍人口留居比例，但其农村户籍流动人口留居意愿相对比重在2017年有较大幅度下降。其次，从户籍差异来看，已有研究表明农村土地性质及

① 国家卫生健康委员会：《中国流动人口发展报告（2018）》，中国人口出版社，2018。

所有权会影响农业转移人口城镇化①，本文研究表明农村户籍流动人口对不同规模城市的留居意愿也显著小于城市户籍流动人口，这表明由于农村户籍涉及了农村土地收益，农业转移人口"人－地"属性还存在分离，当"城乡要素平等交换、双向流动的制度性通道"尚未有效建立前，未来城镇化过程中城市间人口流动引起的城镇化增量将大于城乡户籍转变增量。

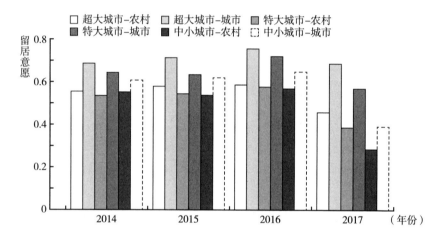

图6　不同规模城市城乡户籍人口的留居意愿

注：2018年CMDS数据没有留居意愿的问题。

资料来源：笔者根据CMDS数据计算得到。

五　超大、特大城市中流动人口就业特征

超大、特大城市具有"厚劳动力市场"特征，但由于流动个体样本的技能水平存在差异，其收入、就业单位和产业类别也不同。

---

① 周文、赵方、杨飞、李鲁：《土地流转、户籍制度改革与中国城市化：理论与模拟》，《经济研究》2017年第6期，第183～197页。

（一）产业类别

2011～2018 年 CMDS 数据测算表明，流动人口从事服务业的比重大于从事工业的比重，如表 8 所示，其中，特大城市流动人口从事服务业比重最高，2018 年为 0.811，I 型和 II 型大城市流动人口从事服务业的比重也是逐年提高，二者分别由 2011 年的 0.686、0.711 提高至 2018 年的 0.738、0.742，大于中小城市。

表 8　不同规模城市中流动人口从事服务业比重

年份	超大城市	特大城市	大城市		中小城市
			I 型大城市	II 型大城市	
2011	0.698	0.670	0.686	0.711	0.756
2012	0.712	0.638	0.734	0.694	0.744
2013	0.713	0.634	0.725	0.704	0.758
2014	0.733	0.669	0.732	0.708	0.764
2015	0.758	0.724	0.728	0.721	0.784
2016	0.772	0.764	0.751	0.749	0.796
2017	0.780	0.751	0.768	0.758	0.767
2018	0.705	0.811	0.738	0.742	0.666

资料来源：笔者根据 2011～2018 年 CMDS 数据计算得到。

从服务业细分类别来看①，流动人口从事消费性服务业比重最大，其次为基础性服务业，从事生产性服务业比重最小。进一步从不同城市类别来看，超大城市中流动人口从事消费性服务业比例最小，特大城市、II 型大城市和中小城市中流动人口从事消费性服务业比例较大。超大城市中流动人口从事基础性服务业的占比最大，中小城市

① 注：根据 CMDS 问卷内容，生产性服务业为金融/保险/房地产业、交通运输和仓储通信、科研与技术服务；消费性服务业为批发零售业、住宿和餐饮业；基础性服务业为社会服务、卫生体育和社会福利、教育文化广播电视、党政机关和社会团体。

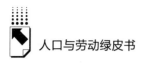

内流动人口从事基础性服务业占比与特大城市、Ⅰ型大城市和Ⅱ型大城市相差不大,具体可参见图7~图9。

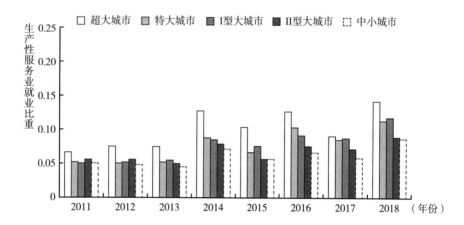

图7 不同规模城市中流动人口从事生产性服务业比重

资料来源:笔者根据2011~2018年CMDS数据计算得到。

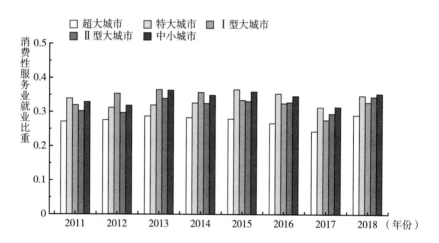

图8 不同规模城市中流动人口从事消费性服务业比重

资料来源:笔者根据2011~2018年CMDS数据计算得到。

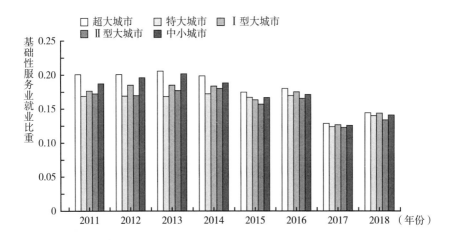

图9　不同规模城市中流动人口从事基础性服务业比重

资料来源：笔者根据2011～2018年CMDS数据计算得到。

（二）就业单位

从流动人口就业单位类别来看，本文利用2011～2018年CMDS数据测算表明，流动人口大多在股份企业、个体私营企业以及民办组织就业，如图10所示，2011～2018年流动人口在不同规模城市的这些企业中就业比重呈现略微下降趋势，超大和特大城市内流动人口在股份和民营企业就业占比已由2011年的0.613、0.694分别下降至2018年0.598和0.672。其次，流动人口在国有和国有控股企业的就业比重呈现"两极分化"，其在超大城市和中小城市中就业比重较大，如图11所示。另外，流动人口在外商、港澳台和中外合资企业就业比重呈现较大差异性，其在特大城市中外合资企业的就业比重最大，如图12所示。

（三）工资收入与社会保障

就业工资收入和公共服务的差异也是引起人口流动的主要原因，尤其体现在不同规模城市和城乡。

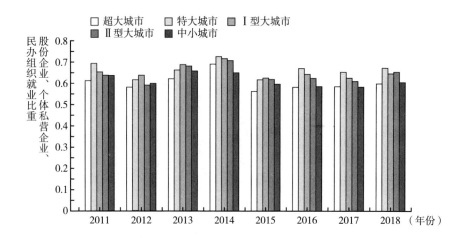

图10 不同规模城市中流动人口就业比重：股份企业、个体 私营企业、民办组织

资料来源：笔者根据 2011～2018 年 CMDS 数据计算得到。

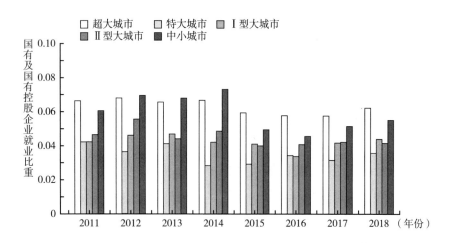

图11 不同规模城市中流动人口就业比重：国有及国有控股企业

资料来源：笔者根据 2011～2018 年 CMDS 数据计算得到。

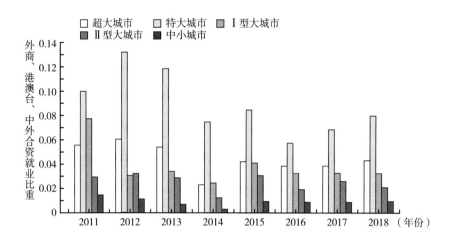

图 12   不同规模城市中流动人口就业比重：外商、港澳台、中外合资

资料来源：笔者根据 2011~2018 年 CMDS 数据计算得到。

1. 工资收入水平

本文利用 CMDS 数据对流动个体样本的每月工资水平进行整理，依据其所在城市样本数进行平均，并对不同城市规模的流动人口收入水平进行分别计算，如表 9 所示。

表 9   不同城市规模流动人口样本平均每月名义工资

单位：元

年份	全国层面	超大城市	特大城市	Ⅰ型大城市	Ⅱ型大城市	中小城市
2011	2303.99	2570.93	2210.16	2217.31	2180.57	2245.74
2012	3135.52	3458.20	2981.50	2949.66	2871.76	3142.74
2013	3224.20	3483.97	3238.78	3118.09	3072.10	3211.37
2014	3747.83	4187.03	3733.05	3606.02	3538.19	3600.78
2015	4090.77	4823.52	3951.15	3932.68	3757.06	3835.13
2016	4033.57	4606.45	4217.59	3960.34	3694.89	3482.18
2017	4323.22	4976.77	4374.17	4218.93	3916.00	3793.56
2018	4885.42	5602.26	4908.87	4725.44	4437.40	4307.75

注：数据为当年价。

资料来源：笔者根据 2011~2018 年 CMDS 数据整理计算得到。

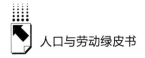

第一，流动人口名义工资基本呈逐年增加趋势。无论从全国层面来看，还是对不同规模城市，流动人口名义工资增加趋势是相同的。第二，超大城市中流动人口的名义工资水平高于全国平均水平。从2016年开始，特大城市中流动人口名义工资水平也高于全国平均水平，而且超大、特大城市名义工资与全国水平的差距也在逐步增大，2011年超大城市中流动人口就业名义工资高于全国水平266.94元/月，到2018年已高于同期全国水平716.84元/月，而中小城市与全国名义工资水平的差距也在增大，2011年仅差58.25元/月，到2018年，中小城市与全国名义工资差距逐步增加至577.67元/月。第三，从流动人口户籍条件来看，如表10所示，在超大和特大城市"城－城"流动人口的名义工资溢价大于"城－乡"流动人口，其中超大城市的名义工资溢价增量大于特大城市。2011年超大城市中"城－城"流动人口名义工资比"城－乡"流动人口高1167.93元/月，户籍差异下特大城市中流动人口工资溢价差为396.83元/月，到2018年超大城市中城乡户籍流动人口名义工资差距增至2707.57元/月，而特大城市中城乡户籍流动人口的名义工资差距也增加至826.76元/月。

表10　超大、特大城市不同户籍流动人口平均每月名义工资

单位：元

年份	超大城市		特大城市	
	农村户籍	城市户籍	农村户籍	城市户籍
2011	2385.50	3553.43	2183.30	2580.13
2012	3173.75	4559.42	2890.89	3561.25
2013	3267.99	4393.13	3160.48	3714.33
2014	3841.67	5579.94	3579.04	4778.07
2015	4391.39	6539.79	3857.18	4592.87
2016	4148.15	6325.87	4129.53	4832.05
2017	4479.96	7036.71	4327.79	4752.18
2018	5077.58	7785.15	4809.12	5635.88

资料来源：笔者根据2011~2018年CMDS数据整理计算得到。

2. 社会保障：以社会医疗保险为例

对流动人口的社会保障而言，以医疗保险为例，本文利用 CMDS 数据进一步测算，针对全国层面的流动人口缴纳社会医疗保险比重，2011～2014 年流动人口参加医疗保险比重并不高，2014 年后其比重进一步降低。2014 年流动人口参加医疗保险比重最高（其比重为 22.92%），2018 年参保比重逐步下降至 11.51%。从不同规模城市类型来看，超大和特大城市内流动人口的医疗参保比重大于中小城市中流动人口，但 2017 年后中小城市中流动人口的医保参保比例增速较快，2017 年和 2018 年已经高于特大城市。

从流动人口户籍来看，"城－乡"流动人口的医保参保比例普遍大于"城－城"流动人口，其中，对"城－乡"流动人口，城市规模越小，其城市内流动人口的医保参保比重越高。对"城－城"流动人口，城市规模越小，其城市内流动人口的医保参保比重越低。2018 年超大城市内"城－乡"流动人口参加医保比重为 61.3%，特大城市为 63.9%，Ⅰ型大城市为 68.1%，Ⅱ型大城市为 70.3%，中小城市为 75.6%。对"城－城"流动人口，超大城市中参保比重为 38.0%，特大城市为 35.4%，Ⅰ型大城市为 30.2%，Ⅱ型大城市为 26.9%，中小城市为 20.3%。从参保地点来看，2015～2018 年 CMDS 数据包括医保缴费地信息，本文进一步研究表明，如表 11 和表 12 所示，"城－乡"流动人口医保缴费地多在原户籍地缴纳，而"城－城"流动人口多在流入地城市缴纳医保。

对于上述 CMDS 调查数据中流动人口参保比重不高而言，从客观事实来看，由于近年来中国政府对农村发展的政策支持力度越来越大，为降低农村居民看病和治病成本，同时也鼓励农村居民增加医保投入，农村新农合医疗保险缴费比例的确是逐年提高的，但由于城乡户籍差异仍然制约城乡基本公共服务一体化，因此农村流动人口参保地点仍多选择在原户籍地。而对城市间流动人口，除个别超大和特大城市公共服务资源较高外，由于其他城市间医疗资源差异并不大，同时考虑因缴纳医保而降低个人实际短期收入水平，因此只有部分城市间流动人口样本选择在流入地缴纳医保。

表 11　不同规模城市不同户籍流动人口参保地点：农村流动人口比重

年份	超大城市		特大城市		I 型大城市		II 型大城市		中小城市	
	本地	户籍地	本地	户籍地	本地	户籍地	本地	户籍地	本地	户籍地
2015	0.044	0.571	0.023	0.643	0.017	0.698	0.025	0.709	0.034	0.761
2016	0.049	0.545	0.023	0.602	0.017	0.683	0.026	0.692	0.032	0.755
2017	0.053	0.552	0.026	0.606	0.021	0.697	0.033	0.683	0.045	0.726
2018	0.075	0.535	0.031	0.606	0.025	0.654	0.039	0.662	0.049	0.704

注：CMDS 中区分医疗保险参保地点仅有 2015～2018 年数据，下表同。

资料来源：笔者根据 2011～2018 年 CMDS 数据整理计算得到。

表 12　不同规模城市不同户籍流动人口参保地点：城市流动人口比重

年份	超大城市		特大城市		I 型大城市		II 型大城市		中小城市	
	本地	户籍地	本地	户籍地	本地	户籍地	本地	户籍地	本地	户籍地
2015	0.250	0.038	0.228	0.039	0.199	0.038	0.148	0.045	0.088	0.050
2016	0.243	0.041	0.197	0.036	0.169	0.038	0.135	0.053	0.084	0.054
2017	0.301	0.053	0.260	0.051	0.213	0.047	0.178	0.059	0.106	0.068
2018	0.322	0.048	0.309	0.039	0.236	0.058	0.201	0.057	0.123	0.067

资料来源：笔者根据 2011～2018 年 CMDS 数据整理计算得到。

六　主要结论与政策启示

优化大城市发展方式关键在于扩大人口集聚的正外部性和降低其负外部性，引导超大城市中人口均衡流动则有利于实现城市可持续发展和带动周边地区协调发展，但这需要准确地认识超大和特大城市中流动人口的劳动力市场特征。

本文将 2011～2018 年国家卫健委中国流动人口监测数据匹配至城市层面系统总结了超大和特大城市中流动人口劳动力市场的典型特征，研究表明，第一，超大和特大城市中流动人口的家庭规模较小，2011～2018 年呈现了先上升后下降的"倒 U"形变化，流动人口的家庭平均年龄也在增加。第二，"城－乡"人口流动依然占流动人口主导，约为 80%，但"城－城"人口流动比重逐年上升，从留居意愿来看，"城－乡"流动人口留居意愿低于"城－城"流动人口。第三，务工和经商等就业需求是人口流动的主要原因，从人口流动模式来看，超大城市中流动人口以跨省流动为主，而特大城市以跨省流动和省内跨市二者并重，其中，超大和特大城市的流动人口中照顾老人和小孩的相对比重较高，尤其有照料随迁小孩需求的比例相对较高。第四，超大城市的名义工资溢价大于特大城市，但超大和特大城市中流动人口主要从事消费性服务业，且大多在民营企业就业。第五，对流动人口的社会保障而言，以医疗保险为例，流动人口参保比重较低，但超大城市中农村流动人口参保比例相对较高。从不同户籍流动人口的参保地选择进一步可知，农村流动人口多选择原户籍地，而城市间流动人口则更偏好于流入地城市。

　　上述这些典型事实为相关研究工作提供了基本事实，也为开展相关政策制定提供了数据基础。本文研究认为，首先，应逐步完善就业优先政策的宏观政策体系，将流动人口就业率、劳动参与率纳入宏观政策指标体系。其次，加快构建城乡要素平等交换、双向流动的制度性通道。目前农业转移人口仍是外出流动人口的主要组成部分，但农村流动人口在流入地城市的留居意愿显著低于城市间流动人口，以人为本的新型城镇化要求加快农业转移人口市民化，但户籍身份转变并非仅依靠户籍制度改革就能解决，还需要进一步解决农业转移人口"人－地（农地）"分离问题，使得农业转移人口"人－地"落户收益与户籍制度改革相协调。最后，尽快建立统一的城乡社会保障体

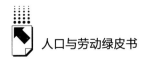
系，加大对流动人口社会保障支持。从本文研究可知，农业转移人口和城市流动人口的社保需求存在明显差异，社保缴纳地存在空间错位；流动人口中对随迁小孩和老人的照料需求还较高。社保领域内相关政策应立足这个客观现实和人民群众的真实需求，加快建立城乡统一的社会保障体系，实现城乡基本公共服务的标准统一、制度并轨，促进中心城市优质医疗和教育资源向基层逐步延伸，加快完善和落实跨省异地就医直接、即时结算政策，满足流动人口随迁老人和小孩的实际需要。

公共服务篇
Public Services

G.7

以人为核心的新型城镇化质量评价
指标体系研究

王博雅*

摘　要：　推进以人为核心的新型城镇化，是以习近平同志为核心的党中央，深刻把握新时代新阶段我国新型城镇化发展规律，着眼于到2035年基本实现新型城镇化，做出的重大战略部署。让更多的人享受到高质量的城市生活是高质量发展的必然要求，以人为核心的要求为我国城镇化的高质量发展指明了方向。然而，现有的户籍人口城镇化率、常住人口城镇化率等衡量城镇化水平的指标，以行政区划作为城镇化水平衡量标准，不能很好地体现"以人为核心的新型城镇化"发展水平。因

---

* 王博雅，中国社会科学院人口与劳动经济研究所副研究员，主要研究方向为创新经济、新型城镇化。

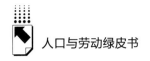

此，有必要打破传统的城镇化评价指标体系，以人口是否实际享受到城市化的公共服务作为城镇化水平的衡量标准。为此，本报告紧抓"以人为核心的新型城镇化"的发展要求，提出并构建了"城市公共服务覆盖率"指标体系，作为现有城镇化指标体系的补充，以准确评价城镇化的质量。

关键词：　高质量发展　新型城镇化　城市公共服务

城镇化是国家现代化的必由之路，是解决农业、农村、农民问题的重要途径，也是解决新时代我国社会主要矛盾、推动经济高质量发展的强大引擎。要充分发挥城镇化的功能和作用，必须推进以人为核心的新型城镇化。2021年3月，《中华人民共和国国民经济和社会发展第十四个五年规划和2035年远景目标纲要》（以下简称《"十四五"规划和2035目标纲要》）明确了我国新型城镇化的目标任务和政策举措，提出"深入推进以人为核心的新型城镇化战略，以城市群、都市圈为依托促进大中小城市和小城镇协调联动、特色化发展，使更多人民群众享有更高品质的城市生活"。这是以习近平同志为核心的党中央，深刻把握新时代新阶段我国新型城镇化发展规律，着眼于到2035年基本实现新型城镇化，做出的重大战略部署，为"十四五"及未来一段时期新型城镇化工作指明了前进方向、提供了基本遵循。

要高质量推动以人为核心的新型城镇化，需要科学有效的城镇化质量评价指标体系准确衡量"人的城镇化水平"。然而，现有的户籍人口城镇化率、常住人口城镇化率等衡量城镇化水平的指标，无法衡量有多少人真正享受到了高质量的、城市化的生活水平，无法准确体现"以人为核心的新型城镇化"发展水平，并且容易导致"名义上的"城镇化和"居民实际享受到的"城镇化不一致，从而无法有效推动"以人为核心的新型城镇化"。我们必须严格遵循"以人为核心的新型城镇化"的发展要求，深入研究准确体现"以人为核心"的新型城镇化质量评价指标体系，有效促进城乡融合发展，缩小城乡区域发展差距和居民生活水平差距，让广大人民群众充分分享城镇化的红利。

一 "十四五"是推动以人为核心的新型城镇化的关键期

改革开放以来，伴随着工业化和非农化的快速推进，大量农村人口从农业生产中转移出来，我国的城镇化水平快速提升。然而，随着城镇化的发展，我国人地失衡矛盾逐渐凸显，大量农业转移人口无法过上真正的城市生活，城乡发展不平衡问题和大中小城市发展不平衡问题也日渐突出，严重影响了社会和谐发展和城镇化质量提高。

首先，在城市内部，还有许多人口未融入城市。一方面，许多非户籍人口还未真正融入城市，这些人口无法享受户籍人口享受到的一系列公共服务，2015～2019年，我国户籍人口城镇化率连续5年比常住人口城镇化率低16个百分点左右①，在2020年，这一差距扩大到18.5个百分点②；另一方面，许多人口是通过"村改居"的方式

---

① 魏后凯等：《"十四五"时期中国城镇化战略与政策》，《中共中央党校（国家行政学院）学报》2020年第4期。
② 笔者依据国家统计局发布的《第七次全国人口普查公报（第七号）》相关数据计算得到。

名义上成为城市人口，但是生活条件并未得到真正改善，还没有享受到真正的城市水平的生活，实际上还未真正实现城镇化。其次，在城乡之间，城乡融合发展仍面临巨大挑战。我国农村居民与城镇居民的收入差距较大，2020年城镇居民人均可支配收入是农村居民的2.56倍[1]；同时，城乡社会保障制度尚未完全并轨，实现城乡基本公共服务均等化任务还十分艰巨。最后，在城市之间，大城市和中小城镇发展不平衡。少数大城市因承担功能过多，产业高度集聚，导致城市规模快速扩张，各类"城市病"凸显；而一些中小城市和小城镇，则因基础设施和公共服务发展滞后，产业支撑不足，就业岗位较少，经济社会发展后劲不足。2012~2016年，21个300万人以上大城市城区人口（含暂住人口）增长14.9%，建成区面积增长21%，远高于全国城镇平均增长速度。这期间，全国建制镇数量增长5.3%，其建成区人口仅增长11%，建成区面积仅增长6.9%[2]。

之所以出现这些矛盾，主要是因为长期以来，我国的城镇化主要是一种以土地为核心的发展模式，主要围绕行政化的地理空间展开。"物"的城镇化是手段，而"人"的城镇化是目的。习近平指出，"城镇化不是土地城镇化，而是人口城镇化"。土地城镇化的发展模式一方面缺乏对人的生活质量的关注，无法满足人民对高质量生活的向往，不符合高质量发展的要求；另一方面混淆了城镇化和城市化，从战略上忽略了城乡融合问题，从空间上忽略了城镇的发展问题，将城镇化的注意力都集中在了城市。

按照城镇化发展的一般规律，城镇化率达到60%左右的时候大

---

① 笔者依据国家统计局发布的《2020年居民收入和消费支出情况》相关数据计算得到。

② 魏后凯：《以提高质量为导向》，《人民日报》2019年4月19日，第9版。

概率会进入平稳发展的中后期阶段。第七次全国人口普查的调查结果显示，我国常住人口城镇化率已经超过60%，在2020年末达到了63.89%。因此，"十四五"是推动以人为核心的新型城镇化的关键期。从全球过去两百多年的城镇化发展进程看，城镇化的高质量发展，能够推动经济发展和人民生活水平的提高，能够推动公共服务的普及和公共服务质量的提高，能够推动社会治理的完善，能够缩小城乡发展差距和地区发展差距，为人的全面发展提供了巨大的潜在机会。但是要将这种潜在机会转化为现实，需要政府给出恰当的公共政策导向。

二 以人为核心的新型城镇化是高质量发展的必然要求

（一）中国需要符合高质量发展要求的城镇化

要实现城镇化的高质量发展，就要满足人民对高质量生活的向往，让更多的人享受到高质量的城市生活。"城镇化"这一概念发轫于西方的"Urbanization"，是指农业人口向非农人口转化的过程。这一过程从空间上看主要是人口从农村向城市和城镇转移的过程（库兹涅茨），从生产上看是人口从农业向工业和服务业转移的过程（克拉克），从生活上看是让更多的人享受到高质量的城市生活的过程。这三种理解中，最后一种视角最符合高质量发展的要求。

此外，在我国的现实条件下，为了实现符合高质量发展要求的城镇化，需要把握好"城镇化"和"城市化"的差异。"城镇化"与"城市化"是既紧密联系又有显著区别的两个概念。长期以来，围绕着是"城市化"还是"城镇化"的问题，在中国一直存在争议。英语的 Urban 既包括城市（city）也包括城镇（town），因此

Urbanization 既可以翻译为城市化，也可以翻译为城镇化①。然而在中国，尽管"城市化"和"城镇化"在本质上都可以体现农业人口向非农人口转化的过程，但是在概念上存在不同的侧重。"城市化"概念更侧重把发展的重点放在城市，"城镇化"概念则更侧重城市和城镇的平衡发展，不仅考虑了城市发展的问题，也考虑了城乡融合的问题。2018 年 9 月，习近平总书记在十九届中央政治局第八次集体学习时的讲话中指出："我们一开始就没有提城市化，而是提城镇化，目的就是促进城乡融合。""城市化"强调农业人口向城市的集中和市民化，"城镇化"则既包括农业人口向城市的集中和市民化过程，也包括农村居民镇民化过程，如"农民离土不离乡""进厂不进城""就地城镇化""返乡创业"等。主张"城市化"的人认为，中国应该重点发展大城市，不能把重点放在小城镇上。这对于农业人口众多、区域发展差异较大的中国来说，是行不通的。从中国发展的现实条件看，如果使用"城市化"的概念，那么按照等级化行政管理体制的特点，"城市化"就会被理解为发展城市，设市城市会通过行政手段把大部分优质资源集中在各级中心城市，而与农村接壤，并且与农民联系最为紧密的县城和城镇②将会被严重忽视，城乡融合的战略目标便也无从实现。

----

① 在西方国家，城市化和城镇化在概念上是统一的，但是在实质上一般都秉承了 city 型的城市化路径，即强调农业人口向大城市的集聚和非农化转移，小城镇被置于相对次要的位置。这种以城市为中心的城市化模式，建立在雄厚的经济基础之上，缔造了纽约、伦敦等大都市的快速繁荣，不过也导致了一系列的城市化问题。为了解决这些问题，西方国家城市化先后经历了工业城市化（18 世纪中叶至 20 世纪 50 年代）、逆城市化（20 世纪 50~90 年代）和再城市化（20 世纪 90 年代以来）等阶段。

② 20 世纪 90 年代，县以下的统计和管理还被列入农村的范畴。基于当时的乡镇企业发展到一定水平，可以认为，农村有一半以上的非农就业人口是在本县或本乡镇就业，并在这里实现他们的城镇化进程。

（二）以人为核心的要求为城镇化的高质量发展指明了方向

习近平总书记高度重视新型城镇化工作，明确提出以人为核心、以提高质量为导向的新型城镇化战略，并多次做出重要部署和批示指示。2013 年 12 月，习近平总书记在中央城镇化工作会议上提出，"要以人为本，推进以人为核心的城镇化，提高城镇人口素质和居民生活质量，把促进有能力在城镇稳定就业和生活的常住人口有序实现市民化作为首要任务"。2015 年 12 月，习近平总书记在中央城市工作会议上指出，"做好城市工作，要顺应城市工作新形势、改革发展新要求、人民群众新期待，坚持以人民为中心的发展思想，坚持人民城市为人民。这是我们做好城市工作的出发点和落脚点"。2020 年 4 月，习近平总书记在中央财经委员会第七次会议上强调，"要更好推进以人为核心的城镇化，使城市更健康、更安全、更宜居，成为人民群众高品质生活的空间"。

习近平总书记提出"推动以人为核心的新型城镇化"，为我国城镇化的高质量发展指明了方向。一方面，"以人为核心的新型城镇化"强调以后的城镇化工作要从以往以土地为核心的城镇化模式中跳出来，要从人民的基本需要出发看待城镇化，满足更多人民对美好城市生活的向往，让更多的人民享受到高质量的城市生活；另一方面，"以人为核心的新型城镇化"强调从城乡融合的全局出发，既要继续发展好大城市，又要发展好小城镇，要把县域作为城乡融合发展的重要切入点，赋予县级政府更多资源整合使用的自主权，强化县城综合服务能力。

三 以城市公共服务覆盖率衡量新型城镇化质量

（一）当前的城镇化指标无法准确体现"以人为核心的新型城镇化"发展水平

2012 年 11 月，习近平总书记在十八届中共中央政治局常委同中

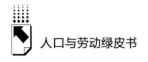

外记者见面时指出，"我们的人民热爱生活，期盼有更好的教育、更稳定的工作、更满意的收入、更可靠的社会保障、更高水平的医疗卫生服务、更舒适的居住条件、更优美的环境，期盼孩子们能成长得更好、工作得更好、生活得更好。人民对美好生活的向往，就是我们的奋斗目标"。

高质量高水平的公共服务是美好生活的重要保障和重要体现。以人为核心的城镇化，本质上是让更多的人真正享受到高质量、城市化的公共服务，享受城市化的生活水平。然而，一方面，现有的户籍人口城镇化率、常住人口城镇化率等衡量城镇化水平的指标，以行政区划作为城镇化率衡量标准，只能考察有多少人生活在"城镇"，最多能考察有多少人能够在行政上享受城市的"福利"，但是无法衡量有多少人真正享受到了高质量的、城市化的生活水平，无法准确体现"以人为核心的新型城镇化"发展水平；另一方面，我国在配置公共服务和公共服务设施相关资源的时候，参考基准是传统的千人指标，即考察的标准是每千名居民能够享受多少公共服务或公共服务设施资源，这种考察方式只有在社区层面的人口结构基本相似、社区物理空间中心点到社区所有方向的时空距离基本相同的条件下才能准确衡量居民真实享受到的公共服务水平，才能有效配置相关资源。但是在实际情况中，各个社区的人口规模差异较大，社区物理空间中心点到社区各个方向的时空距离也不是均匀的。因此，以此标准配置公共服务资源，容易造成公共服务资源供需不平衡，导致"名义上的"城镇化与"居民实际享受到的"城镇化不一致，从而无法有效推动"以人为核心的新型城镇化"。实际上，依据千人指标配置公共服务资源，是受技术条件制约的无奈之举。如今，随着信息技术的发展和数字城市、智慧城市建设的不断推进，我们已经有能力对人口的空间分布和各地的时空距离进行更细致精准的分析。应当借此机会，推进公共服务体系配置模式创新，重新探索公共服务体系的数量、质量与人口分布、人口结构的耦合关系，实现更高质量的以人为核心的新型城镇化。

因此，有必要打破传统的以行政区划作为城镇化水平衡量标准的方式，以人口是否实际享受到城市化的公共服务作为城镇化水平的衡量标准。

（二）城市公共服务覆盖率更能准确体现"以人为核心的新型城镇化"发展水平

为此，本报告提出"城市公共服务覆盖率"这一概念，衡量真实的以人为核心的城镇化水平的标准，作为现有城镇化指标体系的补充。其中，城市公共服务覆盖率＝某地区享受到城市水平公共服务的人口数／总人口数×100%。在概念和范畴上，"城市公共服务"有三种理解：一是城市中的公民享受的全部公共服务，二是城市所特有的公共服务，三是"达到城市一般水平的"公共服务。本报告的"城市公共服务覆盖率"概念，取第三种理解。

在"城市公共服务覆盖率"的视角下，一个人无论是生活在城市还是农村，只要能享受到城市水平的公共服务，他的居住地就被认为实现了城镇化，只要没有享受到城市水平的公共服务，他的居住地就没有实现城镇化。例如，"村改居"的居民，虽然名义上实现了城镇化，但是生活条件未得到真正改善，还没有被真正的城市公共服务覆盖，原来的村就还未真正实现城镇化；一些"农村"地区的居民，虽然名义上还是农民，但是只要实际上享受到了城市一般水平的公共服务，这些"农村"依然可以判定为已经实现了城镇化。因此，城市公共服务覆盖率更能准确体现"以人为核心的新型城镇化"的发展水平。

城市公共服务覆盖率考察的主体既包括城市居民，也包括农村居民。因此城市公共服务覆盖率考察的公共服务只考虑城乡共有的公共服务，而不考虑城市和农村特有的公共服务。而城市公共服务覆盖率

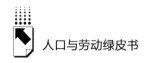

中"城市"的理解如前文所述，是指"达到城市一般水平的"公共服务，在实操上对应为各个城市公共服务水平的平均值。

四　城市公共服务覆盖率指标体系构建的理论基础

（一）公共服务的本质属性

构建城市公共服务覆盖率指标体系的基本前提是明确公共服务的概念和范畴。人的需求是公共服务需要服务和满足的对象。美国心理学家马斯洛提出了著名的"需求层次理论"。根据该理论，人的需求由低到高可以分为生理需求、安全需求、社交需求、尊重需求和自我实现需求五个层次。其中，生理需求是人类最底层的需求，也是人类最基本的需求，生理需求是推动人类生存的动力，人们只有在生理需求得到满足的情况下，才会追求其他更高层次的需求。安全需求是在满足生理需求情况下的更高一级需求，这个需求主要体现在对各方面社会保障的需求，以满足人的安全感。社交需求也叫作归属与爱的需求，这种需求希望能够和家庭、朋友、同事等身边的人建立起良好的社交关系，得到他们的关怀爱护和理解，获得在集体中的归属感。尊重需求是一种关于个人的高级需求，分为内部尊重需求和外部尊重需求，内部尊重也就是自尊，希望自己有能力在各个方面都可以做好，获得自己对自己的认可；外部尊重是渴望得到他人对自己的认可。自我实现需求是个人最高级的需求，是指个体实现自己的理想抱负，实现自己的追求，成为伟大的或具有影响力的人物；自我实现需求由低到高又可以分为认知需求、审美需求和自我创造需求。在上述五个层次的需求中，前三个层次的需求更多地依赖公共服务等外在性保障，后两个层次则是与个人内在相关的需求，主要与人的内在自我建设相关，对公共服务等外在性因素依赖较小。

公共服务的本质是满足人的上述需求的具有公共性的服务，在不同的领域有不同的表述。经济学中常用公共产品概念解释公共服务，强调用公共产品的非排他性和非竞争性表述公共服务的公共性，如"公共服务是指由法律授权的政府和非政府公共组织以及有关工商企业在纯粹公共物品、混合性公共物品以及特殊私人物品的生产和供给中所承担的职责"①。法学中常用公权力概念注解公共服务，强调用权力的公共属性表述公共服务的公共性，如"那些事实上掌握着权力的人负有使用其手中的权力来组织公共服务，并保障和支配公共服务提供的义务"②。公共管理学中常从"公共组织""公共需求"视角解读公共服务，强调用主客体的公共属性表述公共服务的公共性，如"公共服务是指政府为满足社会公共需要而提供的产品与服务的总称"③。政治学中常从"公共利益"视角解读"公共服务"，强调用目标宗旨的公共属性表述公共服务的公共性，如"公共服务可以界定为以公共利益为目的、提供各种物品的活动"④。

（二）公共服务的分类范畴

公共服务在其实践和研究两个方面都是一个不断发展的领域，其边界一直是开放性的。广义的公共服务大致可以分为以下三类：一是维护性公共服务，指确保统治秩序、市场秩序、国家安全的公共服务，包括权利保护公共服务、维护市场秩序的公共服务、维护社会秩序的公共服务、国防公共服务等；二是经济性公共服务，指政府为促

---

① 马庆钰：《公共服务的几个基本理论问题》，《中共中央党校学报》2005 年第 1 期。
② 〔法〕莱昂·狄骥：《公法的变迁》，郑戈、冷静译，辽海出版社，1999，第 40 页。
③ 郁建兴、吴玉霞：《公共服务供给机制创新：一个新的分析框架》，《学术月刊》2009 年第 12 期。
④ 杜万松：《公共产品、公共服务：关系与差异》，《中共中央党校学报》2011 年第 6 期。

进经济发展而提供的公共服务，包括公共基础设施建设、公用事业的公共生产等内容；三是社会性公共服务，指政府为推动社会公正、和谐而提供的公共服务，包括社会保障公共服务、公共教育公共服务、公共医疗卫生公共服务等。狭义的公共服务一般指社会性的公共服务。基于各国国情和社会发展的状况差异，各国政府的公共服务领域一般也存在一定差异。但从总体上看，当今世界各国政府在社会领域所采取的公共服务政策主要体现在以下一些方面：社会保障、公共教育、公共医疗、公共文化体育、公共安全、公共住房、公共就业服务。

在我国的政策实践中，公共服务一般被分为"基本公共服务"和"非基本公共服务"两大类。"基本公共服务"是旨在保障全体公民生存和发展基本需求的公共服务，这类公共服务由政府主导提供。提供基本公共服务是政府的职责，享有基本公共服务属于公民的权利。基本公共服务一般包括保障基本民生需求的医疗教育、托幼养老等领域的公共服务，但是其范围不是绝对的，而是与经济社会的发展水平和阶段相适应，会在社会共识的基础上因时间、地点的变化而变化。如国务院2012年印发的《国家基本公共服务体系"十二五"规划》，确定了公共教育、医疗卫生、社会保险、基本社会服务、劳动就业服务、公共文化、人口计生、住房保障等8项领域的基本公共服务；国务院2017年发布的《"十三五"推进基本公共服务均等化规划》，取消了"十二五"的人口计生服务，加入了残疾人服务，确定了公共教育、医疗卫生、社会保险、公共文化体育、劳动就业创业、社会服务、住房保障、残疾人服务等8大领域的基本公共服务清单；2021年通过的《"十四五"规划和2035目标纲要》提出"围绕公共教育、就业创业、社会保险、医疗卫生、社会服务、住房保障、公共文化体育、优抚安置、残疾人服务等领域，建立健全基本公共服务标准体系"，国家发改委印发了《国家基本公共服务标准（2021年版)》，确定了育儿保障（幼有所育）、教育保障（学有所教）、劳动就业创业（劳有所得）、医疗卫生（病有所医）、养老保障（老有所养）、住房保障（住有所居）、扶弱保障（弱有所扶）、公共文化体育（文体服务保障）、优抚安置（优军服务保障）等 9 大领域的基本公共服务。这些公共服务是对社会发展不同阶段人的公共服务需求的回应。"非基本公共服务"是政府为满足更高层次的社会公共需求而提供的公共服务和产品，是一种混合公共服务，是为了满足公民多层次、多样化社会需求。相对于基本公共服务而言，其既需要政府负担，也需要通过市场和社会来解决①。例如在当前阶段，我国居民对公共托幼服务、公共养老服务都有了更迫切的需求，但是由于经济水平的限制，目前尚未将之纳入"基本公共服务"范畴，而有条件的地区和有更迫切需求的地区应当及时为居民提供这些服务。

上述各类公共服务中，有些公共服务受物理空间的限制较小，公共服务的覆盖情况主要由政策决定，如公共就业服务、社会保障服务等；有些公共服务则主要受物理空间限制，辐射范围主要在社区、街区层面，从而导致各个社区、街区层面存在较大差异，如公共教育服务、公共医疗服务等。本研究考察的公共服务覆盖率更侧重后一种社区层面辐射的公共服务。

五　城市公共服务覆盖率指标体系构建

（一）城市公共服务覆盖率指标体系的范围

结合上述人的需求和公共服务的相关理论，城市公共服务覆盖率

---

① 国家发展和改革委员会社会发展司、中国城市和小城镇改革发展中心和联合国人口基金驻华代表处：《为城镇常住人口提供公共服务——促进中国城镇化健康发展的公共服务政策试点与研究项目报告》，2014。

指标体系应当覆盖人的生理需求、安全需求、社交需求（见表1），这些需求涉及的公共服务范围包括基础设施服务，公共教育服务、公共医疗服务、公共托幼服务、公共养老服务、公共住房服务，公共文化服务、公共体育服务、公共休闲服务等内容①，这些公共服务既涵盖了狭义公共服务的范畴，也涵盖了部分广义公共服务的范畴（如基础设施服务），既涵盖了我国政策实践中的基本公共服务范畴，也涵盖了部分非基本公共服务范畴，具体情况如表1所示。在上述公共服务领域的基础上，结合我国相关政策实践，本报告构建了如图1所示的城市公共服务覆盖率指标体系。

表1 城市公共服务覆盖率指标体系覆盖的居民需求和公共服务范围

人的需求层次	涉及的公共服务范围
生理需求	基础设施服务
安全需求	公共教育服务 公共医疗服务 公共托幼服务 公共养老服务 公共住房服务
社交需求	公共文化服务 公共体育服务 公共休闲服务

资料来源：笔者整理。

---

① 本文没有包含公共安全服务，因为中国的整体公共安全服务水平较高，公共安全服务在中国的差异性整体不大。

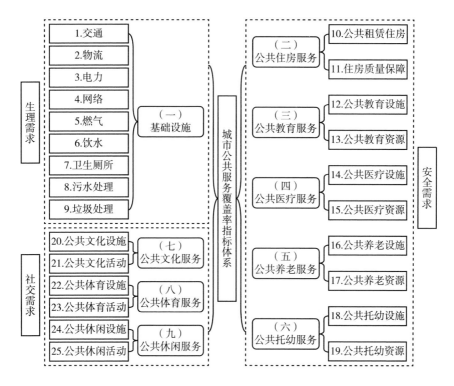

图 1　城市公共服务覆盖率指标体系

资料来源：笔者整理。

（二）城市公共服务覆盖率指标体系的衡量方式

衡量公共服务覆盖情况主要有两个维度，一是考察是否实现了相关公共服务的物理性覆盖，二是考察相关公共服务的质量水平是否达到了城市的一般水平。对于一些尚未实现全覆盖的公共服务，既要考察其物理性覆盖的情况，也要考察相应的服务水平；对于一些已经实现了基本覆盖的公共服务，主要考察相应的服务质量和服务水平。结合这一思路，本报告针对每项指标制定了具体的衡量方式，结果见表2。

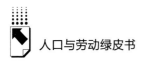
表2 城市公共服务覆盖率指标体系的衡量方式

序号	指标	衡量方式	说明
1	交通	人均道路面积(平方米)	已有指标,反映道路方便程度,目前主要用于城市,交通系统常用指标
		平均路面使用性能指数(PQI)	已有指标,反映道路质量水平,城市农村均有使用,交通系统常用指标
		年人均公共汽车运营数(辆)	本报告设计,反映公共交通水平,城市农村均可使用
2	物流	三级物流网点覆盖率(%)	已有指标,反映物流网点是否覆盖,目前主要用于农村,农村物流体系建设常用指标
		物流快递入户率(%)	本报告设计,反映物流服务是否到户,城市农村均可使用
3	电力	年电压不合格时间(小时)	已有指标,反映供电的稳定性,城市农村均有使用,电力系统常用指标
		户均配变容量(千伏安)	已有指标,反映供电质量水平,城市农村均有使用,电力系统常用指标
4	网络	光纤入户率(%)	已有指标,反映最新的有线网络是否覆盖,目前城市农村均有使用,电信系统常用指标
		5G覆盖率(%)	本报告设计,反映最新的无线网络是否覆盖,目前使用的是4G覆盖率(4G基本完成覆盖),城市农村均可使用,电信系统常用指标
		宽带接入能力(Mb/s)	已有指标,反映网络质量水平,目前城市农村均有使用,电信系统常用指标

续表

序号	指标	衡量方式	说明
5	燃气	燃气入户率(%)	已有指标,反映燃气是否供应,城市农村均有使用,供气系统常用指标
		年人均燃气供应量(立方米)	已有指标,反映燃气供给水平,目前主要用于城市,供气系统常用指标
6	饮水	自来水入户率(%)	已有指标,反映自来水是否供给,城市农村均有使用,供水系统常用指标
		年人均自来水供水量(升)	已有指标,反映自来水供给水平,目前主要用于城市,供水系统常用指标
7	卫生厕所	卫生厕所普及率(%)	已有指标,反映家庭卫生厕所是否覆盖,目前主要用于农村,农村人居环境整治常用指标
		百人均公共厕所数量(座)	已有指标,反映公共卫生厕所覆盖水平,目前主要用于城市,城建系统常用指标
8	污水处理	生活污水集中收集率(%)	已有指标,反映生活污水收集设施是否覆盖,目前主要用于城市,污水处理系统常用指标
		生活污水无害化处理率(%)	已有指标,反映生活污水无害化处理服务是否覆盖,城市农村均有使用,污水处理系统常用指标、农村人居环境整治常用指标
9	垃圾处理	生活垃圾集中收集处理率(%)	已有指标,反映生活垃圾集中收集处理服务是否覆盖,城市农村均有使用,城建系统常用指标
		垃圾分类覆盖率(%)	已有指标,反映垃圾分类服务是否覆盖,城市农村均有使用,城建系统现有指标

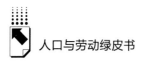
序号	指标	衡量方式	说明
10	公共租赁住房	百人均公共租赁住房数(套)	本报告设计,反映公共租赁住房供给水平,主要用于城市,人均公共租赁住房数=公共租赁住房数/辖区人数
11	住房质量保障	安全住房比例(%)	本报告设计,反映住房质量保障水平,主要用于农村,安全住房比例=(1-老危旧房数量/住房总数量)×100%
12	公共教育设施	普惠性幼儿园覆盖率(%)	已有指标,反映标准化幼儿园设施是否覆盖,城市农村均有使用,城乡公共服务均等化建设常用指标
		标准化小学覆盖率(%)	已有指标,反映标准化小学设施是否覆盖,城市农村均有使用,城乡公共服务均等化建设常用指标
		标准化初中覆盖率(%)	已有指标,反映标准化初中设施是否覆盖,城市农村均有使用,城乡公共服务均等化建设常用指标
13	公共教育资源	幼儿园师生比	已有指标,反映幼儿园师资力量,城市农村均有使用,教育系统常用指标
		小学师生比	已有指标,反映小学师资力量,城市农村均有使用,教育系统常用指标
		初中师生比	已有指标,反映初中师资力量,城市农村均有使用,教育系统常用指标
14	公共医疗设施	标准化基层医疗卫生机构覆盖率(%)	已有指标,反映标准化医疗设施是否覆盖,城市农村均有使用,城乡公共服务均等化建设常用指标
		百人均医疗服务床位数(床)	已有指标,反映医疗设施水平,城市农村均有使用,医疗系统常用指标

续表

序号	指标	衡量方式	说明
15	公共医疗资源	百人均医师数量（人）	已有指标,反映医疗资源水平,城市农村均有使用,医疗系统常用指标
		百人均护士数量（人）	已有指标,反映医疗资源水平,城市农村均有使用,医疗系统常用指标
16	公共养老设施	标准化养老机构覆盖率（%）	本报告设计,反映标准化养老设施是否覆盖,城市农村均可使用,国家正在推动标准化养老机构建设
		百人均养老服务床位数（床）	本报告设计,反映养老设施水平,城市农村均可使用
17	公共养老资源	百人均养老护理人员数（人）	本报告设计,反映养老资源水平,城市农村均可使用
18	公共托幼设施	标准化托幼机构覆盖率（%）	本报告设计,反映标准化托幼设施是否覆盖,城市农村均可使用,国家正在推动标准化托幼机构建设
19	公共托幼资源	百人均托幼服务人员数（人）	本报告设计,反映托幼资源水平,城市农村均可使用
20	公共文化设施	百人均公共文化设施面积（平方米）	已有指标,反映公共文化设施水平,城市农村均有使用,主要是指文化活动中心、阅览室、视听室等公共文化设施,文化设施领域常用指标
21	公共文化活动	年百人均公共文化活动场次（场）	已有指标,反映公共文化活动丰富程度,城市农村均有使用,主要是指电影放映、戏曲演出、图书报纸展览等相关公共文化活动,公共文化活动领域常用指标

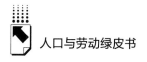

续表

序号	指标	衡量方式	说明
22	公共体育设施	百人均公共体育设施面积(平方米)	已有指标,反映公共体育设施水平,城市农村均有使用,主要是指各种公共体育场馆、活动室等公共体育设施,体育设施领域常用指标
23	公共体育活动	年百人均公共体育活动场次(场)	本报告设计,反映公共体育活动丰富程度,城市农村均可使用,主要是指足球赛、篮球赛、乒乓球赛等相关公共体育活动
24	公共休闲设施	百人均公共休闲设施面积(平方米)	本报告设计,反映公共休闲设施水平,城市农村均可使用,主要是指公园、公共绿地、公共活动中心等非体育文化类的公共设施
25	公共休闲活动	年百人均公共休闲活动场次(场)	本报告设计,反映公共休闲活动丰富程度,城市农村均可使用,主要是指除文化、体育活动外的其他公共活动

资料来源:笔者整理。

G.8

城市公共服务与流动人口融入

王智勇*

摘　要： 随着经济收入的提高和城市融入进程的加快，流动人口越来越重视城市公共服务，教育、医疗、交通等各种城市公共服务越来越成为影响流动人口定居的重要因素。本部分梳理了城市公共服务与流动人口融入的相关研究，并在2001～2016年地级市面板数据基础上，利用系统GMM回归分析方法证实了医疗、交通、网络等城市公共服务对流动人口增长具有显著的影响。因此，各城市在加大引人力度的同时应加强城市公共服务的建设。

关键词： 城市公共服务　流动人口　城市融入

一　引言

流动人口在城市的定居意愿关系中国未来城镇化的进程，根据第七次人口普查数据，2020年，中国城镇化率达到63.89%，比2010年提高了14.21个百分点，然而，与发达国家相比，中国的城镇化水平依然偏低，甚至低于许多发展中国家。因此，未来中国仍将大力推

---

* 王智勇，中国社会科学院人口与劳动经济研究所研究员，主要研究方向为人口资源环境经济学。

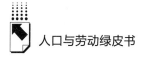

进城镇化进程，尤其是以都市圈和城市群来促进城镇化水平的提升。2020年中国流动人口规模已达3.76亿人，相当于每3.8个人中就有1个流动人员。为了促进流动人口在城市落户，自2019年以来，国家发改委先后制定了系列促进城市落户的政策，包括放开500万人以下城市的落户权限。然而现实是，流动人口落户意愿并没有预期得那么高。到底是什么因素影响了流动人口落户？通过什么政策才能有效促进流动人口落户？

近年来，流动人口动态监测调查数据得到越来越广泛的使用。利用这套微观调查数据，可以从微观层面去研究流动人口，尤其是农村流动人口的城市融入问题。研究表明，中国大量的迁移流动人口长期处在一种在城乡间循环流动的非永久性迁移状态，逐步形成了在流入地定居、返回流出地家乡和继续流动的三维分化模式，以及流动人口家庭成员的两栖甚至多栖生计策略[1][2][3]。那么，什么样的流动人口倾向于在城市定居？什么样的人又倾向于回流？研究发现，倾向于定居的流动人口具有年轻、未婚、女性、有较高学历等人口学特征[4]；与此相对应，倾向于回流的流动人口往往具有年长、男性、已婚、较低学历的人口学特征[5]。此外，流动人口

① Zhu, Y., 2007. "China's Floating Population and Their Settlement Intention in the Cities: Beyond the Hukou Reform" [J]. *Habitat International*, 31 (1): 65 – 76.

② Zhu, Y., Chen, W. Z., 2010. "The Settlement Intention of China's Floating Population in the Cities: Recent Changes and Multifaceted Individual-level Determinants" [J]. *Population, Space and Place*, 16 (4): 253 – 267.

③ 林李月、朱宇：《流动人口初次流动的空间类型选择及其影响因素：基于福建省的调查研究》，《地理科学》2014年第5期，第539~546页。

④ Zhu, Y., Chen, W. Z., 2010. "The Settlement Intention of China's Floating Population in the Cities: Recent Changes and Multifaceted Individual-level Determinants" [J]. *Population, Space and Place*, 16 (4): 253 – 267.

⑤ 周皓、梁在：《中国的返迁人口：基于五普数据的分析》，《人口研究》2006年第3期，第61~69页。

经济收入、就业和职业特征、社会保险和流入地劳动力市场特征，也会影响其定居意愿[1][2][3]。其他影响流动人口在城镇定居意愿的因素还包括户籍因素、社会网络、社会认同、生活满意度和地域差异[4]以及家庭经济资本[5]。然而，由于缺乏纵向的追踪调查数据，上述研究得出的多为流动人口的主观定居意愿而非实际定居行为[6]。

对中国人口流动的研究发现，如果放松户口限制等一系列城乡人口流动障碍，劳动力的流动将呈现更加趋向中心区域的结果，即发达地区和大城市相比于内陆边远城市明显更具有竞争优势[7]。与小城市相比，迁入大城市的非户籍居民能够获得更多的福利，尽管他们并不能获得与城市原居民同等的社会福利[8]，这种社会福利主要表现为城市公共产品和公共服务。无论是以何种指标来衡量，城市公共产品供

① 王春兰、丁金宏：《流动人口城市居留意愿的影响因素分析》，《南方人口》2007年第1期，第22~29页。

② 朱宇、余立、林李月等：《两代流动人口在城镇定居意愿的代际延续和变化：基于福建省的调查》，《人文地理》2012年第3期，第1~6、43页。

③ Cao, G. Z., Li, M., Ma, Y., et al., 2014. "Self-employment and Intention of Permanent Urban Settlement: Evidence from a Survey of Migrants in China's Four Major Urbanising Areas" [J]. *Urban Studies*, 52 (4): 639–664.

④ 刘于琪、刘晔、李志刚：《中国城市新移民的定居意愿及其影响机制》，《地理科学》2014年第7期，第780~787页。

⑤ 杨云彦、石智雷：《中国农村地区的家庭禀赋与外出务工劳动力回流》，《人口研究》2012年第4期，第3~17页。

⑥ 朱宇、丁金宏、王桂新等：《近40年来的中国人口地理学：一个跨学科研究领域的进展》，《地理科学进展》2017年第4期，第466~482页。

⑦ Bosker, M., Steven, B., Harry, G., et al., 2012. "Relaxing Hukou: Increased Labor Mobility and China's Economic Geography" [J]. *Journal of Urban Economics*, 72 (2): 252–266.

⑧ 邹一南：《城镇化的双重失衡与户籍制度改革》，《经济理论与经济管理》2014年第2期，第39~49页。

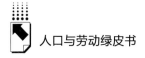

给水平都对城乡人口流动的概率具有显著的正向影响①。人口流动不仅向大中城市集中，而且向城市群集中，2000～2010年，城市群是全国流动人口迁移最活跃的地区，城市群的中心城市是外来人口的集聚中心②。

二 文献综述

丰富的就业机会和稳定的收入来源是人口迁移的基本条件，而随着流动人口收入的稳定和提升，城市公共服务又逐渐成为他们选择在城市生活的重要因素。沿海城市长期持续的经济增长创造了丰富的就业机会，一些农民工已经在城市中扎下根，在户籍、医疗保障等显性配套制度缺位的情况下，逐步摆脱"候鸟式"流动就业模式，开始了城市定居生活③。随着面向流动人口提供的公共服务和相关政策日益改善，越来越多的农村流动人口在城市中长期居留不再回到农村④。当前的流动人口的"流动性"越来越减弱，他们在流入地的居住和就业都比较稳定，流动人口家庭化特征十分明显⑤。对2013年国家流动人口动态监测数据的分析表明，57.2%的流动人口其核心家庭所有成员都流入同一流入地，81.1%的已婚流动人口夫妻一起流

---

① 李一花、李静、张芳洁：《公共品供给与城乡人口流动——基于285个城市的计量检验》，《财贸研究》2017年第5期，第55～66页。
② 张国俊、黄婉玲、周春山、曹永旺：《城市群视角下中国人口分布演变特征》，《地理学报》2018年第8期，第1513～1525页。
③ 姚先国、来君、刘冰：《对城乡劳动力流动中举家外迁现象的理论分析——一个可行性能力的视角》，《财经研究》2009年第2期，第28～38页。
④ 郑真真、杨舸：《中国人口流动现状及未来趋势》，《人民论坛》2013年第11期，第6～9页。
⑤ 段成荣、吕利丹、邹湘江：《当前我国流动人口面临的主要问题和对策——基于2010年第六次全国人口普查数据的分析》，《人口研究》2013年第2期，第17～24页。

动；平均在外流动时间达 8.76 年，在受访地平均停留时间达 4.69 年。这些事实和数据都表明，流动人口在流入地已开始呈现某种安居乐业的局面①。

城市公共服务主要包括教育、医疗、养老和住房等方面。一般而言，城市政府提供公共服务的目的在于解决安全、健康、环境保护等相关问题②。人们之所以向大中城市迁移，一个重要的原因在于这些城市丰富的教育资源极富吸引力，这不仅体现在大中城市学校拥有实力雄厚的教师资源及配套的校园硬件资源，更体现在大中城市拥有更加丰富的文化、艺术和信息等资源，它们与教育资源相辅相成，共同促进人们素质的全面提高。随着经济收入的提升以及城市融入程度的加深，流动人口日渐重视子女的教育，从而更为关注流入地的教育和文化资源。人们总是从文化水平低、教育设施落后的地区迁往文化教育的中心地区，从普通县迁往发达城市，这反映出我国目前的人口迁移呈现一种波浪式递进的模式③。长期以来，教育也是许多农村子女改变户籍属性进入城市的最重要方式。迁移机会随教育水平提高的机制激励农村居民进行教育投资，尤其是激励着农村居民设法进入具有良好教育资源的城市，并为子女接受城市基础教育创造条件。研究表明，北京、上海、浙江等地的教育基础较好，教育资源配置整体优于其他地区④，相应地，这些地方的流动人口规模也大。因而，可以

① 朱宇、林李月、柯文前：《国内人口迁移流动的演变趋势：国际经验及其对中国的启示》，《人口研究》2016 年第 5 期，第 50～60 页。

② Jones, Bryan, D., "Kaufman Clifford. The Distribution of Urban Public Services: A Preliminary Model" [J]. *Administration & Society*, 1974, 6 (3): 337–360.

③ 谢童伟：《中国县级教育水平与县人口迁移相互影响分析——基于 2004 年–2008 年 31 省（市）县级面板数据的实证研究》，《清华大学教育研究》2011 年第 1 期，第 83～89 页。

④ 刘静、沈亚芳：《人口流动与教育资源再配置——基于教育承载力的视角》，《教育导刊》2017 年第 2 期，第 18～23 页。

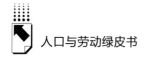
说，教育发展水平越高、教育资源越丰富的地区对人口迁入影响越大[1]。为教育而迁移并不仅仅是中国特有的现象，在世界各地，都存在这一现象，即教育资源越丰富的地区，其迁移人口也越多[2]。例如，对埃及省际迁移相关数据的分析表明，迁入地的人均受教育水平每上升 1%，迁入人数就增加 0.64%[3]。但也有研究得出相反的结果，即迁移本身会显著降低儿童的教育获得机会[4][5]。

医疗资源包括很多，其中的医疗卫生机构数、床位数和卫生机构人员数是三种主要且有代表性的医疗资源[6]。相应地，医疗资源配置囊括医疗卫生服务机构数量、可用床位数量、医疗服务人员数量等[7]。从迁移收入的角度来看，工资和城市公共服务的获得可以增加移民的福利，使他们获得更好的城市融入感。而城市公共服务的提供显然与城市的规模和等级以及经济发展水平密切相关，这一点可以从迁移人口的城市偏好看出。流动人口的城市定居意愿具有显著的大城市和省内城市偏好，具体到不同的人群来看，省内流动者、

---

① 谢童伟、吴燕：《教育发展差异对人口迁移的影响——基于城市化发展的视角》，《南方人口》2012 年第 6 期，第 15～21 页。

② Borsch-supan axel, 1990. "The Double-edged Impact of Education and Mobility" [J], *Economics of Education Review*, 9 (1)：39–53.

③ Greenwood, M. J., 1969. "An analysis of the Determinants of Geographic Labor Mobility in the United States" [J], *The Review of Economics and Statistics*, 9 (2)：189–194.

④ McKenzie, David and Rapoport, Hillel. 2006. "Can Migration Reduce Educational Attainment？Evidence from Mexico" [R], Policy Research Working Paper Series 3952, The World Bank.

⑤ 蒋和超：《迁移降低了儿童的教育机会吗：基于 CFPS 的实证分析》，《青年探索》2017 年第 1 期，第 59～67 页。

⑥ 齐明珠、童玉芬：《北京市区县间医疗资源配置的人口公平性研究》，《北京社会科学》2010 年第 5 期，第 27～31 页。

⑦ 唐钧：《从医疗资源配置到健康服务资源配置》，《中国医疗保险》2017 年第 9 期，第 15～16 页。

女性、"70 后"、学历较高者等群体的大城市偏好更为明显。与中小城市相比，大城市往往拥有更多经济、教育、文化、医疗资源，尽管中小城市的物价与房价更加低廉，但为了获得更多公共资源，特别是教育、医疗等城市公共服务，农民工在考虑定居地时，依然倾向于大城市而非中小城市①。很显然，除了为获得更好的就业机会、更高的工资和更好的未来发展机会而迁移外，劳动力还会为了更优质的城市公共服务而流动，这本身也符合迁移的基本逻辑。城市公共服务对流动人口具有吸引力，获得公共服务的流动人口更容易稳定②。从全国来看，各种优质的教育、医疗、科技、交通等都集中在北京、上海、广州等少数区域性中心城市，据统计，全国"三甲"医院共 770 余家，北京 35 家、上海 28 家、天津 29 家，而安徽省只有 10 家，贵州省仅 6 家③。付文林④发现公共服务水平的提高会增加本地的户籍人口，这种增量很可能有相当一部分来自流动人口的市民化。夏怡然和陆铭⑤的研究发现，公共服务水平越高的地方，流动人口的迁移意愿越大。可以看出，公共服务水平是影响流动人口迁移和融入城市的重要因素。

然而城市公共服务需要有充足的财力加以支撑，受城市快速增长的人口以及有限财力的制约，城市政府不可能满足对公共服务全方位

---

① 孙中伟：《农民工大城市定居偏好与新型城镇化的推进路径研究》，《人口研究》2015 年第 5 期，第 72 ~ 86 页。

② 侯慧丽：《城市公共服务的供给差异及其对人口流动的影响》，《中国人口科学》2016 年第 1 期，第 118 ~ 125 页。

③ 《收藏了！全国 776 家三甲医院名录》，https：//www.sohu.com/a/373432716_100039018。

④ 付文林：《人口流动的结构性障碍：基于公共支出竞争的经验分析》，《世界经济》2007 年第 12 期，第 32 ~ 40 页。

⑤ 夏怡然、陆铭：《城市间的"孟母三迁"——公共服务影响劳动力流向的经验研究》，《管理世界》2015 年第 10 期，第 78 ~ 90 页。

的需求，而只能优先提供最能反映城市需求的服务①。此外，大都市区内部存在各种利益的纷争，这使得公共服务很难实现平等有效地分配②。大城市和特大城市的城市公共服务往往并非只面向本市，更有可能面向全国，北京、上海、广州等特大城市的医疗资源就是面向全国，每天都有大量的重症和疑难杂症患者前往这几个特大城市寻求医疗服务，例如，早在 2014 年，媒体就曾报道过，北京已经成为全国看病中心，每天 70 万人进京看病③。省会城市的医疗资源往往也成为面向省内的区域性医疗资源中心。尽管城市教育资源也存在面向全国和面向区域的类似现象，但总体上说，医疗资源的外部性明显高于教育资源，因而研究城市医疗资源的空间配置问题也远比教育资源的空间配置要复杂。一些研究根据洛伦兹曲线计算基尼系数，以便对资源配置的公平性程度进行量化，并做出合理评价，结果表明，北京市医疗资源中，机构数的公平性曲线最靠近绝对公平线，其次是执业（助理）医师数，注册护士数的公平性曲线距离绝对公平线最远④。与此相似的研究结论表明，北京市医疗卫生资源配置结构总体较为公平，但是区域之间和区域内部的差异仍不可忽视，卫生人力资源配置需要更加注重公平性提升⑤。

---

① Lall，Somik，V. 2008. "Lundberg Mattias. What Are Public Services Worth, and to Whom? Non-parametric Estimation of Capitalization in Pune" ［J］. *Journal of Housing Economics*，17（1）：34－64.

② Warner Mildred, Hefetz Amir. 2002. "Applying Market Solutions to Public Services: An Assessment of Efficiency, Equity, and Voice" ［J］. *Urban Affairs Review*，38（1）：70－89.

③ 《北京已成为"全国看病中心"每天 70 万人进京看病》，http：//finance. cnr. cn/jjpl/201405/t20140520_ 515549728. shtml。

④ 郑研辉、郝晓宁、薄涛、刘志、吴忠丽：《北京市基层医疗卫生机构资源配置公平性研究》，《中国卫生经济》2020 年第 7 期，第 46～49 页。

⑤ 杨乐、王红漫：《北京市医疗卫生资源配置的公平性分析》，《中国卫生经济》2018 年第 11 期，第 37～40 页。

三 城市公共服务与流动人口融入

2019 年政府工作报告明确指出，坚持创新引领发展，培育壮大新动能，发挥我国人力人才资源丰富、国内市场巨大等综合优势。城市是集聚人口的重要区域，一个城市或区域的经济增长越有活力，则其人口集聚和经济集聚的能力越强，从而越能够吸引人口。另外，人口的集聚不仅带来充裕的劳动力和人才供给，更能够有效降低劳动力成本，促使生产效率不断提升，技术创新不断取得突破，从而起到进一步推动经济增长的作用[①]。实际上，自 2017 年以来，各大城市都加大了引进人才的力度，纷纷推出各种优惠措施吸引人才落户。2018 年底，广州市开出比其他城市力度更大的人才引进政策，把本科毕业落户年龄限制从 40 岁提高到 45 岁。2019 年 2 月，西安市进一步加大人才引进力度，规定凡具有本科（含）以上学历的，不受年龄限制，可迁入西安市落户；随后，石家庄等城市甚至相继推出零门槛落户政策。然而这些人才引进政策很少提及配套的城市公共服务。如前所述，大量的研究均已经表明，城市公共服务成为吸引外来人口的重要因素。

越来越多的研究证实，投资创造就业机会，吸引人口流入，而教育资源也是促使人口迁移的重要原因。新生代农民工中越来越多的人选择举家外迁，从小城市向大中城市迁移的人口也有越来越多的举家外迁人口，其中重要的原因正是教育迁移，城市中丰富而优质的教育资源是吸引外来人口，特别是农村劳动力流入的重要因素。因而，影响人口迁移的最重要因素，可以归为教育和投资[②]。教育迁移是当前人口迁

---

① 王智勇：《城市规模与劳动生产率——基于 283 个地级市面板数据的分析》，《劳动经济研究》2020 年第 6 期，第 87～119 页。

② 王智勇：《基础教育与人口集聚——基于地级市面板数据的分析》，《人口与发展》2017 年第 6 期，第 14～25 页。

移中的一个突出现象，它显著地影响了人口迁移的流向，人口的迁移越来越多地流向那些拥有优质和大规模基础教育的城市。教育是城市公共服务的重要组成部分，但教育并不完全替代城市公共服务，实际上，除教育之外，医疗、养老、住房等均是影响人们日常生活的重要城市公共服务，它们对于促进流动人口在城市定居均具有重要的影响。

城市医疗资源与公众的生活密切相关，丰富而便捷的医疗资源也是保障居民健康的重要支柱。早在 2015 年，国务院办公厅在《深化医药卫生体制改革 2014 年工作总结和 2015 年重点工作任务》中，提出继续坚持"保基本、强基层、建机制"的总体要求，加快健全基本医疗卫生制度，打造健康中国。然而，全国医疗资源的分配明显存在悬殊的区域差异，特大城市和大城市往往拥有较为丰富的医疗资源，而小城市和西部地区则明显医疗资源不足。2016 年 11 月，国务院发布《"十三五"脱贫攻坚规划》，要求确保到 2020 年，改善贫困地区医疗卫生机构条件，提升服务能力，缩小区域间卫生资源配置差距，基本医疗保障制度进一步完善，建档立卡贫困人口大病和慢性病得到及时有效救治，就医费用个人负担大幅减轻，重大传染病和地方病得到有效控制，基本公共卫生服务实现均等化，因病致贫返贫问题得到有效解决。贫困地区目前均已经实现了脱贫，然而这些地区的公共卫生服务在很大程度上依然有赖于中心城市公共卫生服务水平的提高，以此来辐射周边地区。公共卫生服务的均等化是指不同区域、收入、职业等人群均享有平等的机会、获得同等的卫生服务。逐步实现基本公共卫生服务均等化是民生大事，是实现社会正义与公平的重要方面，也是构建社会主义和谐社会的必然要求①。2016 年 12 月，《"健康中国 2030"发展纲要》提出，到 2030 年全面建立优质高效的

---

① 陈丽、姚岚、舒展：《中国基本公共卫生服务均等化现状、问题及对策》，《中国公共卫生》2012 年第 2 期，第 206~207 页。

整合型医疗卫生服务体系，健康服务能力大幅提升。《纲要》认为：构建新的医疗卫生服务体系是健康中国的重要组成部分。没有健全、公平和高效的医疗卫生服务体系，医疗卫生投入和医疗保障制度的作用就难以发挥，人民群众就难以从卫生与健康发展中受益。其中，城市公共卫生服务体系的建设是一个地区医疗卫生服务体系的重要支柱。

中国的许多城市都存在行政等级划分，从而导致了教育和医疗等公共资源的配置与人口规模脱节，在一定程度上加剧了教育和医疗资源的紧张格局。城市的行政等级越高，拥有的城市公共资源就越多，从而能够更好地满足城市人口的需求。但城市的行政等级并不完全与城市人口规模挂钩，从而导致了城市公共资源需求与供给之间的矛盾。以湖北省为例，据统计，省会武汉市拥有 24 家三甲医院，但作为普通地级市的孝感和黄冈却只有 2 家三甲医院，而咸宁和潜江仅有 1 家三甲医院，因此，这几个城市面临的困难和压力甚至比武汉市还大，在新冠肺炎疫情刚开始的一段时期内，这些城市的疑似患者甚至无处可去、无院可医，因为市内的医院甚至无法满足传染病收治的条件。城市行政等级带来城市公共卫生资源配置的差距由此可见一斑。不仅如此，许多地级市市区的三甲医院还负担着管辖范围内各县市的重病患收治工作。此外，值得注意的是，城市公共卫生资源在区域之间存在巨大差异，在西部地区，许多地级市根本就没有三甲医院，以云南省为例，楚雄、昭通、文山、保山、怒江和临沧均无三甲医院。又比如，甘肃省全省仅有 6 家三甲医院，5 家位于兰州，1 家位于天水市，其余地级市均无三甲医院。因而在面对公共卫生危机时，医患矛盾就更加凸显。

即使不考虑医院等医疗资源的质量差异，而只考虑数量，区域之间的差距同样很悬殊，例如，如果具体到床位数和执业医师数量，那么医疗卫生资源在区域之间的不均衡就更加明显。以每千人床位数来衡量人均占有卫生医疗资源的话，则可以明显地看到地区之间的悬殊差异，在 2001 年总体来看，华北、东北、华东等地的千人执业医师

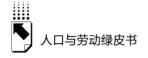

数相对较高，而中部和西南部地区相对较低。

2016 年，各地区每千人床位数虽然比 2001 年均有所提高，但区域差距依然比较悬殊，相对而言，东北地区、华北地区、长三角、珠三角等地区较高，中部的大片地区依然较低。

若以每千人执业医师数来衡量人均占有卫生医疗资源的话，也可以明显地看到地区之间的悬殊差异，总体来看，2001 年，华北、东北、华东等地的千人执业医师数相对较高，而中部和西南部地区相对较低。

2016 年，各地级市的每千人执业医师数仍然存在显著差异，总体来看，东北、华北、长三角和珠三角等区域数量较高，而西部、中部和西南区域则相对较低。

显然，在当前医疗资源存在巨大区域差距的情形下，人口总是存在向医疗资源丰富的特大城市和大城市流动的动因。

不仅如此，特大城市和大城市的科教文化资源也很丰富，包括图书馆、博物馆、文化馆等文化场所和机构能够开阔人们的视野，丰富人们的知识，增加人力资本，是人们自我学习的重要场所，对于城市居民而言，这些场所是他们不断提升自身能力以适应不断变化的社会要求的重要途径。自从党的十六大报告首次将"开展全民阅读活动"纳入社会主义文化强国建设以来，全民阅读越来越受到重视。随后国务院又提出"倡导全民阅读"，要求"推动全民阅读"，并将全民阅读工程列为"十三五"时期文化建设重大工程之一，将全民阅读提升到国家战略高度。公共图书馆是公众读书的主要场所。2018 年 1 月 1 日实施的《中华人民共和国公共图书馆法》在总则中明确了"发挥公共图书馆功能，保障公民基本文化权益，提高公民科学文化素质和社会文明程度"。党的十八大以来，在以习近平同志为核心的党中央坚强领导下，中国把公民科学素质建设作为一项基础性工作大力推进，坚持把科学普及与科技创新摆在同等重要地位。公共图书馆作为提升公民科学素养的重要服务机构，在科学传播和科学普及服务方面仍有巨大的发挥空间。

公共图书馆既服务于个体，也服务于各机构和企业。通过对个体的科学传播和科学普及，居民可以不断提高自我的人力资本水平和科学素养，为科技创新积累牢靠的基础。而通过对机构和企业的科技查新和定题研究报务，可以使得相关机构和企业的科技创新能力进一步增强，从而起到促进科技创新的作用。作为公益性机构，公共图书馆服务大众和服务企业的作用在很大程度上与政府的政策密切相关。2011年初，文化部、财政部出台的《关于推进全国美术馆公共图书馆文化馆（站）免费开放工作的意见》明确：2011年底之前，全国所有公共图书馆、文化馆（站）要实现无障碍、零门槛进入，公共空间设施场地全部免费开放，所提供的基本服务项目全部免费。这才让公共图书馆的"开放、平等、免费"真正走向均等化。2011年，《中共中央关于深化文化体制改革 推动社会主义文化大发展大繁荣若干重大问题的决定》曾指出，要加强文化基础设施建设，完善公共文化服务网络，让群众广泛享有免费或优惠的基本公共文化服务。由此，在政策上保障了所有公民都可以平等和免费地使用公共图书馆，这也保障了公民提高科学素质的权利。

根据中国科协公布的《中国公民科学素质建设报告（2018年)》，在国家的高度重视和大力投入下，我国公民科学素质水平大幅提高。具备科学素质的公民比例从2010年的3.27%提升到2015年的6.20%，2018年进一步达到了8.47%。2018年，公众参观人文艺术类场馆的比例由大到小依次为公共图书馆（46.7%），图书阅览室（42.7%），美术馆或展览馆（27.5%）。由此可见，公共图书馆确实在提高公民科学素质方面发挥了重要作用。

可见，城市公共服务是吸引流动人口融入的重要因素，而且，随着我国城市产业结构的升级换代，随着生活水平的提高，人们对于城市公共服务的重视程度也不断提高，因而越来越多的流动人口选择去

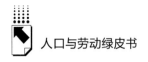

那些有较好城市公共服务的城市。城市通过不断吸引流动人口而使得城市人口规模不断扩大。

四　模型设定与数据描述

为了验证城市公共服务对于流动人口城市融入和定居的影响，我们通过计量模型来加以分析。

$$\ln popc_{i,t} = \alpha \ln popc_{i,t-1} + \theta_1 \, infras_{i,t} + \beta \, X_{i,t} + \mu_i + \lambda_t + \zeta_{i,t} \qquad (1)$$

其中 $popc$ 是市区人口，流动人口的融入最终会成为城市市区人口，既可以从规模上测量，也可以从密度上加以测量，流动人口是城市规模的重要组成部分，特别是 20 世纪 90 年代末期以来，随着人口的大规模迁移，流动人口在城市和区域经济发展中的影响举足轻重。在一些特大城市中，流动人口的规模多达数百万人，例如，2018 年北京流动人口近 800 万人，上海流动人口近 900 万人，超过绝大多数城市的城区人口规模，流动人口的影响可见一斑。因此，尽管对于任何一个城市而言，户籍人口都占据着重要地位，但仅从户籍人口数来衡量城市规模显然不够，城市人口的增长很大一部分来自人口的流入，越是有活力、有吸引力的城市，城市中的流动人口规模越大，而用常住人口则很好地测量了城市实际人口。

统计年鉴上提供的均为户籍人口，因而，如何获得常住口径的人口成为测量城市人口的一个关键。实际上，户籍人口与常住人口之间存在较为密切的关系，户籍人口是基础，常住人口实际上是在户籍人口的基础上，通过人口流动而形成的，如果流入人口多于流出人口，则常住人口会大于户籍人口，相反，如果流入人口少于流出人口，则常住人口会小于户籍人口。而人口流动的原因，首先是经济活动引起的，一般而言有就业机会就会引起人口流入，其次是教育、医疗等城市公共服务因素[①]，因此，通过一些经济、产业结构和就业等因素，可以在常住人口与户籍人口之间建立起稳定的回归关系。利用2000年和2021年两次人口普查提供的城市常住人口数，结合城市统计年鉴中提供的相应经济和公共资源变量，可以建立两者的稳定回归关系，从而可以估算历年的常住人口数（见图1）。

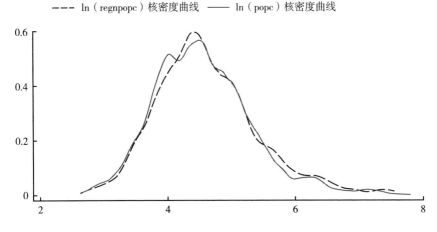

图1　市区人口与拟合市区人口核密度对比

经过对比，可以看到，从核密度的角度来看，在拟合常住人口与户籍人口之间存在较高的吻合度，即通过回归的方式来估算常住人口数量是合理可靠的。

Infras是指城市公共服务，包括了医疗、公路交通、公共图书馆、影剧院、网络等。由于在此前的研究中，基础教育规模已经被证实是影响人口流入的重要因素[②]，故而infras并未把教育再次纳入城市公

---

① 王智勇：《基础教育与人口集聚——基于地级市面板数据的分析》，《人口与发展》2017年第6期，第14～25页。
② 王智勇：《基础教育与人口集聚——基于地级市面板数据的分析》，《人口与发展》2017年第6期，第14～25页。

共服务中，而是要验证其他城市公共服务对于流动人口城市融入的影响。医疗采用市区医院密度（hospdenc）来加以测量，医院密度越高，通常而言也就意味着医疗资源越丰富；公路交通采用市区公路密度（roaddenc）来加以测量，城市交通越发达，其市区公路密度也就越大；公共图书馆采用市区公共图书馆密度（libarykdenc）来加以测量，密度越大，意味着城市公共图书馆资源越丰富；网络采用市区网络密度（interndenc）来测量，密度越高，意味着城市网络资源越丰富；文化和娱乐场馆采用市区影剧院密度（theatdenc）来测量，显然，密度越高，表示影剧院资源越丰富。城市公共服务资源越丰富，就越有可能吸引人口流入，使流动人口融入城市。以上用密度测量的变量均采用市辖区面积来计算。

X 为控制变量，主要包括了市区 GDP 密度（gdppscd）、产业结构（instrc）、平均工资水平（realwagecd）、财政资源（fisoicr）、地势起伏度（rdls）和建成区绿化率（greenratec）。如前所述，人们进入城市，很重要的原因在于经济因素，主要就是就业机会，因此，经济因素在影响人们的城市居留决策中起着重要的作用。城市经济增长显然是吸引人口的重要变量，城市经济增长会带来更高的社会福利以及相应的城市公共服务，特别是优质的教育、医疗资源，从而吸引更多的人口流入。

需要指出的是，基于城市或地级市层面研究中国的现实问题，必须要考虑财政转移支付，即政府通过财政手段对城市经济增长进而对流动人口的城市融入发挥着重要影响，因为每个层级的行政单元都受到上级政府的影响，特别是通过财政转移的方式施加影响，城市公共服务更是需要财政资源的支持。财政支出被大量文献证实是推动中国地区经济增长的重要途径之一，而城市和地区经济增长是吸引人口流入的基本前提，因为经济增长往往意味着就业机会的增加和收入水平的提高。地方财政支出的相当一部分来自上级政府，而不同地方来自上级的财政支持力度显然也不同，我们采用地方财政支出与财政收入的比（fisoicr）来表征地方政府的财政资源，这一数值越大，意味着地方政府获得了越多的财政资源。

城市的产业与人口发展同地理因素密切相关，特别是地势起伏度。产业发展与交通状况息息相关，而交通状况与地形地势密切相关。由于中国地域辽阔，地理差异较大，因而在分析地区经济发展过程中，地形地势是一个不可忽略的因素。这一因素，在以往的许多研究中并没有得到充分的考虑，多数时候被忽略，而遗漏变量也会导致内生性问题。地形地势通常可以用地形起伏度来加以测量。

地形起伏度（rdls）在含义界定、方法提取、应用领域等方面存在差异[1]。多数研究都利用数字高程模型（DEM），运用 ArcGIS 技术，采用窗口分析法，按照一定的公式来提取地形起伏度。综合已有文献来看，特别是根据封志明等[2]提出的人居环境适宜性背景下的地形起伏度定义，比较认可的计算公式如下：

$$RDLS = ALT/1000 + \{[Max(H) - Min(H)] \times [1 - P(A)/A]\}/500 \quad (2)$$

式中：$RDLS$ 为地形起伏度；ALT 为以某一栅格单元为中心一定区域内的平均海拔（m），$Max(H)$ 和 $Min(H)$ 分别为区域内的最高与最低海拔（m）；$P(A)$ 为区域内的平地面积（km^2）；A 为区域总面积。地形起伏度的值为 1 的 n 倍，则表示该区域地形起伏为 n 个基准山体的高度。利用这个公式，结合数字高程模型（DEM）就可以计算出所需区域的地形起伏度[3]。

回归使用的资料来源于 2002～2017 年的《中国城市统计年鉴》，

---

① 陈田田、彭立、刘邵权、王旭熙、徐定德：《基于 GIS 的横断山区地形起伏度与人口和经济的关系》，《中国科学院大学学报》2016 年第 4 期，第 507～514 页。

② 封志明、唐焰、杨艳昭、张丹：《中国地形起伏度及其与人口分布的相关性》，《地理学报》2007 年第 10 期，第 1073～1082 页。

③ 王智勇：《地形起伏度对县域经济增长的影响研究——以云南省为例》，《云南财经大学学报》2019 年第 7 期，第 77～92 页。

对应实际年份是 2001～2016 年。为了消除价格因素的影响，我们把所有涉及价格的变量全部进行价格缩减。经过指数缩减之后，所有涉及价格的变量都采用了 2000 年的价格水平（见表 1）。

表 1　主要变量的描述性统计

变量	变量含义	样本量	均值	标准误	最小值	最大值
lnpopcden	市区户籍人口密度	4,551	6.48	0.96	2.56	9.55
lnpopdencrne	市区常住人口密度	4,485	6.55	1.01	2.42	9.56
lngdppscd	地均 GDP	4,545	7.33	1.40	2.30	11.15
instrc	产业结构	4,560	1.44	0.78	0.02	10.60
lnlibarykdenc	地均藏书量	4,499	5.79	1.50	0.13	12.20
hospdenc	地均医院数量	4,536	0.06	0.10	0	2.44
theatdenc	地均影剧院数量	3,856	0.01	0.01	0	0.24
roaddenc	地均道路面积	4,237	1.02	1.34	0	25.60
lnrealwageced	实际平均工资	4,509	9.92	0.53	7.36	12.91
lngreenratec	建成区绿化率	4,522	3.51	0.40	0	4.56
fisoicr	财政资源	4,013	2.31	2.12	0.00	45.84

资料来源：《中国城市统计年鉴》（2002～2017），笔者整理。

五　回归分析

（一）基本回归分析

表 2　城市公共服务与人口密度变化回归结果

解释变量	(1) lnpopdencrne	(2) lnpopdencrne	(3) lnpopcden
L. lnpopdencrne	—	0.758 *** (0.056)	—

续表

解释变量	（1）	（2）	（3）
	lnpopdencrne	lnpopdencrne	lnpopcden
L. lnpopcden	—	—	0.859 ***
			（0.037）
hospdenc	0.043	0.091 *	0.069 *
	（0.038）	（0.049）	（0.040）
roaddenc	0.053 ***	0.013 *	0.016 **
	（0.012）	（0.007）	（0.008）
lnlibarykdenc	0.028 ***	0.010	0.010
	（0.006）	（0.010）	（0.014）
lninterndenc	0.035 ***	0.033 *	0.036 **
	（0.007）	（0.018）	（0.018）
fisoicr	0.006	0.007 *	0.005
	（0.004）	（0.004）	（0.003）
lngreenratec	−0.009	−0.010	−0.004
	（0.008）	（0.011）	（0.012）
lngdppscd	0.599 ***	0.128 ***	0.028
	（0.038）	（0.038）	（0.027）
常数项	3.968 ***	2.409 ***	0.000
	（0.316）	（0.623）	（0.000）
控制变量	是	是	是
时间固定效应	是	是	是
地区固定效应	是	是	是
AR（1）p-value	—	0.000	0.001
AR（2）p-value	—	0.049	0.046
Hansen 检验值	—	0.308	0.155
样本量（个）	2167	2148	2164
城市数量（个）	282	282	282

注：L. 表示滞后一期，变量前加 ln 表示取自然对数。括号内为聚类于城市层面的稳健标准误。*** p < 0.01，** p < 0.05，* p < 0.1。

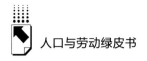

面板数据通常需要经过残差检验（AB 检验）和 Sargan/Hansen 检验，考虑到异方差是区域经济分析中普遍存在的情形，因此一般采用 Hansen 检验，而不用 Sargan 检验。表 2 的残差检验表明，一阶相关，二阶不相关，此外，Hansen 检验表明不存在过度识别，意味着模型通过了系统 GMM 回归的各项检验，模型设定合理。GMM 估计可以分为一步法（one-step GMM）和两步法（two-step GMM）估计。本文采用两步估计法。通常来说，两步法估计的标准差存在向下偏倚倾向，但这种偏倚经过 Windmeijer[①] 调整后会减小。一般认为在系统 GMM 估计中，两步法比一步法更有效。

为了便于比较，我们使用了面板数据的随机效应回归分析方法，其结果可以与采用系统 GMM 回归分析方法的结果进行比较。表 2 中模型（1）采用的是面板数据随机效应回归，同时控制了城市层面的差异，可以看到的是，医疗资源虽然有促进人口密度提高的作用，但并不显著，而城市道路密度和公共图书馆藏书密度以及互联网用户密度则显著地促进了市区人口密度的提高，这意味着这些因素显然有助于吸引人口流入。模型（2）和（3）分别采用常住口径和户籍口径的市区人口密度作为被解释变量，从而测量城市公共服务对于人口密度变化的影响。从回归结果可以看到，市区医院密度、道路密度和互联网密度均有利于提高市区人口密度，这意味着对于流动人口而言，医疗、道路和网络等城市公共服务富有吸引力，城市公共服务资源越丰富，就越能够吸引流动人口融入，进而在相关政策的支持下实现市民化。

（二）稳健性检验

一般来说，稳健性检验有两种方式，一种是通过替换关键变量来

---

① Windmeijer, F., "A Finite Sample Correction for the Variance of Linear Efficient Two-step GMM Estimators" [J], *Journal of Econometrics*, 2005, 126: 25-51.

实现，另一种是通过替换样本来实现。考虑到医院的建设周期相对较长，医院数量变化相对较为缓慢，因而我们采用医院、卫生院床位数来替代医院数量，构建市区床位密度（hosbeddenc）这一指标。相对而言，床位数的变化更加迅速，可以更好地说明城市医疗资源的变化和城市之间的差异（见表3）。

表3　城市公共服务与人口密度变化回归结果（稳健性检验I）

解释变量	（1）	（2）	（3）
	lnpopdencrne	lnpopdencrne	lnpopcden
L. lnpopdencrne	—	0. 728 ***	—
		（0. 061）	
L. lnpopcden	—	—	0. 810 ***
			（0. 051）
hosbeddenc	0. 006 *	0. 008 **	0. 007 **
	（0. 003）	（0. 004）	（0. 004）
roaddenc	0. 035 **	− 0. 013	− 0. 010
	（0. 015）	（0. 014）	（0. 014）
lninterndenc	0. 035 ***	0. 034 *	0. 035 *
	（0. 007）	（0. 019）	（0. 019）
lnlibarykdenc	0. 027 ***	0. 011	0. 010
	（0. 006）	（0. 012）	（0. 013）
fisoicr	0. 006	0. 008 *	0. 006
	（0. 003）	（0. 004）	（0. 004）
lngdppscd	0. 586 ***	0. 134 ***	0. 053 *
	（0. 037）	（0. 042）	（0. 030）
rdls	− 0. 098 **	− 0. 026 **	− 0. 028 **
	（0. 039）	（0. 013）	（0. 014）
常数项	4. 054 ***	2. 536 ***	0. 000
	（0. 314）	（0. 617）	（0. 000）

解释变量	（1）	（2）	（3）
	lnpopdencrne	lnpopdencrne	lnpopcden
控制变量	是	是	是
时间固定效应	是	是	是
地区固定效应	是	是	是
AR（1）p-value	—	0.001	0.001
AR（2）p-value	—	0.059	0.053
Hansen 检验值	—	0.342	0.481
样本量（个）	2167	2148	2164
城市数量（个）	282	282	282

注：L. 表示滞后一期，变量前加 ln 表示取自然对数。括号内为聚类于城市层面的稳健标准误。*** p < 0.01，** p < 0.05，* p < 0.1。

表3 的残差检验表明，一阶相关，二阶不相关（AB 检验），此外，Hansen 检验表明不存在过度识别，意味着通过了系统 GMM 回归的各项检验，模型设定合理。

表3 模型（1）采用的是面板数据的随机效应回归分析方法，结果表明，医疗、道路、公共图书馆和互联网等城市公共服务均有利于提高人口密度，也就是有助于吸引人口流入。模型（2）和（3）分别采用常住口径和户籍口径的市区人口密度作为被解释变量，从而测量城市公共服务对于人口密度变化的影响。回归结果显示，医疗资源和互联网对人口流入具有显著的促进作用，而道路和公共图书馆则不显著。

第二种检验方式是替换样本，一般采用回归样本的一部分来进一步验证结论的稳健性。我们采用 2005 年以来的样本进行验证（见表4）。

表4 城市公共服务与人口密度变化回归结果（稳健性检验Ⅱ）

解释变量	（1）	（2）
	lnpopdencrne	lnpopcden
L. lnpopdencrne	0.739 ***	—
	(0.064)	
L. lnpopcden	—	0.815 ***
		(0.058)
hospdenc	0.097 **	0.092 *
	(0.046)	(0.052)
roaddenc	0.017 **	0.019 **
	(0.007)	(0.007)
lninterndenc	0.051 **	0.049 **
	(0.021)	(0.022)
控制变量	是	是
时间固定效应	是	是
地区固定效应	是	是
AR（1）p-value	0.001	0.001
AR（2）p-value	0.046	0.031
Hansen 检验值	0.529	0.451
样本量（个）	1620	1636
城市数量（个）	285	285

注：L. 表示滞后一期，变量前加 ln 表示取自然对数。括号内为聚类于城市层面的稳健标准误。*** $p < 0.01$，** $p < 0.05$，* $p < 0.1$。

从表4的回归结果可以看到，医疗资源密度、道路密度和互联网用户密度依然是促进人口密度提升的积极因素，结果与表2和表3基本一致，因此可以说，城市公共服务是吸引人口流入城市的重要影响因素。

综合以上分析结果，可以认为，以医疗、教育和住房等为核心的城市公共服务越来越成为流动人口日益看重的城市要素，左右着他们

213

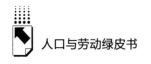

用脚投票的方向。一个城市的公共服务资源越丰富，就越能够吸引人口的流入。

六　政策建议

劳动力从农村进入城市，从小城市进入大城市，最主要的动力在于经济收入和发展前景，流动意味着有更高的经济收入和更好的发展前景。但随着人们收入水平的提高、城市的发展，流动人口越来越看重城市的公共服务水平。以教育、医疗和住房为核心的城市公共服务资源对于流动人口而言具有越来越重要的作用，这也解释了举家迁移和教育迁移为何越来越成为人口流动中的一个突出现象。利用2001～2016年的城市面板数据，采用系统 GMM 方法和双向固定效应模型，我们证实了城市公共服务对于城市人口流入和流动人口城市融入的重要意义，结果表明，城市公共服务的增加能够有效促进城市人口的增长，也同时意味着能够有效吸引人口流入。

有效提高城市公共服务的供给是城市持续稳定发展的基础。近几年来，许多城市纷纷推出各种优惠措施吸引人口流入，然而，真正能够让外来人口稳定居留下来的举措应当包括大力推进城市公共服务体系的建设。

城市公共服务也可以成为疏解人口的重要手段。大多数城市都把公共服务资源放在城中心，导致城中心人口过密。而人们对于城市公共服务越来越依赖，因此，城市人口疏解就可以有效利用城市公共服务资源的空间再分布来引导人口的转移。

空间格局篇

Spatial Pattern

中国城镇化空间格局演变趋势及优化方向

张 涛 蔡翼飞 吕 劼*

摘 要: 本报告主要考查了近20年中国城镇化空间格局的演变趋势,并提出优化城镇化空间格局的方向。本报告的分析表明,中国的城镇人口仍主要分布在城区,中国的城镇化率大大提高,目前已接近64%。农业转移人口数量仍十分庞大,占全国总人口的比重超过20%。南方和北方在城镇化率上并无显著差异,不过由于南方人口数量更多,南方对城镇化的贡献更大。中国区域间城镇化水平存在明显梯度差异,依然大体呈现自东向西逐步降低的态势。帕累托指数和相关数据表明,近年来中国大城市扩张较快,中小城

---

* 张涛,中国社会科学院人口与劳动经济研究所助理研究员,主要研究方向为政治经济学、农业经济学;蔡翼飞,中国社会科学院人口与劳动经济研究所副研究员,主要研究方向为劳动经济学、人口经济学、区域经济学;吕劼,中国社会科学院大学人口与劳动经济系硕士研究生,研究方向为劳动经济学。

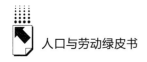

市规模偏小。国家中心城市的引领作用有待加强，对都市圈和城市群如何发展方面的指导仍需完善。未来，中国应进一步推进农业转移人口融入城市，提升城市综合承载能力，加强都市圈、城市群的一体化建设。

关键词：　城镇化　空间格局　帕累托指数　都市圈

一　中国城镇化的发展历程

（一）城镇化率总体变动趋势

各国对城镇化率的统计方式存在差异，按照中国目前的统计方式，城镇人口主要由城区人口、镇区人口两部分组成。国家统计局的数据显示，在新中国成立之初，中国仅有 86 个城市，城镇化率刚超过 10%，远低于当时的世界平均水平[①]。经过 70 多年的发展，到 2020 年，中国城镇化率已经达到 63.9%，城镇人口约 9.0 亿人，比 1949 年增加了近 8.4 亿人。

图 1 报告了 1949～2020 年中国城镇人口数和城镇化率变动趋势状况。从图 1 可以看到，新中国成立以来中国城镇化的发展历程大致可以分为四个阶段，与张车伟和蔡翼飞[②]的划分一致。

第一阶段，1949～1965 年的起伏阶段。总体来看，这一时期城镇化率提高较快，城镇人口年均增长 455 万人，从 1949 年的 5765 万人增至 1965 年的 13045 万人，城镇化率由 1949 年的 10.6% 增至 1965

① 张车伟、蔡翼飞：《中国城镇化格局变动与人口合理分布》，《中国人口科学》2012 年第 6 期，第 44～57 页。

② 张车伟、蔡翼飞：《中国城镇化格局变动与人口合理分布》，《中国人口科学》2012 年第 6 期，第 44～57 页。

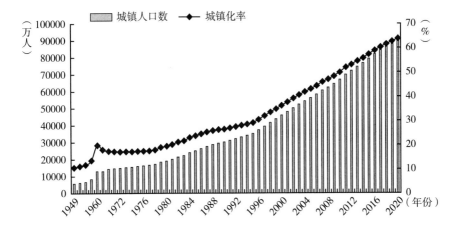

图1 1949～2020年中国城镇化发展历程

注：1. 1981年及以前数据为户籍统计数；1982年、1990年、2000年、2010年、2020年数据为当年人口普查数据推算数；其余年份数据为年度人口抽样调查。2. 1970年及以后数据为连续年份统计数，1970年以前统计数据年份为1949年、1950年、1951年、1955年、1960年、1965年。

资料来源：《中国统计年鉴2020》以及国家统计局网站最新更新数据，网址：https：//data. stats. gov. cn/easyquery. htm？cn＝C01。

年的18.0%，年均增长0.46个百分点。不过，在1958～1965年，由于自然灾害、周边政治局势紧张、"大跃进"运动等因素的影响，中国城镇化进程受到很大冲击，城镇化率有所下降。

第二阶段，1965～1978年的停滞阶段。由于"文化大革命"等因素的影响，城镇化进程受到较大影响，特别是1965～1972年城镇化率反而下降0.85个百分点。之后略有上升，但一直维持在17%左右。从1972～1978年，城镇人口平均每年增加385万人，城镇化率从17.1%缓慢提升到17.9%。

第三阶段，1978～1995年的稳步提高阶段。改革开放推动了经济迅速发展，城镇化活力增强，这一阶段，城镇化率从1978年的17.9%上升为1995年的29.0%，提高了11.1个百分点，年均提高0.65个百分点。城镇人口由1978年的17245万人增加到1995年的

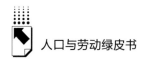

35174 万人，年均增加 1055 万人①。

第四阶段，1995～2020 年的快速推进阶段。这一时期，中国市场化进程不断推进，对劳动力流动的限制进一步放松，劳动力流动性不断增强，城镇化率提高 34.85 个百分点，年均提高 1.39 个百分点。城市人口年均增加 2201 万人，从 1995 年的 35174 万人增加到 2020 年的 90199 万人，增加了 156%。虽然近年来经济增速有所回落、农村劳动力流出减少，但中国的城镇化速度没有放缓。例如，1995～2010 年，城镇化率年均提高 1.393 个百分点，而 2010～2020 年，城镇化率年均提高 1.394 个百分点（见表 1）。

表 1 各阶段中国城镇化速度比较

年份	阶段	城镇化率变化 （个百分点）	城镇化率年均 变化（个百分点）	城镇人口年均 增量（万人）
1949～1965	起伏	7.34	0.46	455
1965～1978	停滞	-0.06	-0.00	323
1978～1995	稳步提高	11.12	0.65	1055
1995～2020	快速推进	34.85	1.39	2201

资料来源：根据《中国统计年鉴 2020》和国家统计局网站（https：//data. stats. gov. cn/easyquery. htm? cn = C01）最新数据计算。1949～1995 年数据也可参见张车伟和蔡翼飞《中国城镇化格局变动与人口合理分布》，《中国人口科学》2012 年第 6 期，第 44～57 页。

（二）城区和镇区人口占比：城市化和镇化

将城镇地区分为市（城区）和镇（镇区）来看，当前中国城镇人口仍然主要分布在"市"中。根据中国住建部的数据，2019 年城区人口占城镇人口比例达到 61.8%，镇区人口占比为 38.2%。近 20 年来，城区人口占城镇人口比例始终在 60% 左右浮动。根据《中国人口与就业统计年

---

① 参见张车伟、蔡翼飞：《中国城镇化格局变动与人口合理分布》，《中国人口科学》2012 年第 6 期，第 44～57 页。

鉴》，2019年城市人口占城镇人口比重为60%，略低于住建部的数据。根据住建部的数据，在2006年之前，城区人口占比较高，在64%左右小幅波动，2006~2009年城区人口占比大幅下降，在2009年降至58.4%，不过"市"人口仍然多于"镇"人口。2009年以后，城区人口占比又逐步上升，2016年再次超过60%，镇人口占比则相应逐步下降。《中国人口与就业统计年鉴》数据也表明了类似的变动趋势（见图2）。

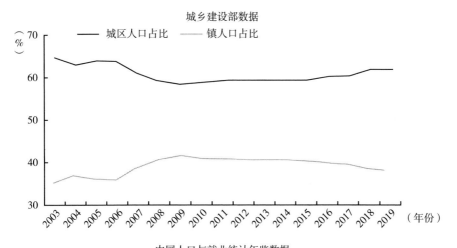

图2　城市人口和镇人口占城镇人口比重

资料来源：上图根据《中国城市建设统计年鉴》数据整理得出，下图根据《中国人口与就业统计年鉴》整理得出。

图3报告了不同时期城区和镇人口增长对城镇化的贡献情况。数据显示，镇人口的增加对城镇化的贡献在逐步减小，而城区人口增长的贡献在逐步提高，并且目前已大幅超过镇人口的贡献。在2003～2010年增加的城镇人口中，有61.2%为镇人口的增长，城区人口增加占比仅为38.8%。而到了2010年后，形势有所逆转，城区人口对城镇人口增加的贡献率超过了镇人口。2010～2015年，城区人口增加对城镇人口增加的贡献率为64.4%，镇人口为35.6%。在2015年后新增的城镇人口中，绝大多数来自城区人口的增加，占比达到83.0%。

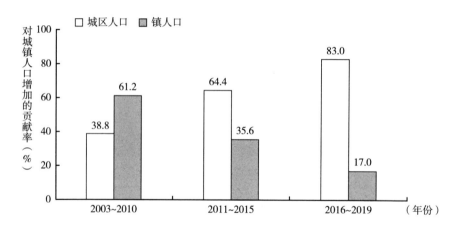

图3　城区人口和镇人口对城镇化的贡献

资料来源：根据2003～2019年《中国城市建设统计年鉴》数据计算。

21世纪以来，我国城市数量和镇数量变化幅度不大，基本保持稳定。从图4可以看出，2003～2010年镇的数量小幅下降，但是镇人口增长迅速，导致镇平均人口规模大幅上升，这一阶段镇在城镇化过程中发挥作用明显，镇的人口集聚效应较强。2010年后，镇人口增长放缓，而城区人口对城镇人口增长的贡献逐渐增大，因此这一阶段城镇化加快主要体现为城区人口的增加。这些变化特点与我国城镇化发展战略有关，当前我国将城市群作为城镇化的主要载体，以城市群为主体构建大中小城市和小城镇协调发展格局，城镇化的重心也在逐步向城市化转移。这种选择与经济发展的客观规律相适应，在早期城市建设相对不成熟阶段，城镇化主要体现为农村人口向小城镇的转移，当发展到一定阶段后，镇的人口聚集效应达到饱和，而城市可以容纳更多人口，城镇化开始表现为人口向城市转移。

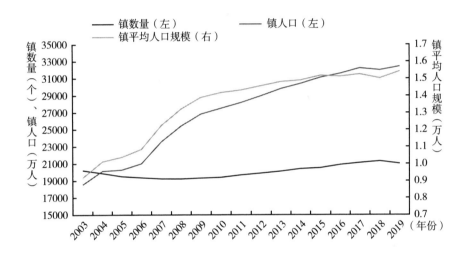

图4 镇的数量和平均人口规模

资料来源：根据 2003～2019 年《中国统计年鉴》和《中国城市建设统计年鉴》数据计算得出。

（三）农业转移人口变动过程及趋势

改革开放以来，随着经济发展水平的提高和农业产出的增长，我国产生了大量的农村剩余劳动力，市场化改革的推进和城乡劳动力流动限制的放松使得农业转移人口的数量迅速增长。根据国家统计局的数据，2008 年农业转移人口数量已达到 22542 万人（见表2），占全国总人口的17.0%（见图5）。其中，本地农业转移人口 8501 万人，外出农业转移人口 14041 万人。此后，农业转移人口数量仍不断增长，在 2019 年达到最高峰，总量为 29077 万人，占当年中国总人口的 20.8%。其中，本地和外出农业转移人口数量分别达到 11652 万人、17425 万人。受新冠肺炎疫情等因素的影响，2020 年农业转移人口数量首次出现下降，比 2019 年减少 517 万人，降为 28560 万人。其中，本地农业转移人口减少 51 万人，外出农业转移人口减少 466 万人，后者受疫情等影响更为明显。尽管如此，农业转移人口数量仍十分巨大，占全国总人口的比重依然高达 20.2%。

表 2　农业转移人口数量及构成

单位：万人，%

年份	总量	外出农业转移人口及占比	省内流动	跨省流动	本地农业转移人口及占比
2008	22542	14041(62.3)	—	—	8501(37.7)
2009	22978	14533(63.2)	7092	7441	8445(36.8)
2010	24223	15335(63.3)	7618	7717	8888(36.7)
2011	25278	15863(62.8)	8390	7473	9415(37.2)
2012	26261	16336(62.2)	8689	7647	9925(37.8)
2013	26894	16610(61.8)	8871	7739	10284(38.2)
2014	27395	16821(61.4)	8954	7867	10574(38.6)
2015	27747	16884(60.8)	9139	7745	10863(39.2)
2016	28171	16934(60.1)	9268	7666	11237(39.9)
2017	28652	17185(60.0)	9510	7675	11467(40.0)
2018	28836	17266(59.9)	9672	7594	11570(40.1)
2019	29077	17425(59.9)	9917	7508	11652(40.1)
2020	28560	16959(59.4)	9907	7052	11601(40.6)

注：括号内为外出、本地农业转移人口百分比。
资料来源：国家统计局历年《农民工监测调查报告》。

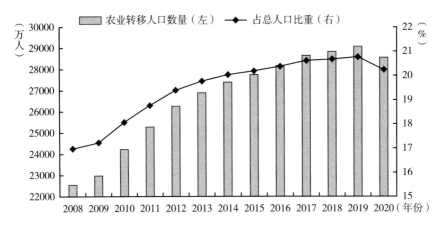

图5 农业转移人口数量以及占总人口比重

资料来源：国家统计局历年《农民工监测调查报告》。

农业转移人口在流向上具有如下一些特征。第一，外出农业转移人口比例始终大于本地农业转移人口。外出农业转移人口占比约为60%，本地农业转移人口比例约为40%。并且，2008年以来，外出农业转移人口比例总体呈现缓慢下降趋势，从占总流动人口的63%逐渐降为59%。相反，本地农业转移人口比例由大约37%缓慢增至40%以上。从数量变化来看，这并不是由于外出农业转移人口减少，而是在二者均有所增加的情况下，本地农业转移人口的增长速度更快。其中，外出农业转移人口从2008～2020年增加2918万人，增长20.8%，本地农业转移人口增加3100万人，增长36.5%。

第二，就外出农业转移人口而言，除了2009年和2010年之外，省内流动均高于跨省流动，且近年来省内流动不断增加，而跨省流动不断减少。省内流动数量从2009年的7092万人增长到2019年的9917万人，在2020年降为9907万人，略有降低。跨省流动农业转移人口从2009年的7441万人增至2014年7867万人的最高点，随后逐渐减少，2020年降至7052万人。

在人口特征上，根据《农民工监测调查报告》，农业转移人口中男性占比更高，约占总流动人口的65%，女性约占35%。虽然新生代转移人口逐渐替代了老一代转移人口，但农业转移人口总体平均年龄呈增长趋势，从2008年的34.0岁增至2012年的37.3岁，进一步增至2020年的41.4岁。农业转移人口受教育水平普遍较低，以初中和小学文化水平为主，普遍没有接受过专门的职业技能培训，缺乏长期职业规划，很难成为产业升级发展所需的熟练工。但是，总体受教育水平呈现不断提高的趋势，高中以上比例由2008的23.5%上升为2019年的28.9%。在就业方面，2013年农业转移人口在第一产业、第二产业、第三产业就业比重分别为0.6%、56.8%、42.6%，其中制造业和建筑业分别为31.4%、22.2%。2020年，三大产业就业比重分别变为0.4%、48.1%、51.5%，其中制造业和建筑业分别为27.8%、18.3%，第三产业就业比重显著提高，而第二产业就业比重显著降低。

伴随农业转移人口许多由来已久的问题仍待解决。在高房价等因素影响下，愿意"农转非"的转移人口更倾向于进入大城市，以使子女接受更好的教育和医疗等服务。在城镇地区，农业转移人口的就业较为稳定，但基础并不牢固，低收入和缺乏保障的低层级就业使他们在本来就不均衡的教育、公共服务方面更显边缘化。此外，归属感和适应度不高、劳动权益保障不足等现象也还没有发生根本改变。

二 城镇化的区域格局

（一）南北方

地理上习惯以秦岭－淮河为界划分南北方，不过为了分析的方便，本报告依照省份行政区域采用略有不同的划分方法。除港澳台之外的全国地区中，南方省份包括江苏、安徽、浙江、上海、湖北、湖南、江西、福建、云南、贵州、四川、重庆、广西、广东、海南、西藏，北方省份包括山东、河南、山西、陕西、甘肃、青海、新疆、河北、天津、北京、内蒙古、辽宁、吉林、黑龙江、宁夏。使用《中国统计年鉴》，本报告计算了北方省份、南方省份在2000年、2005年、2010年、2015年、2019年总人口数、总城镇人口数、城镇化率等指标（见表3）。

表3的数据表明，北方和南方省份在2000～2019年每年的城镇化率基本相同，且各自城镇人口数、总人口数占全国比重也大致保持稳定。就城镇化率而言，2000年北方、南方分别为35.97%、36.32%，全国为36.17%。2019年北方、南方城镇化率分别增至60.18%、61.69%，而全国为61.06%。从总人口数据可以看到，2000～2019年北方、南方人口比例各自稳定在大约42%、58%，变化均较小。城镇人口规模也表现出类似的特征，北方和南方城镇人口数占全国总城镇人口数的比重分别稳定在全国的42%、58%左右。不过，2000～2019年，南方城镇人口增加2.27亿人，占全国城镇人口增加数的59.27%，大于北方省份对全国城镇化的贡献。

总体而言，根据省级行政区域划分的南北方数据表明，南方对城镇化的贡献更大，但这主要是由于南方的人口总量高于北方，在城镇化率上，2000～2019年南方和北方并无显著差异。这很可能是由于南北方的划分方式过于宽泛，例如，南方既包括了上海、江苏、浙江、广东等发达城市和省份，也包括了云南、贵州、广西等相对不发达地区，而北方虽然包括了甘肃、青海、新疆等欠发达地区，但京津冀以及东北工业基地的城镇化率在全国居于领先水平。因此，关注范围更小的地区内部或者各个省份情况可能对城镇化的探讨更具启发意义。接下来本报告转入对四大区域和不同省份的分析。

表3 北方、南方人口与城镇化状况

项目	区域	2000年	2005年	2010年	2015年	2019年	2000~2019年变化
总人口 （亿人）	北方	5.29 （41.98%）	5.40 （41.99%）	5.61 （42.05%）	5.76 （42.01%）	5.84 （41.60%）	0.55 （38.19%）
	南方	7.31 （58.02%）	7.46 （58.01%）	7.73 （57.95%）	7.95 （57.99%）	8.20 （58.40%）	0.89 （61.81%）
	全国	12.60 （100%）	12.86 （100%）	13.34 （100%）	13.71 （100%）	14.04 （100%）	1.44 （100%）
城镇人口 （亿人）	北方	1.90 （41.67%）	2.35 （42.04%）	2.78 （41.43%）	3.22 （41.55%）	3.46 （41.24%）	1.56 （40.73%）
	南方	2.66 （58.33%）	3.24 （57.96%）	3.93 （58.57%）	4.53 （58.45%）	4.93 （58.76%）	2.27 （59.27%）
	全国	4.56 （100%）	5.59 （100%）	6.71 （100%）	7.75 （100%）	8.39 （100%）	3.83 （100%）
城镇化率 （%）	北方	35.97	43.58	49.61	55.93	60.18	24.21
	南方	36.32	43.44	50.86	56.99	61.69	25.37
	全国	36.17	43.50	50.33	56.54	61.06	24.89

注：1. 括号内为各地区占全国的百分比。2. 统计年鉴中的全国数据包含军人等类别，该表中的全国数据由各省数据加总得出，二者存在一定差异。

资料来源：《中国统计年鉴》。

（二）四大区域

根据地理区位、发展状况等因素划分的东北、东部、中部、西部四大区域可以更科学地反映我国不同地区社会经济发展状况。东北地区包括辽宁、吉林、黑龙江；东部地区包括北京、天津、河北、上海、江苏、浙江、福建、山东、广东、海南；中部地区包括山西、安徽、江西、河南、湖北、湖南；西部地区包括内蒙古、广西、重庆、四川、贵州、云南、西藏、陕西、甘肃、青海、宁夏、新疆。

与经济发展水平东高西低的空间特点类似，我国区域间城镇化水平存在类似的明显梯度差异。但是各省份当前城镇化水平较高，除西藏自治区外均超过45%。2019年，城镇化率最高的10个省份中有6个属于东部地区，2个属于东北地区。东部地区除河北和海南外，其余省份城镇化率均超过60%，其中北京、上海、天津城镇化率超过80%。东北地区城镇化水平也较高，黑龙江和辽宁城镇化率分别为60.9%、68.1%。中部地区省份城镇化率均超过50%，其中山西、湖北城镇化水平较高，在60%左右。西部地区城镇化水平相对较低，但除西藏和贵州外其他省份城镇化率均超过50%，西藏城镇化率相对较低，仅有31.5%。

从四大区域城镇化发展趋势来看，东部地区和东北地区城镇化水平较高，大幅领先于中、西部地区（见图6）。不过，2005～2019年，中、西部地区城镇化率提高更快，提高幅度分别达到21.3个百分点和19.6个百分点，东部地区和东北地区城镇化率提高分别为13个百分点和13.2个百分点。从图中还可以看出，东部地区不仅城镇化水平较高，对城镇化率提高的贡献也较大。在2010年前，东部地区对全国城镇化的贡献率超过40%，个别年份甚至超过50%。在2010年后，东部地区对城镇化的贡献率逐步下降，保持在35%左右。与此同时，中、西部地区对全国城镇化的贡献率缓慢上升。贡献最小的是东北地区，一直在6%以下。此外，东部地区的贡献率目前仅有小幅波动并逐渐趋于稳定，中、西部地区的贡献长期来看有小幅上升趋势，东北地区贡献率正在波动中下降。最初的几年里，东部地区城乡一体化进程加快，其内部人口集聚作用较强，但近年来效果似乎已经不如从前。中西部地区近年来城镇化稳步发展，未来还有较大提升潜力。

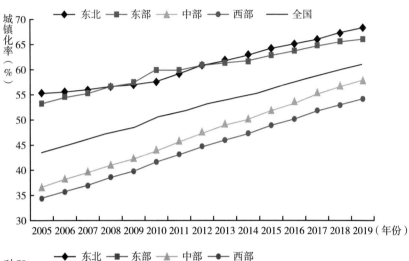

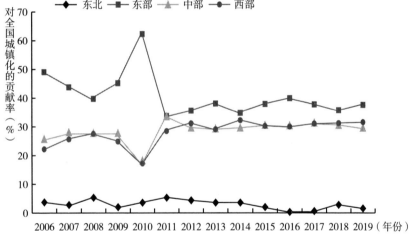

图6 四大区域城镇化率变化及其对全国城镇化的贡献

资料来源：根据《中国统计年鉴》数据整理得出。

（三）分省情况

表4报告了2009年、2019年全国31个省、自治区和直辖市的城镇化率、城镇人口及其变化情况。从城镇化率来看，到2019年为止，

城镇化率超过80%的有三个，其中城镇化率最高的是上海，城镇化率达88.3%，北京的城镇化率为86.6%，天津为83.5%。城镇化率在70%~80%的也有三个，分别为广东（71.4%）、江苏（70.6%）、浙江（70.0%）。其余各省市城镇化率仍在70%以下，除了西藏（31.5%）之外，城镇化率最低的为甘肃（48.5%），其他城镇化率较低的省份也位于西部地区。因此，虽然近十年经济发展较快，城镇化率增速较快（见表4），但西部各省份仍是全国城镇化水平最低的地区。

从城镇化率的变化或增速来看，2009~2019年的10年间，除了北京、上海等城镇化率已超过80%的直辖市，各个地区的城镇化率增长均超过5个百分点，并且，多数省份城镇化率增长超过10个百分点，包括江苏、浙江、福建等沿海相对发达省份，也包括山西、陕西等相对落后地区。其中，河北、江苏、福建、江西、河南、湖北、重庆、四川、贵州、云南、陕西、甘肃城镇化率增长超过全国平均水平。与此形成鲜明对比，东北三省城镇化率增长均在8个百分点以下，是上海、北京、天津之外增加最少的地区。

从城镇人口规模及其变动来看，虽然城镇化率增长速度低于全国平均水平，但凭借人口总量优势，广东、山东的城镇人口分别增长2116万人、1618万人，与河南（增长1552万人）共同成为近十年来城镇人口增长最多的地区。人口大省四川、江苏、河北城镇人口也分别增长超过1300万人。直辖市之中，北京、上海、天津城镇人口增长在400万人左右，而重庆城镇人口增长超过600万人。其他省份，东北三省城镇人口增长均在360万人以下，吉林省甚至仅增长107万人。四川和重庆之外的西部地区虽然城镇化率增长较快，但由于人口基数较小，城镇人口增量相对较小。

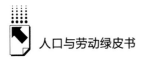

表4　2009年、2019年全国31个省、自治区和直辖市
城镇人口和城镇化率

地区	城镇化率			城镇人口（万人）		
	2009年（％）	2019年（％）	2009~2019年增长（个百分点）	2009年	2019年	2009~2019年增长
全国	46.6	60.6	14.0	62186	84843	22657
北京	85.0	86.6	1.6	1492	1865	373
天津	78.0	83.5	5.5	958	1304	346
河北	43.0	57.6	14.6	3025	4374	1349
山西	46.0	59.6	13.6	1576	2221	645
内蒙古	53.4	63.4	10.0	1293	1609	316
辽宁	60.4	68.1	7.7	2607	2964	357
吉林	53.3	58.3	5.0	1461	1568	107
黑龙江	55.5	60.9	5.4	2123	2284	161
上海	88.6	88.3	-0.3	1702	2144	442
江苏	55.6	70.6	15.0	4295	5698	1403
浙江	57.9	70.0	12.1	2999	4095	1096
安徽	42.1	55.8	13.7	2581	3553	972
福建	51.4	66.5	15.1	1864	2642	778
江西	43.2	57.4	14.2	1914	2679	765
山东	48.3	61.5	13.2	4576	6194	1618
河南	37.7	53.2	15.5	3577	5129	1552
湖北	46.0	61.0	15.0	2631	3615	984
湖南	43.2	57.2	14.0	2767	3959	1192
广东	63.4	71.4	8.0	6110	8226	2116
广西	39.2	51.1	11.9	1904	2534	630
海南	49.1	59.2	10.1	424	560	136
重庆	51.6	66.8	15.2	1475	2087	612
四川	38.7	53.8	15.1	3168	4505	1337

续表

地区	城镇化率			城镇人口（万人）		
	2009 年 （％）	2019 年 （％）	2009～2019 年增长 （个百分点）	2009 年	2019 年	2009～2019 年增长
贵州	29.9	49.0	19.1	1135	1776	641
云南	34.0	48.9	14.9	1554	2376	822
西藏	23.8	31.5	7.7	69	111	42
陕西	43.5	59.4	15.9	1641	2304	663
甘肃	32.7	48.5	15.8	860	1284	424
青海	41.9	55.5	13.6	233	337	104
宁夏	46.1	59.9	13.8	288	416	128
新疆	39.9	51.9	12.0	860	1309	449

注：全国总人口和全国城镇人口包括解放军现役军人，而分省人口未包括。
资料来源：2010 年和 2020 年《中国统计年鉴》。

三　城镇体系发展特征及演化趋势

（一）城镇体系的帕累托指数，大中小城市人口占比

1. 城镇体系的帕累托指数

城市体系内部的人口也存在合理分布问题，国际上一些有关城市的经验研究表明，随着时间的推移，城市人口在不同规模城市之间的分布最终会稳定在一定的比例关系上。在数学上，城市体系人口分布可以描述为：$r(P) = M/P^\alpha$，对数形式为：

$$lnr(P) = lnM - \alpha lnP \tag{1}$$

$r(P)$ 是人口数为 P 的城市的人口位次，M 是最大城市人口数，

α 称为帕累托指数。当 α = 1 时，这一形式被称为城市"位序 – 规模"分布的齐普夫定律①。因此，估计参数 α，判断其是否等于 1 即可确定城市规模分布是否满足齐普夫定律。

齐普夫定律实际上表示当人口可以在城市间自由流动时，一定人口规模以上城市的人口最终将收敛于一种资源配置最优、效率最大化的稳定状态。城市人口增长一般与其规模相关，因此我们可以通过了解 α 值来了解这种相关性。α 值如果大于 1，则表明城市体系中缺少大规模城市，或中小型城市容纳人口较多。当 α 小于 1 时，则说明城市中大城市规模过大或数量较多，中小型城市相对不足。α 的变动也可以反映出城市体系发展的特征，α 增大时表明小城市扩张相对较快，反之则表明大城市扩张速度相对更快。

齐普夫定律的适用性已在跨国数据中得到证明②。图 7 报告了根据中国城市市辖区人口计算的 α 指数变化情况。从图中可以看出，2000 年以前，包含所有地级市的 α 指数呈现逐步提高的趋势，2000年达到峰值，为 1.32。这说明 2000 年以前在整体城市人口扩张中，中小城市的扩张起到了更强的作用。但 α 值的提升也可能与我国2000 年前行政区划的频繁调整有关。1990 年前中国地级市及以上城市序列不稳定，1949 ~ 1990 年地级市数量增加了近四倍。为此，我们仅基于 1949 年存在的城市重新计算帕累托指数，结果显示，1949年以来该指数也呈现先上升后缓慢下降的趋势，但拐点出现在 1995年前后，这个时期我国中小城市市辖区人口出现较快增长。总体上看，在 2000 年以前 α 值呈现递增的态势，中小城市在城市体系中的地位不断上升。

---

① 张车伟、蔡翼飞：《中国城镇化格局变动与人口合理分布》，《中国人口科学》2012 年第 6 期，第 44 ~ 57 页。

② 张车伟、蔡翼飞：《中国城镇化格局变动与人口合理分布》，《中国人口科学》2012 年第 6 期，第 44 ~ 57 页。

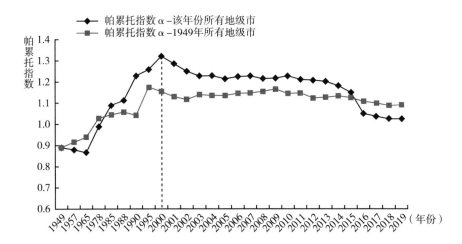

图 7　1949～2019 年主要年份市辖区人口分布的帕累托指数

资料来源：根据《新中国城市统计五十年》和 2000～2019 年《中国城市统计年鉴》数据绘制。

　　2000 年后，α 指数呈现稳定下降的态势，并且 2016 年后逐渐接近于 1。鉴于这一时期我国城市数量基本稳定，故可以认为 2000 年后的城市整体规模扩张主要表现为人口向大城市的聚集，体现出我国规模较大城市在城市体系中的地位逐步上升，人口聚集能力越来越强。同时，我国城市人口分布的帕累托指数目前仍大于 1，这表明在齐普夫定律成立时，我国大型城市人口占全部人口比重相对偏低，大城市规模还有所不足。

　　使用市辖区户籍人口数可能存在一定偏差，为此，图 8 报告了使用城区常住人口数计算的结果。可以看出，2013 年以前全部城市规模状况已基本能满足齐普夫定律，α 在 0.99 上下浮动。2013 年全部城市的 α 值出现较大幅度下降，此后开始逐步下降至 0.85 左右。《中国城市建设统计年鉴》中不仅有地级以上城市数据还包括了全部区县，而部分年份一些新设区县人口过少，这会使 α 值大幅下降，2013 年 α 值下降即部分源于这一原因，因此我们尝试将人口小于 2

万的地区去除，再次计算 2013 年以后的 α 值。从图 8 可以看到，曲线整体平缓了很多，但依旧表现出下降的趋势，且 α 值目前保持在 0.9 左右。这表明，我国在 2013 年后大城市扩张相对更快，且相对于全部城市来说我国头部城市规模较为庞大。此外，10 万人、20 万人、50 万人口以上城市序列的 α 值均高于 1，且同样在近年来表现出下降的趋势，反映了我国城市体系发展中大型城市扩张相对更快的现象。中小城市规模仍偏小，我们需要进一步完善中小城市的规划和发展。

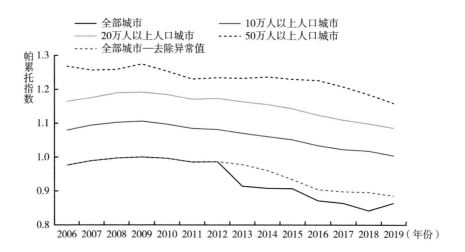

图 8　中国城市规模分布的帕累托指数

资料来源：根据各年《中国城市建设统计年鉴》数据计算得出。

最后，表 5 和图 9 报告了分七大区域的城市规模分布情况。可以看到，各个地区的 α 值在 2010 年前基本保持稳定，2010 年后均出现下降。其中，华北地区在 2010 年前城市体系表面上看较为合理，但在之后 α 值开始逐年下降且小于 1，这是由两个超大城市北京、天津的快速扩张和大量人口聚集导致的。这也表明华北地区未来更需要疏解首位城市的人口，并加快中小城市的建设。东北地区

α 值较为稳定，人口分布基本合理，但仍有下降的趋势。东北地区城市体系中，中小城市规模略显不足且扩张较慢，未来需结合地区特征促进中小城市产业结构转型，增强人口聚集力。华中地区虽然有武汉这样的特大城市，但城市体系依旧是"头轻尾重"，大城市和中等城市数量较多。华东地区城市体系发育最为成熟，人口布局相对较为合理，但近些年其 α 值也呈现下降的趋势，其原因主要是大城市和特大城市的快速扩张。华南地区 α 值显著低于其他地区，其城市格局的变化主要由大城市扩张主导，中小城市规模扩张明显不足。此外，西北地区、西南地区城市体系人口分布呈现趋于合理的趋势。

表5　2006～2019 年全国七大区域人口规模分布的
帕累托指数（人口 10 万人以上）

年份	华北	东北	华中	华东	华南	西北	西南
2006	1.016	0.970	1.227	0.992	0.887	1.087	0.990
2007	1.013	0.981	1.237	1.026	0.894	1.084	1.011
2008	1.011	0.976	1.201	1.032	0.947	1.082	1.018
2009	1.009	0.988	1.233	1.032	0.946	1.075	1.006
2010	1.003	0.976	1.222	1.013	0.940	1.086	1.008
2011	0.997	0.968	1.214	1.014	0.902	1.084	1.003
2012	0.991	0.972	1.197	1.004	0.930	1.085	0.978
2013	0.981	0.963	1.210	0.980	0.912	1.088	0.977
2014	0.971	0.969	1.192	0.980	0.905	1.068	0.968
2015	0.965	0.962	1.170	0.965	0.898	1.067	0.972
2016	0.942	0.951	1.165	0.950	0.895	1.052	0.946
2017	0.936	0.938	1.128	0.942	0.892	1.048	0.949
2018	0.920	0.941	1.137	0.936	0.871	1.044	0.959
2019	0.912	0.934	1.122	0.931	0.846	1.031	0.938

资料来源：根据各年《中国城市建设统计年鉴》数据计算；东北包括辽、吉、黑；华北包括京、津、鲁、冀、晋、蒙；华东包括沪、苏、浙、皖；华中包括鄂、豫、湘、赣；华南包括闽、粤、桂、琼；西南包括云、贵、川、渝、藏；西北包括陕、甘、宁、青、新。

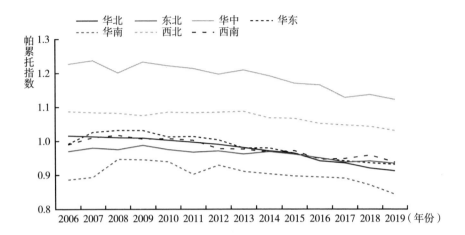

图9 城市人口规模分布的帕累托指数（人口10万人以上）

资料来源：根据各年《中国城市建设统计年鉴》数据计算。

2. 大中小城市人口占比

使用《中国城市建设统计年鉴》可以计算各等级城市人口占全国人口的比重（见表6）。整体来看，全国所有城市城区常住人口所占比重不断增加，由2006年的27.97%提高到2019年的37.44%。以100万人口规模为临界点，人口少于100万人的城市（包括小城市和中等城市）所占比重在经历了缓慢的小幅度上升后又有所下降，大致维持在13%～14%，仅在2018年达到14.05%，之后即降至2019年的13.94%。与此形成对照，人口规模在100万人以上的城市（包括大城市以及特大、超大城市）人口比重则呈现持续上升趋势，从2006年的14.97%上升为2019年的23.50%。因此，这一时期城市人口比重的上升主要由大城市和特大、超大城市所推动。不过，考虑到全国总人口也在不断增长，因此这一时期小城市和中等城市的总人口数也有所增加，但大城市和特大、超大城市人口增长更快（见图10）。

表6　2006～2019年不同规模城市人口占全国总人口的比重

单位：%

年份	小城市		中等城市	大城市		特大城市	超大城市	100万人以下	100万人以上	全部
	Ⅱ型	Ⅰ型	中等城市	Ⅱ型	Ⅰ型	—	—	—	—	—
2006	2.70	5.44	4.86	6.65	2.95	2.97	2.39	13.00	14.97	27.97
2007	2.58	5.74	4.85	6.41	2.05	2.73	3.26	13.17	14.45	27.62
2008	2.48	5.91	4.82	6.52	2.18	3.47	2.51	13.21	14.68	27.89
2009	2.39	5.96	4.91	6.62	2.40	3.40	2.56	13.26	14.97	28.23
2010	2.34	6.00	5.09	6.50	2.94	2.03	4.54	13.43	16.01	29.43
2011	2.18	6.20	5.15	6.97	1.91	2.54	5.39	13.53	16.83	30.36
2012	2.08	6.33	5.17	6.81	2.70	2.67	5.43	13.59	17.60	31.19
2013	2.08	6.30	5.13	6.94	3.18	2.70	5.51	13.50	18.34	31.83
2014	1.99	6.17	5.42	7.10	3.09	3.14	5.64	13.59	18.97	32.56
2015	1.92	6.03	5.76	7.17	3.15	3.61	5.83	13.70	19.76	33.46
2016	1.85	5.89	6.04	7.17	3.75	3.82	5.99	13.78	20.73	34.51
2017	1.78	5.94	5.94	7.68	3.70	4.38	5.92	13.66	21.69	35.35
2018	1.85	5.93	6.27	7.67	3.62	4.33	6.96	14.05	22.58	36.63
2019	1.83	6.04	6.07	7.54	3.88	5.05	7.02	13.94	23.50	37.44

注：1. 各数据为城市人口占全国人口的百分比。

2. 这里的比重是指城区常住人口与全国总人口之比，其中，城区常住人口包括城区人口和城区暂住人口。

3. 城市等级分类标准参见《国务院关于调整城市规模划分标准的通知》（国发〔2014〕51号）。

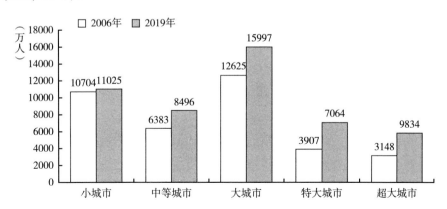

图10　2006年和2019年不同等级城市人口规模

资料来源：《中国城市建设统计年鉴》（2007、2020年）。

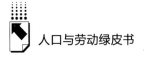

　　进一步对细分的不同规模城市进行分析可以发现，在人口规模小于100万人的城市中，Ⅱ型小城市（人口小于20万人）的人口比重在微弱的波动中呈下降趋势，而Ⅰ型小城市（人口在20万~50万人）和中等城市（人口在50万~100万人）的人口比重则在轻微的波动中有所上升。对于人口规模在100万人以上的城市，Ⅱ型大城市（人口在100万~300万人）、Ⅰ型大城市（人口在300万~500万人）、特大城市（人口在500万~1000万人）以及超大城市（人口在1000万人以上）等各种类型的城市人口比重均呈稳定上升趋势。不难理解，这些特点体现了不同规模城市不断发展壮大的过程，反映了不断推进的城镇化进程中城市人口的动态变化特点。以特大城市和超大城市为例，当有特大城市成长为超大城市时（且特大城市成长速度快于大城市），特大城市的人口比重暂时会出现下降，而超大城市人口比重上升。例如，2010年，深圳和重庆城区常住人口同时首次突破1000万人，由特大城市转为超大城市，特大城市人口比重由2009年的3.40%降为2010年的2.03%，超大城市人口比重由2009年的2.56%上升为2010年的4.54%。此后，广州、天津城区常住人口首次突破1000万人时均发生了类似的变化。

　　不同规模城市的人口总量变化也能部分反映以上人口比重的变化趋势和特点。根据《中国城市建设统计年鉴》，2006~2019年，所有城市城区总人口由36766.2万人增至52415.6万人，增长42.6%。其中，Ⅱ型小城市、Ⅰ型小城市、中等城市、Ⅱ型大城市、Ⅰ型大城市、特大城市、超大城市总人口分别增长 - 27.9%、18.3%、33.1%、20.8%、40.0%、80.8%、212.4%，增长最快的是超大城市和特大城市。Ⅱ型小城市不断成长为Ⅰ型小城市，并进一步发展为中等城市。这一时期全国总人口增长率为6.5%，考虑到动态特点，几乎所有城市的人口增长都对城区总人口比重的提高做出了贡献，而贡献最大的是100万人口以上城市，特别是特大、超大城市。这些特征表明，中国城市人口分布仍处于向更大城市集中的阶段，城市规模的扩张和城市本身规模具有正相关关系。

（二）国家中心城市、城市群和都市圈

1. 国家中心城市

《国家发展改革委关于支持武汉建设国家中心城市的指导意见》（发改规划〔2016〕2650号）中指出，"国家中心城市是居于国家战略要津、肩负国家使命、引领区域发展、参与国际竞争、代表国家形象的现代化大都市"。表7报告了九大国家中心城市2019年的人口和经济指标状况。从地区生产总值来看，上海位于首位，达到3.82万亿元，并与北京（3.54万亿元）一起遥遥领先于其他中心城市，郑州的经济规模刚刚超过1万亿元，而西安尚不足1万亿元。就常住人口而言，重庆市最多，但是其常住人口小于户籍人口，表明存在人口向外流动。其他中心城市中，上海、北京常住人口规模最大，分别为2428万人、2154万人。其他城市常住人口也都超过1000万人。从人均地区生产总值来看，北京市最高，为人均164220元，其次为上海、广州，分别为人均157279元、156427元。中心城市的人口密度存在较大差异，上海达到3830人/km²，广州为2059人/km²，北京、天津、成都、武汉、郑州也分别超过1000人/km²，但西安仅为948人/km²，重庆更是仅有379人/km²。在城镇化率上，上海、北京、广州、武汉、天津都超过了80%，除重庆外，其余三个城市成都、郑州、西安也都超过了70%，均远高于全国总体城镇化水平。

表7　国家中心城市指标比较（2019年）

排名	城市	GRP（亿元）	常住人口（万人）	户籍人口（万人）	人均GRP（元）	面积（km²）	人口密度（人/km²）	城镇化率（%）
1	上海	38156	2428	1469	157279	6341	3830	88.3
2	北京	35371	2154	1397	164220	16410	1312	86.6

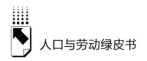

续表

排名	城市	GRP （亿元）	常住人口 （万人）	户籍人口 （万人）	人均 GRP （元）	面积 （km²）	人口密度 （人/km²）	城镇化率 （%）
3	广州	23629	1531	954	156427	7434	2059	86.5
4	重庆	23606	3124	3416	75828	82402	379	66.8
5	成都	17013	1658	1500	103386	14335	1157	74.4
6	武汉	16223	1121	906	145545	8569	1308	80.5
7	天津	14104	1562	1108	90371	11967	1328	83.5
8	郑州	11590	1035	882	113139	7446	1390	74.6
9	西安	9321	1020	957	92256	10758	948	74.6

资料来源：GRP、人均 GRP、户籍人口、面积数据来自《中国城市统计年鉴 2020》，其余数据由各市统计年鉴（或统计公报）整理得出。

虽然经济发展水平已经较高，但是从目前来看，国家中心城市的建设还有待加强。以发展相对滞后的郑州、西安为例，目前还存在如下一些明显的问题。第一，与周边城市的协调协作不足，对区域的引领带动作用不强。这不仅体现在郑州、西安等经济规模相对较小的城市上，北京、天津也存在类似问题，这也是京津冀长久以来存在显著发展差异的原因之一。第二，交通枢纽的地位与作用需要进一步加强。北京、上海的交通地位无须赘言，但郑州、西安等城市在客运周转量、货运周转量上仍较低，航空运输能力也有待挖掘。第三，对外开放程度需要进一步深化。2019 年，郑州、西安的进出口总额仅分别为 4130 亿元、3243 亿元，而上海、北京分别高达 34047 亿元、28677 亿元，郑州、西安实际利用外资分别为 44.1亿美元、70.6 亿美元，而上海、北京分别为 190.5 亿美元、142.1亿美元。第四，创新能力有待提升。2019 年，郑州、西安分别拥有研发人员 9.9 万人、10.7 万人，而北京、上海分别有 46.4 万人、29.3 万人，郑州、西安专利授权数分别为 3.4 万个、3.4 万个，北京、上海分别为 13.2 万个、10.1 万个。

2. 城市群

到 2020 年为止，国务院共先后批复了 10 个国家级城市群，分别是：长江中游城市群、哈长城市群、成渝城市群、长江三角洲城市群、中原城市群、北部湾城市群、关中平原城市群、呼包鄂榆城市群、兰西城市群和粤港澳大湾区（前身为珠江三角洲城市群）。此外，2018 年 11 月，国务院在《关于建立更加有效的区域协调发展新机制的意见》中明确提出"以北京、天津为中心引领京津冀城市群发展，带动环渤海地区协同发展"，伴随雄安新区的规划建设，京津冀城市群呼之欲出。

根据《中国城市统计年鉴》，本报告计算了这 11 个城市群全市、市辖区的地区生产总值、总人口、面积及其占全国的比重情况。根据表 8 关于全市指标的计算结果，2005～2019 年，这 11 个城市群大约占全部国土总面积的 21%，但总人口占全国的近 60%，创造了全国近 70% 的 GDP。从总人口数量来看，2005 年以来总量略有上升，其中长江中游、长三角、中原、北部湾、兰西、大湾区、京津冀占比均有明显上升，而哈长、成渝城市群人口比重有所下降。2005～2015 年，11 个城市群 GRP 总比重由 71.51% 上升为 72.38%，但 2019 年比重有所下降。这些指标的变化趋势表明，11 个城市群仍具有很强的吸引外来人口的潜力，但是受全球经济形势以及国内经济调整的影响，这些地区经济增长的速度可能滞后于其他地区。

表 8   11 个城市群全市主要指标占全国的比重

单位：%

城市群	GRP				人口				面积		
	2005 年	2010 年	2015 年	2019 年	2005 年	2010 年	2015 年	2019 年	2005 年	2010 年	2019 年
长江中游	7.41	8.34	9.43	9.23	9.27	9.49	9.41	9.39	3.57	3.57	3.57
哈长	3.98	3.97	3.50	2.03	3.46	3.46	3.28	3.14	2.92	2.92	2.91
成渝	5.14	5.63	6.38	6.57	7.98	8.07	7.98	7.86	2.51	2.50	2.50

续表

城市群	GRP				人口				面积		
	2005 年	2010 年	2015 年	2019 年	2005 年	2010 年	2015 年	2019 年	2005 年	2010 年	2019 年
长三角	20.80	20.07	19.67	19.92	9.08	9.10	9.39	9.47	2.09	2.09	2.23
中原	8.33	8.24	7.91	7.77	12.33	13.11	13.12	13.22	2.82	2.81	2.81
北部湾	2.02	2.04	2.25	2.01	2.95	3.16	3.30	3.37	1.11	1.12	1.18
关中平原	2.33	2.23	2.32	2.18	3.20	3.26	3.22	3.20	1.68	1.69	1.68
呼包鄂榆	1.34	2.12	1.98	1.34	0.70	0.72	0.73	0.73	1.83	1.83	1.82
兰西	0.55	0.53	0.63	0.56	0.76	0.76	0.85	0.86	0.65	0.65	0.74
大湾区	9.74	9.14	9.04	8.77	2.49	2.26	2.37	2.70	0.57	0.58	0.57
京津冀	9.87	9.61	9.27	7.81	5.37	5.52	5.63	5.68	1.90	1.90	1.93
合计	71.51	71.92	72.38	68.19	57.59	58.91	59.28	59.62	21.65	21.66	21.94

注：1. 由于数据缺失或不一致，长江中游城市群统计不包括仙桃、潜江、天门，哈长城市群不包括延边，中原城市群不包括济源，北部湾城市群不包括东方、澄迈、临高、昌江，兰西城市群不包括临夏、海北、海南、黄南，粤港澳大湾区不包括香港、澳门。

2. 2015 年面积数据存在较大统计偏差，故表中未予报告。

资料来源：根据各年《中国城市统计年鉴》数据计算得出。

　　表 9 报告了以市辖区为统计标准的城市群指标变化情况，数据显示出与全市不同的一些特征。就市辖区面积来看，占全国面积比重由 2005 年的 3.02% 上升为 2019 年的 4.6%，扩张了 52.3%。从人口比重来看，11 个城市群的市辖区人口占全国总人口比重由 18.25% 上升为 23.89%，上升了 5.64 个百分点。从地区生产总值来看，2005～2019 年，11 个城市群占全国的比重从 44.14% 上升为 45.76%，虽然上升幅度不大，但是与城市群总体占比下降的趋势相反。这些数据表明，城市群最有吸引力的地方仍是市辖区，其未来仍是城镇化的主要动力来源和经济增长的主要引擎，特别是长江中游城市群。

表9　11个城市群市辖区主要指标占全国的比重

单位：%

城市群	GRP				人口				面积			
	2005年	2010年	2015年	2019年	2005年	2010年	2015年	2019年	2005年	2010年	2015年	2019年
长江中游	4.02	4.30	4.90	5.21	2.54	2.38	2.54	3.01	0.46	0.41	0.44	0.59
哈长	2.56	2.48	2.12	1.40	1.15	1.22	1.29	1.27	0.28	0.35	0.38	0.41
成渝	2.57	3.28	4.16	4.57	2.32	2.72	3.36	3.81	0.32	0.52	0.66	0.81
长三角	13.07	12.24	13.01	13.35	3.68	3.90	4.49	4.79	0.45	0.47	0.59	0.72
中原	2.56	2.33	2.48	3.06	2.26	2.60	2.56	3.07	0.27	0.28	0.30	0.41
北部湾	1.09	1.10	1.28	1.22	0.82	0.88	1.05	1.15	0.26	0.26	0.30	0.34
关中平原	1.10	1.15	1.25	1.31	0.97	1.04	1.06	1.15	0.26	0.26	0.27	0.28
呼包鄂榆	0.77	1.01	1.04	0.64	0.24	0.25	0.27	0.28	0.15	0.15	0.15	0.15
兰西	0.42	0.38	0.45	0.39	0.31	0.30	0.32	0.32	0.10	0.10	0.13	0.13
大湾区	9.00	8.45	8.59	8.38	1.79	1.53	1.81	2.14	0.22	0.22	0.28	0.28
京津冀	6.98	6.88	7.22	6.23	2.17	2.25	2.79	2.90	0.25	0.24	0.44	0.48
合计	44.14	43.60	46.50	45.76	18.25	19.07	21.54	23.89	3.02	3.26	3.94	4.60

注：由于数据缺失或不一致，长江中游城市群统计不包括仙桃、潜江、天门，哈长城市群不包括延边，中原城市群不包括济源，北部湾城市群不包括东方、澄迈、临高、昌江，兰西城市群不包括临夏、海北、海南、黄南，粤港澳大湾区不包括香港、澳门。

资料来源：根据各年《中国城市统计年鉴》数据计算。

3.都市圈

目前我国对都市圈还没有建立划分标准和相关统计制度，在都市圈如何发展方面的指导仍需完善。2019年2月，国家发改委在《关于培育发展现代化都市圈的指导意见》（发改规划〔2019〕328 号）中提出，"都市圈是城市群内部以超大特大城市或辐射带动功能强的大城市为中心、以 1 小时通勤圈为基本范围的城镇化空间形态"。从空间结构上看，都市圈由一个中心城市和周边相邻的几个或多个城市组成，通过紧密的交通、经济联系发挥中心城市的带动作用，通过溢出效应促进资本和劳动力均衡分配，通过分工协作促进区域一体化的实现。

随着经济发展和城镇化率的提高，都市圈的作用逐渐凸显。为了与城市群这一相似的空间形态做出区分，《中国都市圈发展报告2018》[①] 提出了一些关于都市圈划分的建议，包括：以人口规模和国家战略导向为标准选取中心城市；城区人口 500 万人以上、1 小时通勤圈内人口密度超过 1500 人/平方公里；基于国家战略导向培育的都市圈，中心城市 2035 年城区人口规模原则上应达到 300 万人以上；在 1 小时通勤范围基础上，选取与中心城市日平均双向流动人口占市域总人口比重在 1.5% 以上的城市作为都市圈的外围城市。按照这些建议，目前中国有 30 多个都市圈，表 10 报告了其中 10 个代表性都市圈的统计情况。由于没有明确官方划分标准，这些统计主要为统计值下限，即仅包括各地发展规划、文献资料给出的都市圈城市名单中达成共识的城市，存在分歧或不一致的城市暂未列入都市圈范围。不过，个别都市圈仍与其他都市圈有重合的城市。

表 10 的数据表明，2019 年十大代表性都市圈的人口在 1900 万 ~ 6000 万人，占全国总人口的比重在 1.35% ~ 4.20%，人口最多的首都都市圈是人口最少的深圳都市圈的 3.0 倍。各都市圈面积在 3.1 万 ~ 14.8 万平方公里，占全国总国土面积的比重在 0.30% ~ 1.55%，面积最大的首都都市圈是面积最小的郑州都市圈的 4.8 倍。2019 年

---

① 清华大学中国新型城镇化研究院、北京清华同衡规划设计研究院有限公司：《中国都市圈发展报告 2018》，2019 年 2 月。

各都市圈地区生产总值在 1.6 万亿~10.8 万亿元，占全国 GDP 的比重在 1.68%~10.90%，地区生产总值最高的上海大都市圈与地区生产总值最小的西安都市圈比值约为 6.44。由此可见，都市圈之间经济发展水平的差异要大于面积和人口规模的差异。

表 10　代表性都市圈 2019 年的人口、面积和经济总量

都市圈	包含城市	人口（万人）	面积（平方公里）	GRP（亿元）
首都都市圈	北京、天津、保定、唐山、廊坊、张家口、承德	5807（4.15%）	147466（1.54%）	66355（6.70%）
上海大都市圈	上海、苏州、无锡、常州、南通、嘉兴、宁波、舟山、湖州	5177（3.70%）	55864（0.58%）	107877（10.89%）
南京都市圈	南京、镇江、扬州、淮安、马鞍山、滁州、芜湖、宣城、溧阳、金坛	3350（2.39%）	62930（0.66%）	38078（3.84%）
杭州都市圈	杭州、湖州、嘉兴、绍兴、衢州、黄山	2516（1.80%）	55795（0.58%）	35024（3.53%）
合肥都市圈	合肥、淮南、六安、蚌埠、芜湖、马鞍山、桐城	2757（1.97%）	48432（0.50%）	20111（2.03%）
武汉都市圈	武汉、黄石、鄂州、黄冈、孝感、咸宁、仙桃、天门、潜江	2849（2.03%）	50861（0.53%）	25349（2.56%）
郑州都市圈	郑州、开封、新乡、焦作、许昌	2991（2.14%）	31045（0.32%）	22464（2.27%）
广州都市圈	广州、佛山、肇庆、清远、云浮、韶关	3317（2.37%）	67896（0.71%）	41570（4.20%）
深圳都市圈	深圳、东莞、惠州、河源、汕尾	1922（1.37%）	36323（0.38%）	42746（4.31%）
西安都市圈	西安、宝鸡、商洛、铜川、渭南、咸阳	2664（1.90%）	74727（0.78%）	16760（1.69%）

注：1. 溧阳、金坛、桐城、仙桃、天门、潜江等非地级市数据未纳入统计。

2. 三至五列括号内为各统计值占全国总量的百分比。

资料来源：《中国城市统计年鉴 2020》。

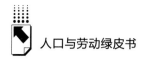

目前，都市圈之间以及都市圈内部还存在一些明显的问题亟待解决。第一，都市圈之间发展程度差异大，不平衡问题突出。例如，上海、杭州、广州、深圳等都市圈发展较好，甚至形成了都市连绵区，而西部地区都市圈刚刚起步，发展程度较低。在人口密度上也存在类似问题，上海、广州等中心城市的人口密度已超过2000人/km²，西宁、银川等地区人口密度还不到500人/km²。由于人口密度和经济发展程度具有很强的正相关性，经济发达程度也呈现类似的空间特征。

第二，都市圈内部发展不平衡也十分突出，各城市联系不紧密，中心城市带动作用不明显，一体化程度较低。例如，北京等超大、特大城市，人口、资源过度集中于中心城区，对本市周边地区的带动作用尚显薄弱，对都市圈其他城市的辐射带动更是鞭长莫及。多数都市圈的中心城市与周边城市双向人口流动规模占中心城市总人口流动比重不足15%，中心城市与周边城市互相投资规模占中心城市与全国所有城市互相投资规模的比重也不足15%。这表明，都市圈的中心城市与外围城市在经济、社会等方面的联系目前还不够紧密。

（三）县城和小城镇

县城是指县人民政府驻地所在的镇，其本质上还是镇。而目前关于小城镇概念界定较为多样，除了指建制镇外，有的观点还认为包括小城市或集镇。本报告中小城镇仅指独立建制镇，属于城镇范畴，小城镇人口为建制镇建成区的户籍人口。在我国构建以城市群为主体、大中小城市和小城镇协调发展的城镇格局进程中，县城和小城镇的建设具有重要意义。在推进人的城镇化发展中，提高县城和小城镇的人口吸引力可以降低人口跨省、跨市迁移倾向，有利于通过就近城镇化促进户籍人口城镇化发展，也有助于疏解大城市功能，进而降低人口跨省跨市迁移成本，进一步促进城镇化发展。

图11报告了2006年以来中国地级及以上城市城区、县级市城

区、县城和小城镇的人口占城镇人口比重。从该图可以看出，地级及以上城市城区仍然占据了我国近半数城镇人口，县级市城区人口则一直占比较少，保持在10%左右。而我国县城和小城镇户籍人口多年来合占我国城镇人口的四成左右，二者数量大体相近，2019年占比分别为18.7%和19.5%。从变动趋势可以发现，2006年以来县城和小城镇户籍人口占城镇人口比重均保持在20%左右，近年来出现小幅下降，这与我国城镇化的政策演进有关。为解决多地出现的盲目"城市化"问题，国务院在1997年暂停了实施多年的撤县设市政策，直到2016年出台《关于深入推进新型城镇化建设的若干意见》后，才有序恢复撤县设市相关进程。可以看到，2016年后地级及以上城市城区人口和县级市城区人口都有小幅增长。

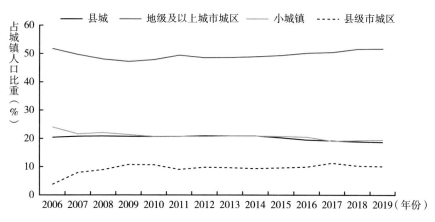

图11　市、县、小城镇人口占城镇人口比重

资料来源：根据各年《中国城市建设统计年鉴》与《中国城乡建设统计年鉴》数据计算。

（四）特色小镇

"特色小镇"是近十多年来涌现出的一种新的城镇化形式，最早起源于浙江等地区的特色小城镇这一经济社会形态。2015年，浙江省在

《浙江省人民政府关于加快特色小镇规划建设的指导意见》（浙政发〔2015〕8号）中将特色小镇定义为"相对独立于市区，具有明确产业定位、文化内涵、旅游和一定社区功能的发展空间平台，区别于行政区划单元和产业园区"，首次将"特色小镇"与传统行政概念上的"镇"区别开来。2017年，国家发改委等四部委在《关于规范推进特色小镇和特色小城镇建设的若干意见》中进一步将特色小镇概括为"在几平方公里土地上集聚特色产业、生产生活生态空间相融合、不同于行政建制镇和产业园区的创新创业平台。"2018年，《国家发展改革委办公厅关于建立特色小镇和特色小城镇高质量发展机制的通知》（发改办规划〔2018〕1041号）中再次强调，典型的特色小镇"利用3平方公里左右国土空间（其中建设用地1平方公里左右）"，将"几平方公里"指定为"1.3平方公里"，进一步明确了特色小镇与建制镇和产业园的区别。

从上述文件来看，特色小镇是具有明确和独特的产业、文化定位，拥有良好生活和生态环境，具备完整城市功能的最基本的空间单元①，本质上是产业聚集和人口聚集的空间载体。王博雅等②指出，特色小镇具有如下一些典型特征。一是多功能融合性。特色小镇同时融合了生产、生活和生态功能，将人、社会、经济和生态有机统一起来，满足人们多样化的需求，不仅仅寻求产业集聚和经济发展。二是作为最基本的空间单元具备完整城市功能。特色小镇融合了产业功能、旅游功能、文化功能和社区功能，而这些功能本质上是城市功能的综合体现。

---

① 王博雅、张车伟、蔡翼飞：《特色小镇的定位与功能再认识——城乡融合发展的重要载体》，《北京师范大学学报》（社会科学版）2020年第1期，第140～147页。

② 王博雅、张车伟、蔡翼飞：《特色小镇的定位与功能再认识——城乡融合发展的重要载体》，《北京师范大学学报（社会科学版）》2020年第1期，第140～147页。

与城市一样，特色小镇可以实现人口集聚和经济集聚，实现公共服务良好覆盖。三是特色鲜明和环境优良。特色小镇的特色体现在产业和文化方面，找准特色、凸显特色和放大特色是其建设的关键。优质的环境可以促进资本流入，培育文化精神，吸引人才集聚。四是具有疏解城市功能、带动乡村振兴的作用。布局于城市周边的特色小镇是城市空间布局中的"节点"创新，可以成为承接疏解城市功能的载体，带动城市周边经济发展。

特色小镇政策开始推行后，全国大部分地区都开始了特色小镇的培育和创建工作。经过各省多批创建和淘汰，截至 2020 年底全国符合标准的省级特色小镇共有 1077 个，分布在 20 个省、自治区和直辖市内。除省级特色小镇外，多个地级市也开始推进市级特色小镇建设，截至 2020 年底全国已有 410 个市级特色小镇。表 11 报告了全国各省特色小镇的建设情况。通过该表可以发现，特色小镇在全国的布局除了兼顾效率和公平外，还与各地区的主观能动性有关。在江苏、浙江、广东等沿海相对发达省份，省级特色小镇建设批次较多，建成数目也较多。而中西部地区，除云南省建设有较多特色小镇外，其余省份特色小镇数量较少。此外，还有一些省份目前还没有省级特色小镇相关建设。

表 11　特色小镇情况

单位：个

地区	省级特色小镇数量	市级特色小镇数量	特色小镇总数量
全国	1077	410	1487
浙江	147	0	147
广东	121	51	172
山东	109	0	109
云南	101	29	130
安徽	100	29	129
江苏	92	37	129

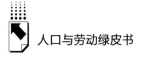

续表

地区	省级特色小镇数量	市级特色小镇数量	特色小镇总数量
福建	55	28	83
湖南	50	17	67
吉林	49	0	49
河北	48	10	58
江西	45	63	108
天津	32	0	32
湖北	30	7	37
内蒙古	24	0	24
河南	20	23	43
甘肃	18	22	40
海南	12	0	12
辽宁	11	13	24
黑龙江	7	20	27
青海	6	0	6
陕西	0	36	36
贵州	0	19	19
广西	0	6	6

经过多年的探索和实践，特色小镇建设取得一定成功，也有不少不成功甚至失败的案例。2020年7月，《国家发展改革委办公厅关于公布特色小镇典型经验和警示案例的通知》（发改办规划〔2020〕481号）中指出，各地区要深入借鉴和学习来自浙江德清地理信息小镇、广东佛山禅城陶谷小镇等16个精品特色小镇的"第一轮全国特色小镇典型经验"，并推广来自福建厦门集美汽车小镇、江苏南京未来网络小镇等20个精品特色小镇的"第二轮全国特色小镇典型经验"。同时，发改委明确指出了目前特色小镇建设中存在的问题。一是存在"虚假特色小镇"。借用套用特色小镇概念进行宣传，但实际上从事其他项目，或是将一些行政建制镇错误命名为特色小镇，实际

只是具有特色的小城镇。二是存在"虚拟特色小镇"。特色小镇建设始终停留在概念和纸面上，投资运营主体缺失，未开展相关项目的规划建设。三是一些特色小镇在建设中触碰红线。特色小镇破坏了生态环境和山水田园，或者违法违规用地，占用农用地。因此，在特色小镇未来建设中，需要进一步把握好发展与规范的关系，实行正面激励与负面纠偏"两手抓"，有效推进特色小镇高质量发展。

四 城镇化空间格局优化方向

（一）推动农业转移人口融入城市

促进农业转移人口融入城市，需要进一步探索户籍制度改革的空间，加大城镇基本公共服务常住人口覆盖力度，促进以人为核心的新型城镇化战略实施。进一步放开农业转移人口落户限制，按照中共中央办公厅和国务院办公厅的要求①，"全面取消城区常住人口300万以下的城市落户限制，全面放宽城区常住人口300万~500万的大城市落户条件。完善城区常住人口500万以上的超大特大城市积分落户政策"。按照国务院《关于进一步推进户籍制度改革的意见》（国发〔2014〕25号）的要求，"以居住证为载体，建立健全与居住年限等条件相挂钩的基本公共服务提供机制"，进一步确保城镇义务教育、住房保障等福利政策惠及居住证持有者，通过居住证促进基本公共服务均等化，不断缩小居住证和户籍之间公共服务和便利项目的差距，促进农业转移人口身份转变，增加社会认同感。

完善农业人口转移的配套机制。把满足农业转移人口住房需

---

① 中共中央办公厅、国务院办公厅：《关于促进劳动力和人才社会性流动体制机制改革的意见》，2019年12月。

求作为工作重点，提高农业转移人口保障房覆盖率，积极通过建设共有产权房、集体建设用地建房等多种方式增加市场住房供给。在过渡时期，加强住房租赁市场监管，保障住房基本条件。根据人口流向统筹各地教师、医生等编制定额和公共服务设施布局。进一步完善承包地"三权分置"制度，使农村资产价值能够实现，为转移人口融入和定居城镇提供资金。进一步加强农村教育和培训工作的针对性，提升农业人口人力资本，在保障农业产出的同时促进农业人口转移。

（二）加快城市群和都市圈的一体化建设

特大、超大城市以及具有重要战略地位的城市向外辐射、延伸，有利于培育都市圈、城市群，促进资本和劳动力均衡分配，通过协调协作带动区域一体化发展，进而成为引领区域高质量发展的空间动力系统。进一步推动城市群一体化发展，按照"十四五"规划和2035年远景目标纲要的要求，"优化提升京津冀、长三角、珠三角、成渝、长江中游等城市群，发展壮大中原、关中平原等城市群，培育发展哈长、辽中南、山西中部、黔中等城市群。建立健全城市群一体化协调发展机制和成本共担、利益共享机制，统筹推进基础设施协调布局、产业分工协作、公共服务共享、生态环境共治。优化城市群内部空间结构，保护生态环境，维护生态安全，形成多中心、多层级、多节点的网络型城市群"。同时，加快规划建设城际铁路体系，支持有条件的城市群合理规划建设城际轨道交通体系，促进各类交通方式无缝接驳、便捷换乘。

积极建设现代化都市圈。发挥国家中心城市的引领带动作用，推进区域人口、产业、交通、市场要素一体化融合。依托辐射带动能力较强的中心城市和具有战略地位的节点城市，建设具有更高协同发展水平的1小时通勤圈，提升城市圈内部的同城化和一体化水平。发展城市圈内部交通体系，探索建立城市圈内部社保互认制度，加大教育、医疗等资源共享力度，提高内部科研技术合作水平，探索实施一体化的人口、土地管理制度，促进要素有效配置。

（三）提升城市综合承载能力

提升城市公共服务水平，保障民生底线。在推动外来人口或农业转移人口融入城市的同时，降低城市生活成本，提升居民消费能力。在养老保险、医疗保险省级统筹基础上，探索实行全国统筹，降低制度障碍，减少跨地区转移人口社会保障损失。减小区域间公共服务水平差距，及时疏解部分城市功能，优化区域综合交通体系，将更多医疗、教育优质资源引导到周边区域发展，将补短板与强服务结合，更好地满足周边地区群众对优质服务的需求，吸引更多人口留在城市就业和生活。

发挥中心城市和城市群的引导力量，优化空间布局，发挥生产要素集聚优势，促进协调发展。破解大城市病和区域发展不平衡不充分的"双重困境"，从空间体系着手，加快中心城市转型升级和发展质量提升，加强产业分工协作，优化资源配置，发挥城市的辐射带动作用，加快周边中小城镇发展，缩小区域差距。提升产业链水平，发展互联网、大数据和人工智能等现代技术，加强基础科学研究和重大技术攻关能力，提升关键基础材料、核心零部件、先进工艺等方面自主创新能力。推动传统产业转型升级，补齐产业链短板，实现全产业链高质量、高水平发展。加强城市群内部产业分工协作，建立更加完善的利益分配机制，消除上下游企业间协同合作与创新攻关障碍，建立畅通安全的技术共享平台。

推动绿色发展，提高生活质量。以优质生态环境作为构造城市高质量发展、综合承载力提升的关键要素和基本底色。加快产业和能源结构调整，发展新能源和绿色低碳产业，降低能源消耗强度和环境污染水平，建立健全对城市大气、水资源、土壤等污染联防联控机制，

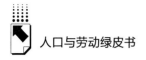

构建生态环境综合治理体系。根据资源环境承载力确定城市建设的规模和目标，避免盲目求快求大。划定生态红线，以绿隔、绿化带建设避免城市边界无限度扩张。借鉴北京等地区的生态建设经验，以留白增绿等方式扩大城市生态空间，建设蓝绿交织的低碳城市、园林城市、森林城市。贯彻新发展理念，完善生态环境保护法律体系，强化生态文明建设，构建宜居宜业的新型城市。

（四）推进县城新型城镇化建设

推进县城新型城镇化建设，促进城乡融合发展。提升县城公共服务水平，改善环境卫生、公共设施条件。对符合条件的县、镇区和常住人口在 20 万人以上的镇进行设市探索。因地制宜地发展地方小城镇，建立健全特色小镇的发展评估体系，吸取成功经验，推动特色小镇健康规范发展。推动基本公共服务向县级下沉，促进教育、医疗、社保等基本公共服务均等化。政府主动补位市场在资源配置上不具有优势的领域，加强支持引导，推进要素合理配置。优化医疗卫生设施、教育设施、养老托育设施和社会福利设施建设，完善环境卫生设施，改善垃圾无害化资源化处理设施、污水集中处理设施。完善市政交通设施、管网设施、配送投递设施，推动老旧小区更新改造和县城智慧化改造。加强产业培育，完善产业平台配套设施、冷链物流设施和农贸市场建设。加大中央财政性资金等政策支持力度，大胆创新资金投入方式和运营模式，积极推介推广成功的经验做法。

（五）优化行政区划设置

优化行政区划设置，改革城市基层区划体制，健全县域行政区划体系，突出中心城市、都市圈和城市群的主体形态。优化街道设置，因地制宜，采取不同模式设立街道，促进城乡一体化发展。加强社区、村组规划，提高人民生活质量。创新都市圈行政区划空间布局，科学规划城市生产空间、生活空间、生态空间，促进行政区和功能区融合发展。改善都市圈空间形态，综合考虑人口聚居、地理环境、交通条件、产业布局、战略地位因素，确定中心城市及其所在区域基本空间形态。突出城市群行政区划主体形态，立足长远，打造大中小城市和小城镇协调发展格局，及时弥补城市群发展中的不足，构建科学合理的城市群发展格局。

G.10
对城市人口疏解政策的国际经验反思[*]

邓仲良[**]

摘　要：　人口规模控制和人口结构优化是影响大城市高质量发展的基本变量，中国城市发展需处理好两个关系，即"以大带小"的政策导向和人口流动经济规律的关系、自然承载力和经济承载力的关系，应正视大城市吸引人口的正效应，提高城市管理能力，进一步降低大城市落户壁垒，在成熟都市圈内探索试点以居住地登记制度，明确都市圈内"同城化累积时间"与中心城市公共服务资格权的匹配关系。建立城市中心区微循环更新机制，以历史保护区模式统筹推进城市文脉传承和疏解空间再利用。加强都市圈内职住平衡，在政府主导新城建设基础上及时引入市场力量，完善新城的产业体系、公共服务和生活配套设施，逐步形成新城稳定的人口集聚力。

关键词：　全球主要大城市　超大城市　人口疏解政策

---

[*] 本研究为中国社会科学院青年人文社会科学研究中心课题"京津冀协调发展背景下的人口疏解政策调研"（2021QNZX002）的阶段性成果。
[**] 邓仲良，经济学博士，中国社会科学院人口与劳动经济研究所副研究员，主要研究方向为人口流动、人口变动与经济增长。

一 研究背景

人口集聚和流动是影响区域和城市经济发展的基本变量，人口流动的空间差异则是区域发展差异的客观体现，从全球代表性城市的人口集聚趋势来看，合理调控城市人口规模和优化城市劳动力供给成为超大和特大城市都面临的共性问题。伴随中国城镇化进程不断推进，户籍制度壁垒逐步降低[①]，对人口流动和落户的限制逐步解除，外来人口不再被视作城市发展的负担，根据 2020 年第七次人口普查数据，中国部分大城市集聚外来流动人口的规模仍在继续增大[②]，这使得政策制定者和学术界开始对 2014 年以来部分超大城市中人口疏解政策进行反思[③]。

一般地，劳动力向经济高密度（高收入）地区流入是客观的经济规律[④]，城市规模扩大又会促进劳动力市场的个人就业概率，低技能劳动力和高技能劳动力都受益于这种规模效应[⑤]。另外，除收入差距引起的人口集聚力外，城市间就业还依赖于产品的空间需求，尤其

---

① 截至 2020 年末，"城区常住人口 300 万以下的城市基本取消落户限制，超过 1 亿农业转移人口在城镇落户。"国家发展和改革委员会：《国家发展改革委举行 1 月份新闻发布会介绍宏观经济运行情况并回应热点问题》，2021 年 1 月 19 日。

② 根据各城市公布的"七普"数据，2020 年北京、上海、广州、成都分别有外来流动人口 841.84 万、1047.97 万、937.88 万和 845.96 万，其中成都市常住人口为 2093.78 万人，首次超过 2000 万人，占四川全省 25.02%。

③ 蔡昉、陈晓红、张军、李雪松、洪俊杰、张可云、陆铭：《研究阐释党的十九届五中全会精神笔谈》，《中国工业经济》2020 年第 12 期，第 5~27 页。

④ Combes, P. P., G. Duranton, L. Gobillon, D. Puga, and S. Roux, "The Productivity Advantages of Large Cities: Distinguishing Agglomeration from Firm Selection", [J] *Econometrica*, 2012, 80 (6): 2543-2594.

⑤ 陆铭、高虹、佐藤宏：《城市规模与包容性就业》，《中国社会科学》2012 年第 10 期，第 47、66+206 页。

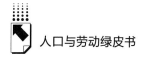

是外来流动人口，但相关理论研究表明，当城市产业无法提供过度集聚人口的充分就业岗位时，人口过度持续流入将会增加拥挤效应，城市内拥挤效应将引发内部通勤效率降低[1]，降低有效工作时间，这会增加城市内部联系成本[2]。除此之外，这种拥挤效应还对城市产业、资源承载、交通住房等基础设施以及城市治理水平提出了更高要求。人口过度集聚引起的城市拥堵还将降低城市宜居水平[3]。进一步地，人口流入还会提升城市居住成本[4]，这进一步增加集聚成本效应[5]和拉低劳动者福利水平[6]，当城市土地市场无法满足流入地城市居住条件时，对人口集中流入大城市进行住房土地限制还会造成劳动力空间错配[7]，降低劳动生产效率。综合已有研究来看，这种集聚效应与成本效应的相互协调关系（trade-off）决定了城市潜在增长效率，如图1所示，而从人口稠密的城市中心区向外疏解或引导人口在更大都市圈空间实现充分就业尤为关键。

① Koster, H. R. A. , and J. Rouwendal, "Agglomeration, Commuting Costs, and the Internal Structure of Cities" [J], *Regional Science and Urban Economics*, 2013, 43 (2): 352 – 366.

② Albouy, D. , K. Behrens, F. Robert-Nicoud, and N. Seegert, "The Optimal Distribution of Population across Cities" [J], *Journal of Urban Economics*, 2019, 110: 102 – 113.

③ Desmet, K. , and E. Rossi-Hansberg, "Urban Accounting and Welfare" [J], *American Economic Review*, 2013, 103 (6): 2296 – 2327.

④ 张莉、何晶、马润泓：《房价如何影响劳动力流动》，《经济研究》2017年第8期，第155~170页。

⑤ Combes, P. P. , G. Duranton and L. Gobillon, "The Costs of Agglomeration: House and Land Prices in French Cities" [J], *Review of Economic Studies*, 2019, 86 (4), 1556 – 1589.

⑥ Brinkman, J. C. , "Congestion, Agglomeration, and the Structure of Cities" [J], *Journal of Urban Economics*, 2016, 94, 13 – 31.

⑦ Hsieh, C. T. , and E. Moretti, "Housing Constraints and Spatial Misallocation" [J], *American Economic Journal: Macroeconomics*, 2019, 11 (2): 1 – 39.

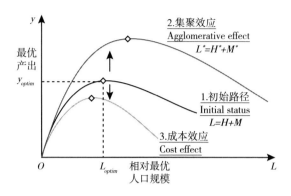

图1 大城市的集聚与成本效应

注：根据相关研究，城市的相对最优人口规模是动态变化的，其与产业结构、自然资源环境等因素相关。

资料来源：笔者根据研究思路自行绘制，H 为城市户籍人口，M 为城市已有流动人口，H* 和 M* 为变化后城市户籍人口和外来流动人口。

尽管关于中国城市发展路径的争论持续不断，但对个别大城市人口规模进行控制的相关政策早已存在，北京市和上海市都相继出台了远期2035年城市发展总体规划，对城市人口规模进行了限制。这种政策思路首先出于政策制定者担忧人口持续集中流入大城市可能突破现有城市人口承载能力，尤其是城市供水、供电等基础服务供给超负荷。其次，政策目标还旨在降低区域发展差距，通过构建更加均衡的增长模式（大城市带动中小城市发展，本文简称"以大带小"）来引导区域协调发展。以北京市为例，党的十九大报告明确提出"以疏解北京非首都功能为'牛鼻子'推动京津冀协同发展"。这也同样表明非首都功能疏解有两个发展目标，其一，实现京津冀协调发展。京津冀协调发展关键是北京、天津以及河北形成良好的功能互补的产业分工格局，在雄安形成北京非首都功能疏解集中承载地，进而成为带动河北经济发展的增长极。其二，实现北京人口发展"双目标"，即人口规模控制和劳动力结构优化，提升

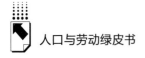
北京人力资本累积水平。

已有研究和现实情况都表明，城市体系不断演化发展，其具有由单中心向多中心演化的空间一体化趋势，因而从降低区域发展不平衡这个角度出发，促进城市群建设等多中心空间发展战略有利于实现集聚和平衡的关系，并降低人均发展水平差异。已有研究表明，大城市中人与人面对面信息交流便利性有利于技术创新和新产品产生[1]，故大城市中产业多样性程度较高，且多集中于研发部门；批量化生产制造业环节通常转移至专业化较强的中小城市[2]。丰富的劳动力供给和完善的基础设施对次中心形成至关重要[3]，城市群可以通过降低大城市规模不经济、优化城市经济结构和促进区域一体化来实现城市群内经济增长[4]。

有效地引导人口流动是实现城市人口规模控制和劳动力结构优化的关键。从人口疏解政策对城市人口劳动力供给影响来看，王继源等[5]根据北京总体规划人口控制目标和2012年北京投入产出表测算了不同产业疏解对就业影响效果，批发零售业和制造业是直接转移就业人口的主要影响因素，当转移北京市批发零售业10%总产值时，直接就业和关联就业规模将分别下降19.8万人、4.1万人，并最终

① Ellison, G., E. L. Glaeser, and W. Kerr, "What Causes Industry Agglomeration? Evidence from Co-agglomeration Patterns" [J], *American Economic Review*, 100 (3), 2010: 1195 – 1213.

② Duranton, G., and D. Puga, "Nursery Cities: Urban Diversity, Process Innovation, and the Life-cycle of Products" [J], *American Economic Review*, 91 (5), 2001: 1454 – 1477.

③ 魏旭红、孙斌栋：《我国大都市区就业次中心的形成机制——上海研究及与北京比较》，《城市规划学刊》2014年第5期，第65~71页。

④ 原倩：《城市群是否能够促进城市发展》，《世界经济》2016年第9期，第99~123页。

⑤ 王继源、陈璋、胡国良：《京津冀协同发展下北京市人口调控：产业疏解带动人口疏解》，《中国人口·资源与环境》2015年第10期，第111~117页。

减少 23.9 万就业人口；当转移制造业 10% 总产值时，直接就业和关联就业规模将分别下降 14 万人、8.2 万人，并最终减少 22.2 万就业人口。当需满足北京城市基础部分和非基础部分就业规模要求，童玉芬等[1]进一步研究表明北京市疏解非首都功能后北京市城市最低人口规模为 1800 万人，同时总就业规模至少需要 940 万人。对人口疏解效果而言，运用三重差分法，童玉芬、宫倩楠[2]对 2015 年以来北京市人口调控政策的效果进行定量评估，研究表明人口疏解政策与常住人口规模存在显著相关性，人口疏解政策降低了 11.6% 的人口增长。

从全球主要城市的国际经验和历史长期视角对比发现，从中心城市或城市中心城区疏解人口并非仅我国京津冀地区所独一面对的，无论是欧美国家，还是东亚地区的其他国家，英国伦敦[3]、法国巴黎[4]、日本东京、韩国首尔等城市都实施过旨在促进人口疏解的相关政策。当然每个国家面临的实际情况各有不同，但从相关研究和数据总结来看，仍存在一些共性规律，本文将总结国内外主要城市促进人口疏解政策的经验做法和所面对的问题，对如何优化大城市发展路径进行思考。

二 全球代表性大城市促进人口疏解的共性经验

从世界大城市发展历史进程来看，伦敦、东京、首尔、巴黎等都

---

① 童玉芬、单士甫、宫倩楠：《产业疏解背景下北京市人口保有规模测算》，《人口与经济》2020 年第 2 期，第 1 ~ 11 页。

② 童玉芬、宫倩楠：《新时期北京市人口调控政策的效果评估——基于三重差分法的准自然实验》，《人口研究》2020 年第 5 期，第 80 ~ 91 页。

③ 张倩：《伦敦兴衰启示：从疏解人口到重聚人口》，《决策探索（上半月）》2017 年第 11 期，第 78 ~ 81 页。

④ 仇保兴、闫晋波：《法国萨克雷科学城和巴黎疏解经验对国内超大城市减量发展的启示》，《城市发展研究》2019 年第 4 期，第 37 ~ 45 页。

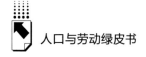

实施过促进人口从城市中心区向外疏解的相关政策，尽管实际情况各有不同，但仍存在一些共性规律。

（一）以中心大城市功能疏解和区域功能再布局引导人口流动

从全球主要发达经济体的首都经济圈来看，以功能调整促进产业结构变迁进而带动人口就业的空间变化是旨在通过城市功能疏解促进人口疏解的内在逻辑。从全球主要首都圈发展模式来看，首都圈大多经历了都市圈内部功能再布局，并引起人口疏解效应，即人口的就业和生活逐步从中心城区向郊区、周边城市迁移。

对国外城市而言，东亚首都城市的人口规模都较大，主要通过疏解政府部门、研究机构和劳动密集型产业等来解决大城市人口膨胀问题，例如为解决首都经济圈过度膨胀问题。韩国将首都功能和城市经济功能独立分开，成立了世宗市来行使首都政治功能，首尔都市圈仅重点发展主导产业（信息技术和创意文化产业），将科技产业、科研机构和高校向周边城市转移（尤其是科技产业和研究机构）。日本主要将科研机构从东京迁出到周边城市，东京形成了新宿、涩谷等多个副中心以及筑波等多个新城。在欧美地区，为改变"法兰西岛（Ile-de-France）"的单中心城市结构，从1956年开始，巴黎陆续在周边地区建立大型住宅区和新城，2008年后又开始在巴黎周边发展了8个产业集群，并配套相应的住宅和公共交通基础设施。伦敦从1946年开始在不同时期新建不同类型的新城来吸引伦敦核心区人口，经历了由单纯的住宅新城（花园式城市、田园城市，或者采用"绿带"将中心城市与卫星城分割开）逐步向交通通达性较高的产业融合新城演进。对北京而言，主要是推动北京市的行政机构、制造业、科研机构、大学等创新机构、区域性物流基地与批发市场向外疏解，建立了通州行政副中心和雄安新区（见表1）。

表 1　全球主要城市功能调整引起的人口疏解做法

城市	主要疏解功能类型	模式类型
北京	城市功能定位优化(以通州为北京行政副中心＋雄安非首都功能集中承载地)推进一般性制造业、区域性物流和批发市场、部分行政和事业性服务机构及企业总部从北京向周边地区疏解	新城建设＋功能疏解
首尔＋世宗	首尔以"创新城市"计划为载体推动研究机构、高校等高科技产业由首尔向都市圈外转移,例如清州为电子产业、釜山为渔业、金融业和电影产业,全州市为农业生物科技产业等;同时也保留了部分行政功能。世宗市以"国家核心行政功能"为主	新城建设＋功能疏解
东京	部分 79 个行政机关和 11 个军队单位迁出东京,研究机构、社会团体及行业协会也由东京向周边城市迁出	新城建设＋功能疏解
巴黎	以"去工业化"为主,工业向巴黎周边 8 个产业集群转移	新城建设＋产业转移
伦敦	以卫星城建设、新城规划和产业转移相结合	卫星城建设＋产业转移

资料来源：笔者根据已有研究总结。

(二)以区域内交通网络一体化促进人口自由流动

促进交通网络一体化可显著提升地区间交通可达性,有利于形成多中心城市空间结构。美国城市间高速公路发达,汽车出行成本较低,城市中心区与城郊则发展一般干道和有轨电车。英国大伦敦区以提高公共交通比重和线路网密度来增强中心城区与周边地区的交通通达性。巴黎则构建了放射状路网结构,地铁基本可以满足巴黎核心区10 公里以内的交通出行,而巴黎大区的快速铁路能够连接周边 50 公里半径区域。在日本东京都市圈,地铁等公共交通系统较为发达,东京与新桥、上野、池袋、新宿、涉谷等周边地区都具有完备的轨道交

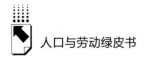

通连接，这些轨道交通同时也连接了不同地区的体育馆、文化名胜景点、森林公园、商业购物中心、铁路车站等，大阪都市圈（京都、大阪、兵库、奈良）和名古屋都市圈（爱知、三重、岐阜）同样也具有类似的通勤便捷的轻轨系统。

进一步从全球代表性都市圈的交通建设情况看，交通网络一体化是促进都市圈形成的必要条件，成熟都市圈都具有系统的交通一体化网络，其以城市间轨道交通系统（轻轨或快速铁路）和高速公路系统为主，以城市环线、干线公路和城市地铁系统为辅，其有效降低了中心城市与周边城市的出行时间成本，拉近了居住区、工作区和商务区、文化区、森林公园休闲区的时间距离，减缓了单一公路交通的拥挤效应。

（三）以疏解地机构迁出与承接地培育并重实现就业空间均衡

功能疏解的人口转移效应取决于三个因素：第一，被疏解企业或机构是否愿意迁出；第二，疏解地产业或机构与承接地发展是否匹配；第三，劳动力就业是否依赖于被疏解产业。以美国为例，由于城市内劳动力成本和建设用地成本较高，科技公司、制造业、零售业逐步由城市中心区迁往城市郊区，尤其是大型飞机制造及高科技企业。从英国国家统计办公室（ONS）公布的历史数据来看，1800～2019年伦敦经历了从人口疏解到再集中的过程，最初伦敦旨在通过产业转移到周边卫星城来降低环境污染和人口膨胀，但由于产业集聚与城市发展错配，反而导致了伦敦因城市中心区就业岗位流失而衰败。

从政府作用方面来看，以韩国的公共机构疏解经验为例，促进行政、教育和科研等公共机构向周边区域转移有效带动了周边地区发展。无论是1970年开始的工业外迁，还是1980年开始的以住房建设为主的新城建设，抑或2000年后行政和经济城市功能再布局，公共机构疏解政策一直伴随首尔发展的各个阶段，最终形成了以世宗市为核心的行政中心，这不仅提高了区域均衡发展水平，而且促进了首尔都市圈经济水平持续增长，扭转了首尔人口过度膨胀趋势。从人口迁移变化率来看，韩国2020年国内流动人口规模为773.5万人，比2019年增长8.9%（增加63.1万人）。尽管首尔（Seoul）人口绝对规模仍然较高（2019年首尔人口占韩国的18.62%），但世宗市（Sejong）是韩国国内人口迁入率最高的城市，2020年比2019年上升3.8个百分点，其人口增长率也是最高的，2019年增速为8.2%，远高于其他城市。对其他地区的人口迁移率而言，京畿道地区也是吸引人口流入的重要区域，其较之2019年流动人口迁入率上升1.3个百分点，而首尔2020年人口迁移率较之2019年下降0.7个百分点（见图2）。

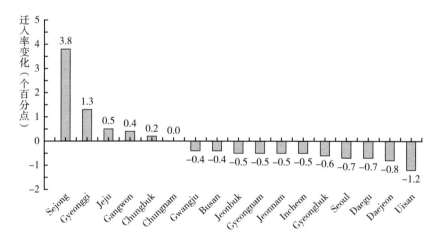

图2　2019～2020年韩国分区域国内迁入率变化

资料来源：韩国统计局，Statistics Korea, Internal Migration in 2020: Net Migration Rate by Region，2021-01-26。

（四）构建与时俱进、统筹兼顾的动态协调机制

区域功能调整和发展规划统筹需要执行力强和统筹跨区域协调发

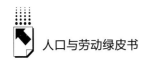

展的专门机构来执行，人口疏解是一项系统性政策，其有效性要求有统一的跨区域协调机构、顶层制度框架和专门权力执行机构。另外，考虑经济社会发展具有长期性，在长期的发展过程中经济体也会受到外部影响，这些影响因素有的是有利的，有的也是一种不利冲击。随着经济社会发展，城市和人民的工作与居住要求也会不断发生变化，因此相关政策也会动态调整。从国际经验进一步来看，无论是大伦敦区，还是东京或首尔都市圈，中央政府都出台了针对性较强的规划，设立了专门中央协调机构，并配套相应的法律，还在一定规划区内根据实际经济社会情况进行动态调整，例如伦敦《大伦敦发展规划》《新城法》《内城法》、法国《巴黎大区 2030 战略规划》、日本《首都圈整治法》、韩国《首都圈整备规划法》等都经过了长期的完善和动态调整过程。

三 人口疏解政策影响城市发展的几个方面

从全球主要大城市采取人口疏解的历史经验来看，人口疏解是影响城市经济发展、城市历史文化保护、区域协调发展的重要政策变量。

（一）缺乏配套的新城建设与"内城问题"会导致人口疏解政策失败

缺乏全局规划和配套政策的新城建设会造成城市核心区产业流失和区域萧条，这种"内城问题"在美国、英国和法国都相继出现过。以英国伦敦为例，伦敦从 1946 年开始执行了类似的"人口疏解"政策，设立了 8 个新城来解决伦敦人口过度拥挤问题，并计划从城市核心区疏散 150 万人到周边新城。由于新城初期缺乏基础设施供给，产业结构单一，生活配套设施欠缺，就业收入水平有限，部分人口又回流城市中心区，但由于相关产业已经转移，这部分回流的劳动力无法实现充分就业，反过来又造成伦敦中心城区失业率增加，城市经济问题还进一步演化为犯罪、吸毒等社会问题①。面对伦敦"内城问题"，1978 年后英国政府出台《内城地区法》，将更多的产业迁回伦敦城市核心区，促进内城复兴。

从伦敦市分区域分析来看，伦敦不仅是伦敦市（City of London），而且包括了周边 32 个自治市（London Borough），因而伦敦也有"内伦敦"（Inner London）和"外伦敦"（Outer London）之分，本文依据英国国家统计办公室（Office for National Statistics，简称 ONS）统计用途划分②对伦敦市历史长期人口集聚情况进一步研究，从英国 ONS 提供的历史人口普查数据来看，尽管伦敦经历了"二战"及疏解伦敦人口的新城建设导致的人口下降，但伦敦人口规模是长期增长的③，尤其是外伦敦。1801 年伦敦人口为 109.7 万人，其后 100 多年伦敦人口一直增加，1939 年伦敦人口规模为 861.5 万人，1980 年开始伦敦逐步停止新城建设，开始复兴伦敦内城，培育金融、研发等高附加值产业，城市中心区人口逐步又开始集聚，伦敦人口总规模开始逐年上升，2012 年伦敦人口为 830.88 万人，到 2019 年伦敦人口已为 896.20 万人。其中，内伦敦人口从 1911 年开始逐年下降，一直到

---

① 张倩：《伦敦兴衰启示：从疏解人口到重聚人口》，《决策探索（上半月）》2017 年第 11 期，第 78~81 页。

② 内伦敦包括 13 个自治市 Camden、City of London、Hackney、Hammersmith and Fulham、Islington、Kensington and Chelsea、Lambeth、Lewisham、Southwark、Tower Hamlets、Wandsworth、Westminster、Greenwich，外伦敦包括 20 个自治市 Haringey、Newham、Barking and Dagenham、Barnet、Bexley、Brent、Bromley、Croydon、Ealing、Enfield、Harrow、Havering、Hillingdon、Hounslow、Kingston upon Thames、Merton、Redbridge、Richmond upon Thames、Sutton、Waltham Forest。

③ 1940~1990 年，由于"二战"及战后重建伦敦市总人口呈现下降趋势，但 1990 年后至今伦敦市人口逐步上升至 1940 年人口总量水平。

1991 年才开始恢复，内伦敦人口 1911 年为 500.20 万人，1991 年为 234.31 万人，而外伦敦人口则从 1800 年开始一直上升，尤其是 1946 年前上升幅度最快，在经历了1960～1990 年略微下降后又快速上升。到 2017 年内伦敦人口为 353.57 万人，外伦敦人口为 529.98 万人，二者分别占伦敦总人口的 40%（内伦敦）和 60%（外伦敦）（见图 3）。

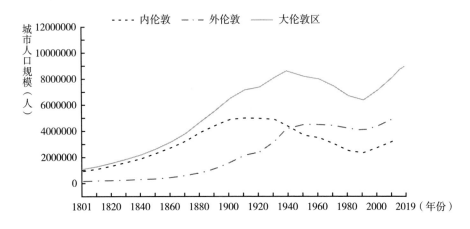

图 3 伦敦市人口变化趋势（1801－2019）

资料来源：英国国家统计办公室，Historical Census Population。

（二）过度功能分散化降低了中心城市发展速度

城市功能过度分散化可能降低城市经济的集聚效应，造成区域发展路径单一。以韩国为例，韩国推进的"创新城市"计划尽管带动了首尔周边城市发展，但过多的创新城市也分散了城市发展所必需的资本、劳动力投入，造成部分创新城市发展缓慢。韩国政府依据高科技产业的区位条件主动选择的"创新城市"可能忽视了高科技产业发展规律，造成产业体系单一和发展路径错位。高科技产业往往需要不同领域的人与人之间的密切接触，这种人为设定主导产业的城市降低了产业多样性，阻断了不同产业背景研究人员和企业的交流，不利于城市创新力进一步提高。对被疏解的中心城市，无论是从城市内到城市外的"大疏解"，还是从城市中心区到边缘郊区的"小疏解"，人口疏解政策可能会导致居住和公共服务分离、职住分离[1]，当教育和医疗等城市公共服务、居住和就业存在空间割裂时，或者说当就业和城市公共服务没有随人口疏解政策及时配套跟进时，被疏解城市自身的经济成本将会逐步增加，通勤时间增加、房价上涨等将增大城市经济的集聚成本。此外，城市迁移成本增加和过高的城市间人口流动壁垒还会导致规模不经济，降低劳动力配置效率[2]，不利于形成城市间人口最优规模[3]。在过于功能分散化的城市体系中，城市发展路径和主导产业结构将趋于单一化，当城市专业化程度较高和欠缺产业多样性时，在外部市场变化和不确定冲击影响下，这种单一经济结构的城市容易受到较大影响。

（三）城市历史文化保护传承与城市更新的关系

人口疏解会促使中心城区形成人口低密度状态，常住人口减少引起的低密度空间有利于古城文化保护，这为文化保护、街区更新提供了地理空间。以法国巴黎为例，法国人口向大巴黎区集中是长期历史演变的结果，形成了"法兰西岛"，到2018年大巴黎区人口共有1291.48万人，巴黎核心城区人口为1013.42万人，大巴黎区占法国人口比重从2001年以来基本保持在19.3%左右，2013年有略微下降，但2018年很快回升到19.27%。从人口增加

---

① 蔡昉、陈晓红、张军、李雪松、洪俊杰、张可云、陆铭：《研究阐释党的十九届五中全会精神笔谈》，《中国工业经济》2020年第12期，第5~27页。

② 王丽莉、乔雪：《我国人口迁移成本、城市规模与生产率》，《经济学（季刊）》2020年第1期，第165~188页。

③ Albouy, D., K. Behrens, F. Robert-Nicoud, and N. Seegert, "The Optimal Distribution of Population across Cities" [J], *Journal of Urban Economics*, 2019, 110: 102–113.

幅度来看，大巴黎区人口增幅从 2006 年开始下降，从 2006 年的 0.77% 逐步下降到 2018 年的 0.27%。在城市人口集聚过程中，尤其是"二战"后非洲移民快速涌入巴黎，巴黎政府在 1970 年逐步改变巴黎持续向四周发展的"摊大饼"模式，开始培育郊区城市，例如萨克雷科学城①（见图 4）。

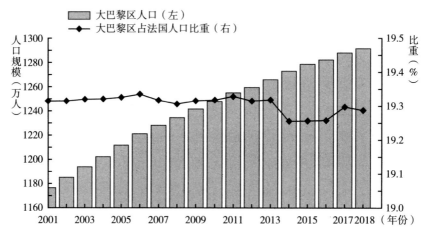

图 4　大巴黎区人口变化（2001－2018）

资料来源：欧盟统计数据库，Eurostat database。

巴黎在从中心区疏解人口的同时更加注重巴黎中心城区内历史文化遗迹的保护工作。1913 年法国就颁布了《历史遗产保护法》，后续巴黎又对城市改造政策进行了持续调整，设立了专门的文化保护区，负责对历史文化建筑及附属设施进行保护和修葺。以 1964 年巴黎马莱保护区（Le Marais）为例，其不仅确定了公共机构和个人在旧城历史文化保护区中的相应权利和义务，而且"以点带面"带动了整个城市旧城区的历史建筑保护，不仅编制

---

① 仇保兴、闫晋波：《法国萨克雷科学城和巴黎疏解经验对国内超大城市减量发展的启示》，《城市发展研究》2019 年第 4 期，第 37～45 页。

了历史保护建筑名录，对保护区之外的城市区域内的规划建筑活动做了详细的规定，而且对进入名录的建筑，其40%维修保护的相关费用都可享受国家财政补助。另外，在历史文化保护区内还进一步拆除不符合规划用途的违章建筑，这使得大城市同时实现了经济发展和城市历史传承，从这个意义上来看，人口疏解政策有利于保护城市历史文化。

（四）"以大带小"的区域政策导向与人口流动的经济规律需更加协调

尽管在超大、特大城市周边进行新城建设和布局卫星城来形成"反磁力中心"对人口流动具有吸引作用，但这种"以大带小"的政策导向和人口向大城市地区流入的经济规律往往存在矛盾。以东京都市圈为例，1958年日本政府首次提出将在东京周边建立卫星城来缓解东京都市圈的人口规模过度膨胀造成的生态压力，并逐步开始实施分散首都功能政策，将政府、科研机构迁移到东京周边卫星城。从历史维度来看，东京市1975年至今人口呈现持续增长的趋势，仅1991～1995年东京人口呈现短暂下降，而东京人口相对于日本全国比重从1975～2019年经历了先下降后上升的"倒U"形变化趋势，1996～2019年东京市人口占日本全国比重持续上升，2019年东京市人口占日本比重约为11.03%，2012～2019年其年均增长0.1%，这表明筑波等卫星城设置和机构迁移并未降低东京市的人口集聚力，人口向经济密度较高地区的集聚趋势并未受东京人口疏解政策影响。推进科研机构分散化并未起到疏解东京人口的预期效果①。从全国流动人口进一步来

① 石晋昕：《筑波科研学园城对雄安新区建设的启示研究》，《城市观察》2019年第3期，第157～164页。

看，东京、大阪、神奈川等地是日本流动人口的主要流入地，尤其是东京，2019 年人口净流入 86575 人，较之 2018 年增加 3801人，同时东京人口流入和流出规模占日本全国比重均为首位①，从2000～2019 年东京人口总量一直呈现增长趋势，如图 5 所示。

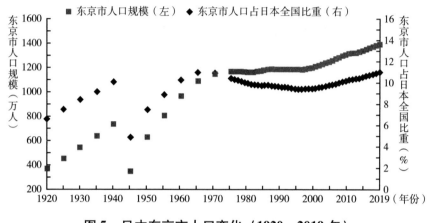

图 5　日本东京市人口变化（1920～2019 年）

注：1920～1975 年数据为每隔 5 年。
资料来源：日本统计局，Statistics Bureau of Japan。

进一步地，对以筑波市（つくば市）卫星城建设来引导人口流动而言，由于土地产权不清晰、公共资源配套建设滞后、迁入机构与迁入地相关性不高、科技园区的就业需求不大、研发产业化滞后等问题，筑波市并不能容纳较大规模的人口，从《2020 年日本统计年鉴》数据来看，到 2019 年底筑波市人口仅为 23.38 万人，具体而言主要有以下几方面原因。第一，产业发展定位单一、科研机构与产业发展结合不紧密。筑波市的功能定位是研究园区，日本政府通过行政力量推动科研机构再集聚，却忽略了产业对于吸引和留住人口的关键作

---

① 资料来源：《2020 年日本统计年鉴》，日本総務省統計局「住民基本台帳人口移動報告」。

用，高能物理、新材料等前沿学科并未与企业等实体经济有效结合，产业薄弱使得筑波市无法构建强大的人口集聚力。第二，建设周期过长。筑波市从 1968 年开始建设，一直到 1993 年建设才基本完成，由于建设周期较长和研究经费投入滞后，尽管实施了筑波科学城计划，但日本最好的大学和企业总部仍然集中在东京。第三，产城融合发展思路与城市配套建设错位。在筑波市建设早期，住宅建设和公共交通设施相对不多，教育、医疗、娱乐、休闲配套设施较为欠缺，尽管遵循了生态城市规划建设思想，但产业基础欠缺使得城市配套设施建设不足无法吸引更多的人口前来就业和生活，而人口欠缺无法弥补商业、医院配套成本，又反过来影响了城市配套设施的再规划建设，这种人口流动与城市经济的累积因果关系最终影响更多人口流入。第四，由于筑波市前述几个方面的不足，交通路网一体化则进一步放大东京周边城市的人口外流效应，促使人口向东京再集聚，这与疏解 1990~2000 年东京部分政府机构和研究部门到周边卫星城后人口短暂降低又提升的客观现实是吻合的。

四 对优化大城市发展路径的政策建议

"城市的核心是人"，相关政策制定部门应进一步重视人口作为大城市可持续发展的关键因素，不断优化大城市人口规模和结构，建立以流动人口为载体的流入地和流出地的城市间协调发展机制，推进新城建设产业体系及配套设施不断完善。

（一）加快超大城市户籍制度改革

目前在中国超大城市实行户籍制度主要为差别化落户（积分制）和居住证制度，前者使得城市可以有目的地选择具有较高人力资本的高技能劳动力，后者主要面向一般城市劳动力和农业转移人口，这两种措施都向着"经常居住地登记户口制度"演变。我国城市发展的一个重要基本国情就是农业转移人口在大城市就业规模较大，这种"人—地（农地）"分离不解决，户籍深层次改革和户籍城镇化率稳步提高将无从谈起。人口向大城市集聚是客观规律，有必要提前研究户籍制度最终完全取消后常住地登记户口制度的可能演变方式及路径。统筹城市户籍和居住证功能，建立基于积分制的城市户口登记制度，明确以教育水平、专业技术职务、职业技能、创新创业、社会保险缴纳年限和工作居住年限等占积分制主要比重。建立与产业发展相适应的城市劳动力技能需求动态目录，补充完善劳动力技能培训和积分制挂钩关系。促进城乡融合发展，打破城乡要素壁垒，加快探索城乡要素平等交换、双向流动的制度性通道，将人口流出地的农地产权改革与人口流入地的落户政策挂钩，促进农业转移人口"人—地"落户收益与居住地公共服务供给相协调，明确都市圈内"同城化累积时间"与城市公共服务资格权的匹配关系，推进户籍制度向"经常居住地登记户口制度"转变。

（二）优化超大特大城市的发展方式

大城市具有集聚人口的客观经济规律，应避免因人口疏解和功能分散降低中心城市发展潜力。顺应不同地区城镇化空间形态，放大人口流动再配置的空间红利，对冲因劳动力供给下降而式微的人口红利。立足城市化地区、农产品主产区、生态功能区的比较优势，建立以流动人口为载体的城市群一体化发展机制，降低人口流动失衡引起的区域衰退。建立城市间分工体系，促进中心城市一般制造业向周边中小城市转移，强化区域中心大城市服务经济的比较优势，提高科研机构和技术创新部门比重和资金投入，促进人力资本结构与城市经济发展匹配。强化都市圈中心城市"以大带小"作用，促进城市建设用地和流动人口协调，明确都市圈的基础设施共建与人口市民化成本分担相适应，加大对人口净流出重点衰退地区的专项扶持力度。推进以区域性城市为中心的都市圈社保和落户积分互认、教育和医疗资源共享。统筹城市的经济和安全，在中心城市周边因地制宜地发展制造业和布局公共安全设备产业链，避免公共卫生必需品产业链被疏解，实现制造业比重稳定。探索建立历史文化保护区，统筹推进城市文脉保护和疏解空间再利用，构建微循环老城更新模式，处理好历史文化建筑保护和老旧建筑改造的关系。

（三）不断完善都市圈内新城和卫星城的城市功能

多样化的产业体系及完善的配套设施是新城集聚人口的关键因素。考虑客观的建设周期，需及时推进新城、卫星城建设中产业发展和配套设施有机结合，促进新城、卫星城和中心城市的交通基础设施一体化发展。政府在新城建设初期起主要作用，应处理好新城建设中政府和市场的关系，逐步完善符合新城功能定位的产业准入目录和劳动力技能需求目录，为新城产业发展和劳动力供给提供政策抓手。在建设中后期则应按照准入目录及时引入企业等市场主体参与城市产业发展，不断完善教育医疗等公共服务资源和影院商场等配套生活设施，形成新城人口稳定的集聚力。

Abstract

Promoting urbanization is the inevitable course to achieve modernization, and it is of great significance for building a new development pattern, building an ecological civilization, and promoting common prosperity. Since the 18th National Congress of the Communist Party of China, the urbanization has achieved positive results. Substantial progress has been made in promoting the citizenization of rural migrant Population, optimizing the spatial pattern of urbanization, enhancing the ability of urban sustainable development, and promoting the urban-rural integrated development. However, it should also be noted that some problems in the field of urbanization have not yet been fundamentally resolved. For example, some cities have high thresholds for settlement, large gaps in public services between urban and rural areas, and polarization of urban node population changes. These problems restrict the high-quality development of urbanization. At present, our country has entered a new development stage of building a socialist modern country in an all-round way. In the process of moving towards modernization, how to deepen the new urbanization and improve the quality of urbanization development is a major issue that needs to be studied. The fifth Plenary Session of the 19th CPC Central Committee recommendation puts forward that china will promote human-centered new urbanization. Population is a quantitative reflection of Human. Therefore, human-centered new urbanization should take population as a basic reference. Through international comparison and historical review, this book has positioned the process of urbanization in china, summarized the experiences and problems of urbanization, and predicted the trend of urbanization from different dimensions. On this basis, the important areas, development orientation and reform focus of promoting the high-quality development of urbanization are discussed. The specific content includes the following aspects.

The first is to predict and analyze the future trend of urbanization. The prediction results show that during the "14th Five-Year Plan" period, China will see an "inflection point" where urbanization will progress from a high speed to a gradual slowdown. During the "14th Five-Year Plan" period until 2035, the speed of urbanization will continue to slow down. After 2035, the urbanization will enter a relatively stable stage. The peak level of urbanization rate may likely appear between 75% and 80%. Although the speed of urbanization will slow down, about 160 million rural people will be transferred to cities and towns by 2035. These populations will have a significant impact on the distribution of urban populations, and it is necessary to plan the layout and supply of industries, infrastructure and public services.

The second is to examine the new situation and new problems of population mobility, and propose countermeasures. From the perspective of the overall urban and rural population flow, the phenomenon of permanent return of migrant workers to their hometowns has gradually become prominent in recent years, which may bring some challenges to urban and rural development. The return of migrant workers is the result of the transformation of China's economic development stage and the constraints of the urban and rural systems. The coordinated reform of the household registration system and the land system can effectively reduce the return of migrant workers and stabilize the supply of urban labor. The characteristics of the floating population in cities have also undergone new changes. The "urban-rural" population flow is still dominant, but the proportion is decreasing, and the proportion of the "urban-urban" population flow is

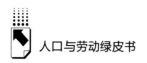
gradually increasing; the urban-rural migrants' willingness to stay is significantly less urban-urban migrants. In order to promote the balanced flow of urban and rural population, it is necessary to gradually improve the macro policy system of employment priority policies, unblock the flow channels of urban and rural elements, and accelerate the establishment of a unified urban and rural social security system covering the migrants.

The third is to study the relationship between public services and new urbanization. With the improvement of urban construction and income of residents, the floating population pays more and more attention to the city's public service level. Education, medical treatment and housing are playing an increasingly important role in attracting and retaining the floating population. In order to promote the sharing of urban development results, a new human-centered urbanization quality evaluation index system should be constructed, and the urban public services actually enjoyed by the permanent resident population, especially the migrants, should be taken as an important criterion for evaluating the quality of urbanization.

The fourth is to discuss changes in the spatial pattern of urbanization and the direction of optimization. In terms of different regions, there are obvious gradient differences in the level of urbanization, showing a trend of gradual decline from east to west; in terms of city size, the urban population expansion presents an obvious positive correlation relation to polulation size, that is: the larger the population the faster the expansion of the city, and small cities expand more slowly. Although large cities are growing rapidly, their radiating and leading function needs to be intensified compared with developed countries's large cities. At the same time, the problem of "city diseases" in some megacities is also more prominent, which requires unified planning within metropolitan areas and urban agglomerations.

Keywords: Modernization; Urbanization; Urban-rural Integrated Development; Urbanization Spatial Pattern; Population Flow

Contents

I General Report

Abstract: In the process of modernization, promotion of high-quality urbanization is of great significance to building a new development pattern, constructing ecological civilization and promoting common prosperity. Based on an international comparison of urbanization, a comprehensive review of the urbanization history, and a summary of urbanization experience, this report predicts China's urbanization trend. According to the forecast, during the "14th Five-Year Plan" period, there

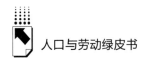

will be a "turning point" where urbanization will move from rapid advancement to a gradual slowdown. From the "14th Five-Year Plan" period to 2035, the speed of urbanization will continue to slow down. After 2035, it will slow down further and enter a relatively stable development period, with the peak level of urbanization rate between 75% and 80%. On the basis of summarizing the experience of China's urbanization, it's proposed that we should improve quality of citizenization of agricultural transfer population, optimize the spatial pattern of urbanization, and enhance the factors support for urbanization.

Keywords: Modernization; Urbanization; Urban-rural Integrated Development; Spatial Pattern; Agricultural Migrants

II   Trend Prediction

G. 2   Estimates of Population Development and Urbanization

— *"13th Five-Year Plan" Review and 2035 Vision*

Xiang Jing, Zhou Lingling / 060

Abstract: This study estimates the situation and urbanization characteristics of the Chinese in 2020 − 2035 by adjusting the fertility rate and the pattern of rural mobility. The results show that: (1) In the future, the impact of the household registration system reform and the adjustment of fertility policy on the growth of urbanization rate has been continuously expanded, and its policy contribution rate has increased from 3.08 percent in 2016 to 4.33 percent in 2019. (2) China's urbanization rate will continue to improve, the middle plan estimates that the "14th Five-Year Plan" at the end of the urbanization rate of about 65.09%, by 2035 urbanization rate of about 73.78%. (3) From the growth rate point of view, China's urbanization growth rate will weaken in the future, it is expected that by 2035, urbanization rate will be between 72.67% and 76.91%, up 8.78 to 13.02 percentage points from 63.89% in 2020, with an average annual growth rate of 0.58% to 0.87%. "14th Five-Year Plan" is the key period for China to improve the quality and efficiency of urbanization construction, the household registration system reform and the adjustment of fertility policy brought about by the potential urban population growth, will not squeeze the current demand for urban functional services, urban development will realize the transformation from functional service demand to quality demand.

Keywords: Urbanization; Household Registration Policy Reform; Fertility Policy

G.3　Analysis of Urbanization Process Under the Goal of

　　　　Urban-rural Integration　　　　*Xiang Jing*, *Zhang Tao* / 079

Abstract: The Fifth Plenary Session of the 19th Central Committee of the Communist Party of China (CPC) stressed the importance of "solidly promoting common prosperity" in describing the vision of socialist modernization in 2035. In 2020, the per capita disposable income of rural residents in China will be 17, 131.5 yuan, which is only 39% of the per capita disposable income of urban residents. And the total rural population is still 500 million, accounting for 36.1% of the total population. Further promoting the non-farm transfer of rural population and narrowing the income gap between urban and rural areas are sufficient necessary conditions for achieving common prosperity. The study designed two goals: one is assuming the urban-rural income gap of 1.8 by 2035. In 2035, the average

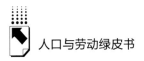

arable land area of rural households will be 36. 75 mu. China's rural resident population will fall to 347. 9 million, when the total population of the country will be 14. 17 million, thus calculating the urbanization rate of 75. 46 percent in 2035. Option II assumes that the income gap between urban and rural areas is 2, and that the average arable land area of rural households will be 35. 7 mu in 2035. China's rural resident population will fall to 358. 04 million, with urbanization rate of 74. 74 percent by 2035. According to international experience, China's non-farm employment share still has room to rise, to expand the coverage of public services in urban clusters and central cities, to achieve urban and rural and inter-regional per capita income and quality of life is roughly the same, is the key to achieve common prosperity.

Keywords: Common Prosperity; Urban-rural Integrated Development; Rural Population Transfer; New Urbanization

Ⅲ   Population Flow

G. 4   The Trend of Chinese Migration Based on the 7th Census

Yang Ge / 099

Abstract: The 7th census provides the latest data for migration study in China, which shows that the size of floating population has reached 376 million, exceeding people's expectations. Based on data from other sources, this paper revises the data of total migration from 2010 to 2019, and analyzes the trends of migration based on the preliminary public data of the provinces. After the beginning, acceleration and transition period, migration has entered a period of saturation and differentiation, the growth rate has declined, the rural-urban migration is still an important force to promote urbanization, the southeast coastal area is always the center of cross-provincial migration, but the central and western regions has done well in the intra-provincial migration, urban expansion brought about the rapid growth of migration within city, being challenges to public administration. The data on migration of the 7th census have prompted us to reflect, and provided opportunities for the application of new technologies.

Keywords: Migration; Separation of Residence and registration; Urbanization

G.5   Migrant Workers Return and Integrated Development of Urban and Rural   *Cheng Jie, Zhu Yufeng* / 126

Abstract: Chinese economic development and urbanization have entered a new stage. Return of migrant workers presents new characteristics which returning to hometowns permanently rather than temporarily. Workers return from urban sector with higher productivity to rural sector with lower productivity, "Inverse Kuznetsization (IK)" phenomenon poses challenges to urban and rural integrated development. We incorporates urban household registration system (UHRS) and rural land system (RLS) into a unified analysis framework to explain Chinese unique "Inverse Kuznetsization" phenomenon. We found that institutional factors play an important role in process of "IK". Both UHRS and RLS have a significant impact on decision-making of migrant workers returning. City with higher value of household registration and more difficult to settle tends to "squeeze out" migrant workers with creating a push. While outflow rural areas with high land value tend to "stick" to migrant workers with making a pull.

Keywords: Return of Migrant Workers; Development of Urban and Rural; "Inverse Kuznetsization"

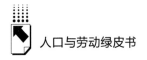

G.6   Labor Market Characteristics' of Migrants in

China's Megacities   *Deng Zhongliang* / 143

Abstract: Based on 2011 – 2018 China Migrants Dynamic Survey (CMDS) of the National Health Commission, the paper research shows that the family size of migrants in megacities has an "inverted U-shaped" changing process since 2011, and compared with the national level, the average education time of migrants in megacities has also increased year by year. Rural migrants is still the largest part of internal migrants, and the ratio of urban migrants increases every year, however, the proportion of rural migrants shows a decreasing trend, especially in megacities. In these huge cities, internal migrants mainly move between provinces, while those migrants in some megacities with a permanent resident population of 5 – 10 million moves between provinces and cities within the same province, many of those migrants pay more attention on elder and children who move with them, and the latter is greater than the former. The willingness of rural migrants to stay is obviously small than the urban ones. From the perspective of income, employment and social security, the nominal wage premium in megacities is greater than other large cities. The migrant in megacities is mainly engaged in consumer service sectors, and most of them are employed in private enterprises. For social security, such as medical care, the proportion of migrants' medical insurance in megacities is higher than that in other cities, however, for the selection of medical insurance place, rural migrants mainly choose original Hukou location, while urban migrants prefer to choose the current staying city. The paper further clarifies some typical facts of labor market characteristics of internal migrants in China's megacities.

Keywords: Megacities; Internal Migrants; Thick Labor Market; China Migrants Dynamic Survey (CMDS).

Ⅳ   Public Services

Abstract: Promoting people-centered new urbanization is a major strategic deployment made by the CPC Central Committee, with Comrade Xi Jinping as the core, based on the development law of China's new urbanization in the new era and new stage and the goal of basically realizing new urbanization by 2035. Let more people enjoy high-quality urban life is the inevitable requirement of high-quality development. The people-centered new urbanization points out the direction for the high-quality development of urbanization. However, the indicators now used to measure the level of urbanization, for example registered residence population urbanization rate and resident population urbanization rate, take administrative divisions as the standard of water balance of urbanization, which cannot reflect the real level of people-centered new urbanization properly. Therefore, it is necessary to break the traditional urbanization index system and take whether the population actually enjoys the public services of urbanization as the measurement standard of urbanization level. So, this paper pays close attention to the development requirements of people-centered new urbanization, and puts forward and constructs the index system of "Urban Public Service Coverage" as a supplement to the existing urbanization index system to accurately evaluate the quality of urbanization.

Keywords: High-quality development; New Urbanization; Urban Public Service

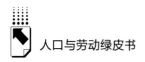

G.8　Urban Public Service and Floating Population'

Loating Integration　　　　　　　　*Wang Zhiyong* / 191

Abstract: As the income increasing and acceleration of urban integration, floating population is paying more and more attention on urban public service. Education, medical care, traffic condition and other urban public service are becoming critical features that affect floating population's decision on staying or leaving urban areas. This section summarized and clarified relative studies on urban public service and floating population's urban integration. Then, on base of prefectural panel data during 2001 to 2016, using SYS GMM method, we proved that public service such as medical care, traffic condition and internet is significant positive for the growth of urban floating population. Thus, urban public service should be effectively strengthened and provided to all residents if urban governments want to attract more population.

Keywords: Urban Public Service; Floating Population; Urban Integration

V　Spatial Pattern

G.9　Evolution Trend and Optimization Direction of China's

Urbanization Spatial Pattern

Zhang Tao, Cai Yifei and Lv Jie / 215

Abstract: This report examines the evolution trend of the spatial pattern of urbanization in China in the past two decades, and proposes the direction of optimizing spatial pattern of urbanization. The analysis shows that China's urban population is still mainly distributed in city areas, and China's urbanization rate has greatly increased, which is now close to 64%. The number of migrants from agriculture is still very large, accounting for more than 20% of the country's population. There is no significant difference in the urbanization rate between the South and the North, but since the South has a larger population, it has a greater contribution to urbanization. There are obvious gradient differences in the level of urbanization between regions, it still shows a trend of gradual decline from east to west. The Pareto index and related data show that China's large cities have expanded rapidly in recent years, while the scale of small and medium-sized cities has been relatively small. The leading role of national central cities needs to be strengthened, and guidance on how to develop metropolitan areas and urban agglomerations still needs to be improved. In the future, China should further promote the integration of agricultural migrants into cities, improve the overall carrying capacity of cities, and strengthen the integration of urban agglomerations and metropolitan areas.

Keywords: Urbanization; Spatial Pattern; Pareto Index; Metropolitan Area

G.10 Reflection on the International Experience of Population Dispersal Policy of Cities *Deng Zhongliang* / 256

Abstract: Based on comparative study from international experience and historic perspective, it is found that the regular pattern to promote the population dispersal in mega-cities is to adjust urban functions, integrate transportation, attach equal importance to dispersal and undertaking functions in different regions, and establish a unified dynamic regional coordination mechanism. However, unilateral dispersal population policy

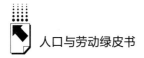

will cause "inner city problems" in the central urban area, and the excessive dispersion of regional functions could reduce the economic growth efficiency of urban's core areas, which goes against the objective pattern of labor force migration into high economic density areas. Population scale control and population structure optimization are the basic variables that affect the high-quality development of large cities. China's urban development needs to deal with two important relationships, which is, the relationship between the policy guidance of coordinating mechanism caused by the large city and the economic law of population migration, and the relationship between natural carrying capacity and economic carrying capacity, it's necessary to realize the positive effect of agglomeration force from large cities, improve the management ability in cities, accelerate the Hukou reform in mega-cities, and further reduce the migration barriers in large cities, explore the residence registration system in the mature metropolitan area, clarify the matching mechanism between "cumulative time of urbanization" in the metropolitan area and the public service qualification right in the core city. Besides, it's also significant to establish the microcirculation renewal mechanism in the urban core area, and promote the urban culture inheritance and the reuse of urban space after the dispersal policy with the historical protection district in the metropolitan area, it's necessary to strengthen the balance between work and housing, combine the market timely with government force in the new city construction, and correspondingly improve the industrial system, public services and living facilities in the new city, which could help the new city gradually form a stable population agglomeration force.

Keywords: Global Main Big Cities; Mega-Cities; Population Dispersal Policy

皮 书

智库报告的主要形式
同一主题智库报告的聚合

❈ 皮书定义 ❈

皮书是对中国与世界发展状况和热点问题进行年度监测，以专业的角度、专家的视野和实证研究方法，针对某一领域或区域现状与发展态势展开分析和预测，具备前沿性、原创性、实证性、连续性、时效性等特点的公开出版物，由一系列权威研究报告组成。

❈ 皮书作者 ❈

皮书系列报告作者以国内外一流研究机构、知名高校等重点智库的研究人员为主，多为相关领域一流专家学者，他们的观点代表了当下学界对中国与世界的现实和未来最高水平的解读与分析。截至 2021 年，皮书研创机构有近千家，报告作者累计超过 7 万人。

❈ 皮书荣誉 ❈

皮书系列已成为社会科学文献出版社的著名图书品牌和中国社会科学院的知名学术品牌。2016 年皮书系列正式列入"十三五"国家重点出版规划项目；2013~2021 年，重点皮书列入中国社会科学院承担的国家哲学社会科学创新工程项目。

权威报告·一手数据·特色资源

皮书数据库
ANNUAL REPORT(YEARBOOK)
DATABASE

分析解读当下中国发展变迁的高端智库平台

所获荣誉

- 2019年，入围国家新闻出版署数字出版精品遴选推荐计划项目
- 2016年，入选"'十三五'国家重点电子出版物出版规划骨干工程"
- 2015年，荣获"搜索中国正能量 点赞2015""创新中国科技创新奖"
- 2013年，荣获"中国出版政府奖·网络出版物奖"提名奖
- 连续多年荣获中国数字出版博览会"数字出版·优秀品牌"奖

成为会员

　　通过网址www.pishu.com.cn访问皮书数据库网站或下载皮书数据库APP，进行手机号码验证或邮箱验证即可成为皮书数据库会员。

会员福利

- 已注册用户购书后可免费获赠100元皮书数据库充值卡。刮开充值卡涂层获取充值密码，登录并进入"会员中心"—"在线充值"—"充值卡充值"，充值成功即可购买和查看数据库内容。
- 会员福利最终解释权归社会科学文献出版社所有。

社会科学文献出版社 皮书系列
SOCIAL SCIENCES ACADEMIC PRESS (CHINA)

卡号：921854315121
密码：

数据库服务热线：400-008-6695
数据库服务QQ：2475522410
数据库服务邮箱：database@ssap.cn
图书销售热线：010-59367070/7028
图书服务QQ：1265056568
图书服务邮箱：duzhe@ssap.cn

S 基本子库
UB DATABASE

中国社会发展数据库（下设 12 个子库）

整合国内外中国社会发展研究成果，汇聚独家统计数据、深度分析报告，涉及社会、人口、政治、教育、法律等 12 个领域，为了解中国社会发展动态、跟踪社会核心热点、分析社会发展趋势提供一站式资源搜索和数据服务。

中国经济发展数据库（下设 12 个子库）

围绕国内外中国经济发展主题研究报告、学术资讯、基础数据等资料构建，内容涵盖宏观经济、农业经济、工业经济、产业经济等 12 个重点经济领域，为实时掌控经济运行态势、把握经济发展规律、洞察经济形势、进行经济决策提供参考和依据。

中国行业发展数据库（下设 17 个子库）

以中国国民经济行业分类为依据，覆盖金融业、旅游、医疗卫生、交通运输、能源矿产等 100 多个行业，跟踪分析国民经济相关行业市场运行状况和政策导向，汇集行业发展前沿资讯，为投资、从业及各种经济决策提供理论基础和实践指导。

中国区域发展数据库（下设 6 个子库）

对中国特定区域内的经济、社会、文化等领域现状与发展情况进行深度分析和预测，研究层级至县及县以下行政区，涉及省份、区域经济体、城市、农村等不同维度，为地方经济社会宏观态势研究、发展经验研究、案例分析提供数据服务。

中国文化传媒数据库（下设 18 个子库）

汇聚文化传媒领域专家观点、热点资讯，梳理国内外中国文化发展相关学术研究成果、一手统计数据，涵盖文化产业、新闻传播、电影娱乐、文学艺术、群众文化等 18 个重点研究领域。为文化传媒研究提供相关数据、研究报告和综合分析服务。

世界经济与国际关系数据库（下设 6 个子库）

立足"皮书系列"世界经济、国际关系相关学术资源，整合世界经济、国际政治、世界文化与科技、全球性问题、国际组织与国际法、区域研究 6 大领域研究成果，为世界经济与国际关系研究提供全方位数据分析，为决策和形势研判提供参考。

法律声明

"皮书系列"（含蓝皮书、绿皮书、黄皮书）之品牌由社会科学文献出版社最早使用并持续至今，现已被中国图书市场所熟知。"皮书系列"的相关商标已在中华人民共和国国家工商行政管理总局商标局注册，如 LOGO（▓）、皮书、Pishu、经济蓝皮书、社会蓝皮书等。"皮书系列"图书的注册商标专用权及封面设计、版式设计的著作权均为社会科学文献出版社所有。未经社会科学文献出版社书面授权许可，任何使用与"皮书系列"图书注册商标、封面设计、版式设计相同或者近似的文字、图形或其组合的行为均系侵权行为。

经作者授权，本书的专有出版权及信息网络传播权等为社会科学文献出版社享有。未经社会科学文献出版社书面授权许可，任何就本书内容的复制、发行或以数字形式进行网络传播的行为均系侵权行为。

社会科学文献出版社将通过法律途径追究上述侵权行为的法律责任，维护自身合法权益。

欢迎社会各界人士对侵犯社会科学文献出版社上述权利的侵权行为进行举报。电话：010-59367121，电子邮箱：fawubu@ssap.cn。

社会科学文献出版社